LES
VERTUS NATURELLES

L'auteur et l'éditeur réservent tous droits de traduction et de reproduction.

Cet ouvrage a été déposé, conformément aux lois, en février 1901.

PHILOSOPHIE DE SAINT THOMAS

LES
VERTUS NATURELLES

PAR

M. J. GARDAIR, Professeur libre de Philosophie

A LA FACULTÉ DES LETTRES DE PARIS, A LA SORBONNE

PARIS

P. LETHIELLEUX, Libraire-Éditeur

10, RUE CASSETTE, 10

I

L'ACTE VOLONTAIRE

LES VERTUS NATURELLES

L'ACTE VOLONTAIRE

INTRODUCTION

Pour entrer dans l'étude de la vie morale, il faut étudier les vertus naturelles, dispositions habituelles d'où découlent les actes humains que l'on peut dire bons. Ce travail doit commencer par la détermination de ce qui est volontaire et de ce qui est involontaire.

Nos études précédentes ont eu pour objet la constitution naturelle de l'homme. D'abord, nous avons défini et caractérisé les principes qui le constituent en un être un et complexe à la fois; puis, nous avons examiné la formation de la connaissance qui fait la lumière en lui et éclaire le chemin de sa destinée; enfin, nous avons pénétré dans l'intimité des inclinations qui le poussent à agir, et nous avons vu s'agiter ses mouvements passionnels, sous l'empire plus ou moins dominateur de sa volonté rationnelle et libre.

Nous sommes ainsi arrivés à l'entrée de la vie morale, de cette vie qui doit perfectionner définitivement l'homme, par le gouvernement volontaire de ses diverses puissances et la direction libre et intelligente de leurs actes vers le bien pour lequel il est fait.

Entrons maintenant plus profondément dans l'étude de la vie morale.

Il nous faut, d'abord, chercher à bien connaître, dans leurs caractères généraux, les dispositions habituelles d'où découlent les actes humains que l'on peut qualifier bons : ces sources internes sont appelées vertus.

C'est donc des vertus naturelles, en général, que nous allons traiter, en nous inspirant, comme nous l'avons fait jusqu'ici, de la philosophie de saint Thomas.

Mais, avant d'aborder directement les vertus, il conviendra d'explorer à part, avec une curiosité que le sujet mérite, les conditions de la moralité des actes humains et la formation générale des dispositions habituelles dans notre âme. Cette investigation préliminaire est nécessaire, pour bien saisir ce que sont les vertus et comment elles nous font agir comme il convient à un homme.

Or, l'action humaine proprement dite est produite par la volonté, qui met en mouvement toutes nos puissances vers notre fin.

Il est donc opportun de rechercher, avant tout, les conditions de l'acte volontaire et celles de son contraire, l'acte involontaire.

Si nous ne connaissions pas exactement les conditions de ces actes de nature opposée, nous pourrions considérer comme vertu ce qui ne l'est pas, ou ne pas voir la vertu là où elle est réellement, ou bien attribuer la qualité de vertus complètes à des dispositions qui ne sont vertus que sous un certain point de vue ou d'une manière initiale.

Mais la volonté, faite pour le bien, se laisse souvent entraîner au mal, l'accepte et s'y livre, en apparence, tout entière. Comment cela peut-il se faire ? N'y a-t-il pas dans les données de ce problème une véritable contradiction ?

Après avoir essayé de déterminer ce qui constitue le volontaire et l'involontaire en général, je voudrais, sans plus tarder, tâcher de résoudre, avec saint Thomas, l'énigme de la volonté du mal.

I

DU VOLONTAIRE ET DE L'INVOLONTAIRE

I. — Définition du volontaire et de l'involontaire. Les natures raisonnables ont seules le volontaire parfait. — Dans quelles mesures la raison et la volonté doivent intervenir pour que l'acte de l'homme soit vraiment volontaire. — Les fautes d'omission.

II. — La violence est contraire au volontaire. Elle n'a pas de prise sur la volonté elle-même ; mais elle est cause d'actes involontaires ou d'inaction involontaire, par domination sur le corps. — Dans les actions faites par crainte, est un mélange de volontaire et d'involontaire ; mais c'est le volontaire qui l'emporte. — L'amour passionné tend à entraîner la volonté vers ce qu'il désire, et cause ainsi le volontaire.

III. — L'ignorance est quelquefois cause d'involontaire : distinction entre l'ignorance qui précède, celle qui accompagne, et celle qui suit l'acte de volonté.

I. — Aristote avait nettement défini le volontaire, en l'opposant à l'involontaire, dans son *Éthique à Nicomaque* :

« L'involontaire étant ce qui est par violence et par ignorance, le volontaire paraît être ce dont le principe est dans l'agent lui-même, avec connaissance des choses singulières qui sont l'objet de l'action » (1).

Saint Thomas applique cette définition à l'action de l'homme, et montre que là se trouve principalement le volontaire, car c'est l'homme surtout qui connaît la fin de son œuvre et qui se meut lui-même (2).

Si l'on se contentait de demander pour le volontaire que l'action vînt d'un principe interne, tout être, nous le savons, ayant en lui un principe d'agir, les actions de tous les êtres seraient volontaires.

(1) Ὄντος δ'ἀκουσίου τοῦ βίᾳ καὶ δι' ἄγνοιαν, τὸ ἑκούσιον δόξειεν ἂν εἶναι οὗ ἡ ἀρχὴ ἐν αὐτῷ εἰδότι τὰ καθ' ἕκαστα ἐν οἷς ἡ πρᾶξις ('ΗΘ. Νικ., III, ι (20), F. D.).

(2) Hoc autem importat nomen voluntarii, quod motus et actus sit a propria inclinatione; et inde est quod voluntarium dicitur esse, secundum definitionem Aristotelis et Gregorii Nysseni et Damasceni, non solum cujus principium est intra, sed cum additione scientiæ. Unde, quum homo maxime cognoscat finem sui operis et moveat seipsum, in ejus actibus maxime voluntarium invenitur (*Sum. theol.*, I-II, q. vi, a. 1).

Mais les agents simplement physiques sont trop poussés du dehors à l'action et ils en sont les causes trop obscures, trop ignorantes d'elles-mêmes, pour que leurs actes méritent le titre de volontaires. La végétation n'implique pas cette possession de soi-même et cette lumière qui caractérisent ce qui appartient proprement à la volonté.

D'autre part, les animaux inférieurs à l'homme ne savent que très imparfaitement ce qu'ils font. Ils saisissent, par une appréhension sensible, individuelle, tel objet de leur tendance, de leur mouvement; ils ont aussi quelque appréciation sensible de certains rapports individuels; mais ils n'ont pas la notion intellectuelle de la fin, du but vers lequel sont dirigés les actes, ni de la proportion selon laquelle ces actes sont ordonnés au but à atteindre. Qu'est-ce qu'une fin? ils l'ignorent. Quelle adaptation la finalité exige-t-elle de l'opération? ils ne le savent pas davantage.

Par la connaissance sensible, les animaux participent de loin au volontaire, mais très imparfaitement; ils sont étrangers au volontaire proprement dit, il ne leur en a été donné qu'une image incomplète.

Seules les natures raisonnables, et l'homme est une de ces natures, ont le volontaire parfait, parce qu'elles ont ce que l'animal n'a pas, la connaissance rationnelle de la fin et du rapport entre l'action et la fin. Je sais que, dans l'essence des choses, agir suppose un terme auquel doit tendre l'action, un résultat préconçu qu'elle est faite pour réaliser, et que l'acte doit être mesuré, proportionné, selon le résultat à produire, précisément parce qu'ils s'appellent l'un l'autre dans l'ordre naturel. Voilà pourquoi je délibère ; voilà pourquoi ma raison propose à ma volonté un but et des moyens pour y parvenir, des procédés capables de m'y conduire, et cela avec réflexion, avec la certitude lumineuse que c'est ainsi qu'il faut agir (1).

(1) Perfecta quidem finis cognitio est quando non solum apprehenditur res quæ est finis, sed etiam cognoscitur ratio finis et proportio ejus quod ordinatur ad finem ipsum ; et talis cognitio finis competit soli rationali naturæ. Imperfecta autem cognitio finis est quæ in sola finis apprehensione consistit, sine hoc quod cognoscatur ratio finis et proportio actus ad finem ; et talis cognitio finis reperitur in brutis animalibus per sensum et æstimationem naturalem. Perfectam igitur cognitionem finis

Une conséquence fort importante, c'est que tout acte de l'homme qui n'implique point, au moins indirectement, l'intervention de sa raison, est indigne d'être appelé humainement volontaire, c'est-à-dire volontaire au sens propre du mot. Or, nous ne craignons pas de dire qu'il s'agit ici de la raison délibérante. Disons, avec saint Thomas, que « l'homme est maître de son action parce qu'il a la délibération de ses actes ; en effet, c'est précisément parce que la raison délibérante considère des objets opposés, que la volonté peut se porter d'un côté ou d'un autre. L'animal n'a pas cette liberté du volontaire proprement dit » (1).

sequitur voluntarium secundum rationem perfectam, prout scilicet apprehenso fine aliquis potest, deliberans de fine et de his quæ sunt ad finem, moveri in finem vel non moveri ; imperfectam autem cognitionem finis sequitur voluntarium secundum rationem imperfectam, prout scilicet apprehendens finem non deliberat, sed subito movetur in ipsum. Unde soli rationali naturæ competit voluntarium secundum rationem perfectam ; sed secundum rationem imperfectam competit etiam brutis (I-II, q. vi, a. 2).

(1) Ex hoc contingit quod homo est dominus sui actus, quod habet deliberationem de suis actibus.

Nous aurons occasion bientôt de nous servir de ce principe, pour interpréter la pensée de saint Thomas sur certains cas de responsabilité morale.

La raison jointe à la volonté, c'est-à-dire la volonté intelligente, telle est la cause de ce qui est vraiment volontaire.

Faudra-t-il donc nécessairement que la volonté raisonnable intervienne par un acte posisif, pour qu'il y ait du volontaire humain ?

La question est délicate. Certes, il faut toujours qu'il y ait quelque chose d'imputable à la volonté intelligente ; mais ne pas vouloir peut lui être imputable.

Saint Thomas cite cet exemple : « Le pilote qui cesse de gouverner le navire, est l'auteur responsable du naufrage qui s'ensuit ». Il n'a pas agi, il est vrai ; mais cette inaction même, cause du naufrage, vient de l'agent qui s'est abstenu d'agir. L'abstention, dans ce cas, est volontaire, et la conséquence de cette abstention est attribuée à la volonté : mais ce fait, le

Ex hoc enim quod ratio deliberans se habet ad opposita, voluntas in utrumque potest. Sed secundum hoc voluntarium non est in brutis animalibus. (I-II, q. vi, a. 2, ad 1).

naufrage, n'est volontaire qu'indirectement ; il ne vient pas directement de la volonté, car le pilote n'a pas voulu positivement ce naufrage; mais il en vient indirectement : c'est parce que le pilote n'a pas voulu gouverner, que le navire a péri (1).

Remarquons, cependant, que l'abstention de la volonté ne doit être considérée comme volontaire que si la volonté a pu et dû vouloir: un pilote, par exemple, ne serait point responsable de la perte d'un navire dont la direction ne lui aurait pas été confiée, ou qu'il lui aurait été impossible de diriger.

Retenons bien ce principe de saint Thomas : « Ce qui est la suite du manque d'action, n'est pas toujours imputable à l'agent comme à sa cause, parce qu'il n'agit pas, mais alors seulement qu'il peut et doit agir » (2). Si l'action

---

(1) Voluntarium dicitur quod est a voluntate. Ab aliquo autem dicitur esse aliquid dupliciter : uno modo directe, quod scilicet procedit ab aliquo inquantum est agens, sicut calefactio a calore ; alio modo indirecte, ex hoc ipso quod non agit, sicut submersio navis dicitur esse a gubernatore inquantum desistit a gubernando (I-II, q. vi, a. 3).

(2) Sed sciendum quod non semper id quod sequi-

m'est impossible, il ne dépend pas de moi que l'action ne manque point ; je ne saurais donc être responsable du défaut d'acte ni de ses conséquences. Si je n'ai pas le devoir d'agir, je puis sans responsabilité rester étranger aux choses dont il s'agit. Mais, si j'ai à la fois pouvoir et devoir d'intervenir, c'est à moi qu'il appartient de poser l'acte demandé par les circonstances, et, si je ne le fais pas, je suis vraiment cause, par mon inaction, de ce qui s'ensuit.

Il peut y avoir défaut d'acte seulement à l'extérieur, tandis qu'il y a un acte intérieur de volonté, comme lorsque la volonté veut ne pas agir ; ou bien l'acte intérieur de volonté peut même faire défaut, comme lorsque la volonté s'abstient de vouloir agir, quoiqu'elle le puisse et le doive. Dans les deux cas, il y a du volon-

---

tur ad defectum actionis, reducitur sicut in causam in agens, ex eo quod non agit, sed solum tunc quum potest et debet agere. Si enim gubernator non posset navem dirigere, vel non esset ei commissa gubernatio navis, non imputaretur ei navis submersio quæ per absentiam gubernatoris contingeret (I-II, q. vi, a. 3).

taire, malgré le défaut d'acte positif, soit au dehors, soit au dedans (1).

De même, le défaut d'acte de connaissance n'est volontaire que si l'intelligence peut s'exercer et s'il y a lieu de le faire. S'il m'est impossible de penser à la chose en question, ou si ce n'est pas à moi d'y penser, l'abstention de mon esprit ne me rend point responsable (2).

Pour le volontaire vraiment humain, qui implique à la fois intelligence et volonté, il faut donc que l'homme ait la possibilité de penser et de vouloir, et pour l'opération humaine complète, il faut même que l'homme ait, en outre, la possibilité d'agir. Sans possi-

---

(1) Voluntarium potest esse absque actu : quandoque quidem absque actu exteriori cum actu interiori, sicut quum (voluntas) vult non agere; aliquando autem etiam absque actu interiori, sicut quum non vult agere (I-II, q. VI, a. 3).

(2) Eo modo requiritur ad voluntarium actus cognitionis, sicut et actus voluntatis, ut scilicet sit in potestate alicujus considerare et velle et agere; et tunc, sicut non velle et non agere, quum tempus fuerit, est voluntarium, ita etiam non considerare (I-II, q. VI, a. 3, ad 3).

bilité d'acte, ni le défaut d'acte ni ce qui en résulte ne peuvent être dits volontaires.

Mais suffit-il que l'action soit possible et demandée, pour que l'inaction soit imputable à l'agent ? Si je ne fais absolument rien ni intérieurement ni extérieurement, ne semble-t-il pas que je reste absolument en dehors de ce qui se produit, que je n'en suis nullement cause, et que, partant, cela ne peut être volontaire à mon égard ?

Pour compléter la solution du problème, empruntons à saint Thomas un développement qu'il a donné à sa pensée en traitant des vices et des péchés.

La faute d'omission, considérée dans ce qui la constitue essentiellement, est un défaut d'acte.

Mais, envisagée dans ses causes ou ses occasions, l'omission coupable suppose toujours quelque acte. En effet, si la cause ou l'occasion qui a précédé l'omission ne tombe pas sous le pouvoir de la volonté, l'omission qui suit est involontaire : par exemple, lorsque la maladie force d'omettre une action commandée. Et, si la cause ou l'occasion est sous la dépendance de la volonté, cette dernière ne sera responsable de l'omission que s'il y a un acte de volonté, au moins intérieur, qui soit cause de l'omission.

Deux cas peuvent se présenter.

Ou bien l'acte intérieur de la volonté est dirigé expressément vers l'omission, par exemple lorsque l'on veut positivement ne pas faire une action obligatoire : alors, cet acte intérieur appartient directement à la faute d'omission ; ils se pénètrent l'un l'autre ; l'objet même du vouloir étant de ne pas agir, dans l'acte de la volonté l'omission est intimement comprise, et l'omission fautive implique le vouloir positif qui la produit.

Ou bien l'acte intérieur de la volonté est dirigé vers une autre action qui empêche d'accomplir l'action obligatoire ; et l'obstacle peut être, soit concomitant, soit précédemment posé. Par exemple, un écolier joue volontairement, lorsqu'il devrait travailler : l'action voulue est conjointe à l'omission. Un étudiant veille volontairement trop tard le soir; par suite, il se lève trop tard le lendemain matin et manque le cours auquel il doit assister : l'action voulue directement est ici précédente, par rapport à l'omission. Dans ces deux derniers exemples, l'acte intérieur est accessoire à l'omission, parce que l'omission n'est pas l'objet direct de l'intention.

Mais, comme on juge des choses d'après ce qu'elles sont en elles-mêmes, et non d'après leurs accessoires, il faut dire qu'il peut y avoir faute sans qu'il y ait acte, la culpabilité consistant essentiellement, alors, précisément dans le défaut d'acte, dans l'omission même, laquelle cependant n'est pas directement voulue (1).

(1) Si vero in peccato omissionis intelligantur etiam causæ vel occasiones omittendi, sic necesse est in peccato omissionis aliquem actum esse. Non enim est peccatum omissionis, nisi quum aliquis prætermittit quod potest facere et non facere. Quod autem aliquis declinat ad non faciendum illud quod potest facere et non facere, non est nisi ex aliqua causa vel occasione conjuncta vel præcedente. Et si quidem causa illa non sit in potestate hominis, omissio non habet rationem peccati, sicut quum aliquis propter infirmitatem prætermittit ad ecclesiam ire. Si vero causa vel occasio omittendi subjaceat voluntati, omissio habet rationem peccati ; et tunc semper oportet quod ista causa, inquantum est voluntaria, habeat aliquem actum ad minus interiorem voluntatis. Qui quidem actus quandoque directe fertur in ipsam omissionem,

Il semble bien, toutefois, que l'omission n'est coupable, que si l'agent a pu et dû la prévoir, au moins comme conséquence de ce qu'il a voulu directement : si l'on ne peut lui reprocher même aucune négligence, comment serait-il en faute ?

Saint Thomas a-t-il toujours été fidèle au principe, que, sans intervention, au moins indirecte, de l'intelligence et de la volonté, il n'y a pas de volontaire humain, pas de res-

puta quum aliquis vult non ire ad ecclesiam, vitans laborem ; et tunc talis actus per se pertinet ad omissionem ; voluntas enim cujuscumque peccati per se pertinet ad peccatum illud, eo quod voluntarium est de ratione peccati. Quandoque autem actus voluntatis directe fertur in aliud per quod homo impeditur ab actu debito... Unde manifestum est quod tunc peccatum omissionis habet quidem aliquem actum conjunctum vel præcedentem, qui tamen per accidens se habet ad peccatum omissionis. Judicium autem de rebus dandum est secundum illud quod est per se, et non secundum illud quod est per accidens. Unde verius dici potest quod aliquod peccatum possit esse absque omni actu ; alioquin etiam ad essentiam aliorum peccatorum actualium pertinerent actus et occasiones circumstantes (I-II, q. LXXI, a. 5).

ponsabilité morale ? Certaines de ses conclusions paraissent s'en écarter.

Ainsi, dans la *Somme théologique*, à la fin de l'article : « *Dans la sensualité peut-il y avoir péché ?* », il fait une réponse au premier abord surprenante à cette objection : « Ce que l'homme ne fait pas lui-même, ne lui est pas imputé à péché. Mais, comme le dit le Philosophe, au neuvième livre de l'*Éthique*, chap. VIII, *nous ne faisons nous-mêmes que ce que nous faisons avec délibération de la raison*. Donc, un mouvement de sensualité qui est sans délibération de la raison, n'est pas imputable à péché à l'homme » (1).

Voici la réponse de saint Thomas : « Ce que l'homme fait sans délibération de la raison, il ne le fait pas parfaitement lui-même, parce que là il n'y a nulle opération de ce qui est principal dans l'homme ; d'où il suit que ce

---

(1) Illud quod homo non ipse facit, non imputatur ei ad peccatum. Sed *hoc solum videmur nos ipsi facere, quod cum deliberatione rationis facimus*, ut Philosophus dicit, in IX *Ethic.*, cap. VIII circ. med. Ergo motus sensualitatis qui est sine deliberatione rationis, non imputatur homini ad peccatum (I-II, q. LXXIV, a. 3, obj. 3).

n'est pas parfaitement un acte humain ; et, par conséquent, ce ne peut être un acte parfait de vertu ou de péché, mais quelque chose d'imparfait en ce genre d'actes. Aussi, un tel mouvement de sensualité prévenant la raison est-il un péché véniel, c'est-à-dire quelque chose d'imparfait dans le genre de péché » (1).

On pourrait répliquer qu'au point de vue moral ce que l'homme fait sans aucune délibération de sa raison est involontaire, et, partant, absolument nul, au regard de la culpabilité : en effet, pour que l'homme soit responsable, il faut qu'il soit maître de son action, et il ne l'est que lorsque sa raison peut délibérer, d'après le principe posé par saint Thomas lui-même. Un mouvement de sensualité survenant avant toute délibération de la

---

(1) Illud quod homo facit sine deliberatione rationis, non perfecte ipse facit, quia nihil operatur ibi id quod est principale in homine ; unde non est perfectus actus humanus ; et per consequens non potest esse perfectus actus virtutis vel perfecti, sed aliquid imperfectum in genere horum. Unde talis motus sensualitatis rationem præveniens est peccatum veniale, quod est quiddam imperfectum in genere peccati (I-II, q. LXXIV, a. 3, ad 3).

raison devrait donc, semble-t-il, être rangé parmi les actes tout à fait involontaires, qui ne sont nullement fautifs.

Ce que saint Thomas a dit sur l'omission volontaire, nous met sur la voie de la véritable solution. Sans doute, s'il n'y a eu aucun acte d'intelligence et de volonté qui ait fait l'homme complice du mouvement sensuel, il ne paraît pas juste de faire peser sur lui une responsabilité même légère. Mais peut-être l'excitation de la sensualité, bien qu'elle se produise sans délibération prochaine, a-t-elle été néanmoins précédée de quelque acte positif et volontaire qui en a été la cause. C'est, je crois, l'hypothèse de saint Thomas : le mouvement de sensualité qu'il suppose, devance la délibération qui pourrait le rendre faute grave en y appliquant actuellement la volonté ; mais antérieurement, quelque délibération, au moins sommaire, a fait naître une complicité pardonnable, mais réelle. Une telle délibération antérieure a pu porter sur un acte qui n'a été qu'indirectement, de façon accessoire, la cause ou l'occasion de la surprise sensuelle ; c'est le cas le plus excusable : par exemple, un certain excès dans l'alimentation, peu important, mais cependant volontaire, a pu prédisposer la sensibilité à une excitation anormale, que la volonté n'avait pas l'intention de produire et qui arrive à l'improviste, avant que la raison ait pu l'empêcher. Alors, le fait est répréhensible, parce qu'il n'est pas tout à fait involontaire, parce qu'il est volontaire indirectement et dans sa cause éloignée ; selon cette règle fort sage, énoncée par saint Thomas : « Un acte qui dans son genre est mauvais, n'est totalement excusé de péché, que lorsqu'il est totalement rendu involontaire » (1).

II. — Si le volontaire exige, au moins indirectement, l'opération interne de la volonté, la violence venant du dehors y est naturellement contraire : un acte que la violence fait accomplir, est l'effet d'une cause externe, opposée à ce que veut le sujet ; à ce titre, il est involontaire (2).

(1) Secundum hoc solum actus aliquis qui de genere suo est malus, totaliter a peccato excusatur, quod totaliter involuntarius redditur (I-II, q. LXXVII, a. 7).

(2) Violentia directe opponitur voluntario, sicut etiam et naturali. Commune est enim voluntario et

Mais la violence ne peut-elle atteindre la volonté elle-même? Ne peut-on faire violence à la puissance de vouloir, la contraindre à vouloir ce qu'elle ne veut pas, de telle sorte que l'action soit, à la fois, volontaire comme émanant immédiatement de la volonté, et involontaire comme n'en émanant que sous l'impulsion dominatrice d'une cause étrangère qui en est le principal auteur?

Rappelons-nous que la nature de la volonté est la faculté d'agir par sa propre inclination. C'est dire que, si la volonté pouvait agir elle-même tout en étant violentée par une pression extérieure, il y aurait contradiction formelle dans sa nature: ce serait une puissance agissant, tout à la fois, selon son inclination et contre son inclination, sous le même rapport, chose absurde et inadmissible.

naturali quod utrumque sit a principio intrinseco; violentum autem est a principio extrinseco. Et propter hoc, sicut in rebus quæ cognitione carent violentia aliquid facit esse contra naturam, ita in rebus cognoscentibus facit aliquid esse contra voluntatem; quod autem est contra naturam, dicitur esse innaturale; et similiter, quod est contra voluntatem, dicitur esse involuntarium. Unde violentia involuntarium causat (I-II, q, vi, a. 5).

La violence n'a donc pas de prise sur la volonté elle-même : ce que je ne veux pas, nul ne peut me le faire vouloir par force ; ce que je veux, nul ne peut me forcer à ne pas le vouloir (1). Une cause externe peut influencer ma volonté en appelant mon inclination naturelle vers un objet capable de lui plaire, plutôt que vers un autre qui pourrait lui plaire aussi : mais ce n'est point de la violence ; car ce que je suis ainsi amené à vouloir, m'est agréable et ne me contraint pas.

Ce que peut la violence, c'est empêcher l'accomplissement d'un acte corporel, commandé par la volonté, mais qui doit être produit par une autre puissance, sous la motion supérieure de la faculté de vouloir. Cette mo-

---

(1) Quantum ad ipsum proprium actum voluntatis, non potest ei violentia inferri. Et hujus est ratio quia actus voluntatis nihil est aliud quam inclinatio quædam procedens ab interiori principio cognoscente, sicut appetitus naturalis est quædam inclinatio ab interiori principio et sine cognitione ; quod autem est coactum et violentum, est ab exteriori principio: unde contra rationem ipsius actus voluntatis est quod sit coactus vel violentus (I-II, q. VI, a. 4).

tion reste inefficace, parce que l'instrument intermédiaire est soumis à une violence qu'il peut subir (1).

Quant à la volonté, dans ce qui lui appartient en propre, il lui est aussi impossible d'agir par son inclination et néanmoins sous l'empire d'une violence, qu'à la tendance naturelle qui fait descendre la pierre vers la terre, de la porter en haut naturellement. Comme la pierre monte poussée par une force extérieure, l'homme, sans doute, peut subir la violence, mais ce n'est pas sa volonté qui la subit (2). Il est bien entendu qu'il ne faut pas voir là une similitude rigoureuse, mais seulement une comparaison, une analogie, bien faite pour donner une idée de la répugnance

---

(1) Quantum igitur ad actus a voluntate imperatos, voluntas violentiam pati potest, inquantum per violentiam exteriora membra impediri possunt ne imperium voluntatis exequantur (I-II, q. VI, a. 4).

(2) Sicut etiam est contra rationem naturalis inclinationis vel motus lapidis quod feratur sursum : potest enim lapis per violentiam ferri sursum ; sed quod iste motus violentus sit ex ejus naturali inclinatione, esse non potest. Similiter etiam potest homo per violentiam trahi ; sed quod hoc sit ex ejus voluntate, repugnat rationi violentiæ (I-II, q. VI, a. 4).

radicale que possède le vouloir humain à l'égard de la contrainte.

Certes, il est un objet qui exerce sur la volonté un attraction irrésistible: c'est le bien. Il meut la volonté, et tous les mouvements que celle-ci imprime elle-même sont une suite du mouvement initial que le bien lui imprime. Mais elle n'est ainsi entraînée que dans la direction de sa naturelle tendance : le bien lui est présenté par l'intelligence ; dès lors, s'éveille son affection native, et, par une inclination invincible, c'est elle-même qui va vers ce qu'elle aime, pour s'y reposer. Ici encore, est une analogie avec la nature inférieure : dans les altérations physiques ou les générations chimiques des corps bruts, le changement est opéré sous une motion qui vient du dehors ; néanmoins, le sujet matériel n'est pas violenté par l'impression qu'il reçoit, parce qu'il a une aptitude naturelle pour le mouvement donné : il est, à sa manière, satisfait d'éprouver cette influence et d'y obéir (1).

(1) Non semper est motus violentus quando passivum immutatur a suo activo, sed quando hoc fit contra interiorem inclinationem passivi ; alioquin

Remarquons, dès à présent, avec saint Thomas, que la tendance d'une volonté perverse vers le mal moral, tout en étant contraire à la nature fondamentale de la volonté humaine, à un point de vue absolu, n'en est pas moins, relativement, conforme à son inclination naturelle : nous sommes faits pour vouloir le bien, et nous ne pouvons vouloir ce qui est mal, que sous l'apparence d'un bien relatif. Il nous arrive, par exemple, de vouloir un plaisir sensible qui est mal aux yeux de la raison, parce qu'il n'est pas convenablement ordonné au bien supérieur de l'homme ; mais un tel plaisir est toujours un bien relatif de la nature animale, et c'est à titre de bien apparent que nous le voulons : nous cherchons un contentement de nos appétits et, si nous violons une loi de notre raison, nous donnons une satisfaction à quelque inclination de notre vie

---

omnes alterationes et generationes simplicium corporum essent innaturales et violentæ ; sunt autem naturales propter naturalem aptitudinem interiorem materiæ vel subjecti ad talem dispositionem. Et similiter, quando voluntas movetur ab appetibili secundum propriam inclinationem, non est motus violentus, sed voluntarius (I-II, q.vi, a. 4, ad 2).

inférieure (1). Nous aurons à revenir sur cette explication, quand nous traiterons spécialement de la volonté du mal.

En somme, la violence est impuissante sur la volonté elle-même ; mais elle peut causer l'involontaire, en faisant exécuter matériellement à l'homme des actes qu'il ne veut pas, ou en empêchant l'exécution matérielle d'actes qu'il veut.

Cependant, la volonté ne peut-elle consentir à une violence, accepter que l'homme soit forcé de ne pas faire ce qu'il veut, ou de faire ce qu'il ne veut pas ? Malgré une apparente contradiction, il est certain qu'un tel consentement est possible ; la violence, alors, n'ôte pas à la volonté son indépendance radicale ; c'est librement que la contrainte est acceptée, parce que ce n'est pas la faculté de vouloir elle-même qui est contrainte, mais l'exécu-

(1) Id in quod voluntas tendit peccando, etsi sit malum et contra rationalem naturam secundum rei veritatem, apprehenditur tamen ut bonum et conveniens naturæ, inquantum est conveniens homini secundum aliquam delectationem sensus vel secundum aliquem habitum corruptum (I-II, q. vi, a. 4, ad 3),

tion qui est paralysée ou forcée. Par un motif supérieur, nous pouvons même directement vouloir être violentés dans l'accomplissement de nos désirs, aimer la souffrance d'une affection pleine et entière, pour obtenir un bien qui nous paraît mériter ce sacrifice. La résignation ou la joie même dans la douleur imposée du dehors sont des phénomènes à double face ; nous voulons, ce semble, en même temps que nous ne voulons pas ; mais ce qui l'emporte, est un acte de notre volonté. Si la volonté, alors, ne concourt pas à la violence en agissant par contrainte, elle y concourt, du moins, en voulant souffrir : il n'y a donc plus involontaire (1) ; et Aristote définit avec raison l'involontaire par violence « ce dont le principe est du dehors et tel que n'y concourt en rien l'agent ou le patient, comme lorsque le vent emporte quelqu'un ou lorsque des hommes dominent en maîtres » (2).

(1) Quum actio infertur ab aliquo, manente in eo qui patitur voluntate patiendi, non est simpliciter violentum ; quia, licet ille qui patitur non conferat agendo, confert tamen volendo pati : unde non potest dici involuntarium (I.-II, q. vi, a. 5, ad 2).
(2) Βίαιον δὲ οὗ ἡ ἀρχὴ ἔξωθεν, τοιαύτη οὖσα ἐν ᾗ

Ce n'est pas tout : l'homme peut aussi se faire violence à lui-même, par exemple en comprimant ses passions ou en tourmentant son corps. Mais ce n'est qu'une violence relative ; car, d'un côté, il fait ce qu'il veut en agissant ainsi ; de l'autre, ce qui souffre en lui est naturellement destiné à être dominé par ce qui le fait souffrir (1).

Il est un sentiment qui paraît courber la volonté sous une sorte de violence morale, c'est la crainte. Ce qu'on fait sous l'empire de ce sentiment, est-il volontaire ou involontaire ?

Saint Thomas répond comme Aristote : « Les actions accomplies par crainte sont mélangées de volontaire et d'involontaire ; mais,

---

μηδὲν συμβάλλεται ὁ πράττων ἢ ὁ πάσχων, οἷον εἰ πνεῦμα κομίσαι ποι ἢ ἄνθρωποι κύριοι ὄντες (Ἠθ. Νικ., III, ι (3), F. D.).

(1) Et similiter est dicendum quum aliquis inflectit membra contra naturalem dispositionem : hoc enim est violentum secundum quid, scilicet quantum ad membrum particulare, non tamen simpliciter quantum ad ipsum hominem (I.-II, q. VI, a. 5, ad 3).

à vrai dire, elles sont plutôt volontaires » (1). Et voici comment : « Ce qui est fait par crainte, considéré en soi, n'est pas volontaire, mais devient volontaire dans la circonstance dont il s'agit, à savoir pour éviter le mal qui est craint » (2).

Ces actes sont volontaires, à simplement parler, et ne sont involontaires que sous un certain point de vue. En effet, toute action a essentiellement un caractère singulier : ce n'est pas d'une manière générale, ce n'est pas indépendamment des circonstances déterminées où l'on se trouve, que l'on agit, mais, au contraire, sous les conditions individuelles qui accompagnent l'acte : c'est ainsi que l'action se fait, c'est de cette façon qu'elle devient ce qu'elle est ; c'est donc par là qu'elle doit être jugée dans sa simplicité. Prenons l'exemple même donné par Aristote (3) : un capitaine,

---

(1) Μικταὶ μὲν οὖν εἰσιν αἱ τοιαῦται πράξεις, ἐοίκασι δὲ μᾶλλον ἑκουσίοις ('Ηθ. Νικ., III, 1 (6), F. D.).

(2) Id enim quod per metum agitur, in se consideratum, non est voluntarium, sed fit voluntarium in casu, scilicet ad vitandum malum quod timetur (I-II, q. VI, a. 6).

(3) 'Ηθ. Νικ., III, 1 (5). F. D.

dans une tempête, ordonne de jeter des marchandises à la mer, pour alléger le navire, par crainte d'un plus grand malheur, c'est-à-dire du naufrage. C'est la circonstance présente de la tempête qui impose ce sacrifice : or, étant donnée cette circonstance, et pour échapper au désastre qui peut en être la suite, le capitaine veut positivement que les marchandises soient jetées à la mer ; son action est donc, en fait, simplement volontaire. Elle n'est involontaire qu'à un point de vue séparé de ce cas particulier, que si l'on considère la répugnance du capitaine pour la perte de la cargaison, en dehors de la tempête.

Le nerf de cet argument est dans le caractère singulier qu'ont par nature les actions. Ce principe important, adopté par saint Thomas, avait été très expressément énoncé par Aristote, en ces termes : « Les actions dont il s'agit sont choisies au moment même où elles sont faites, et la fin de l'action est suivant le temps opportun. Le volontaire, comme l'involontaire, doit être dit lorsque le sujet agit. — Les actions, en effet, sont dans les choses singulières » (1).

(1) Αἱρεταὶ γάρ εἰσι τότε ὅτε πράττονται, τὸ δὲ τέλος

Les deux capitales circonstances des actions sont : d'abord, ce pour quoi l'on agit, la fin que l'on se propose ; puis, l'objet même de l'opération, ce que l'on fait. La fin passe avant l'objet de l'opération, parce qu'elle est elle-même l'objet de la volonté et son motif, ce qui la met en mouvement (1). Ainsi, dans l'exemple que nous venons de prendre, ce qui décide le capitaine, c'est son intention formelle de sauver le navire ; c'est pour cela qu'il sacrifie la cargaison : le but qu'il veut atteindre et l'acte qu'il veut faire pour y parvenir, donnent à son action sa valeur propre et la constituent principalement volontaire.

Lorsque la violence fait agir, la volonté ne concourt pas à l'acte par son intention propre ;

τῆς πράξεως κατὰ τὸν καιρόν ἐστιν. Καὶ τὸ ἑκούσιον δὴ καὶ τὸ ἀκούσιον, ὅτε πράττει, λεκτέον. — Αἱ γὰρ πράξεις ἐν τοῖς καθ'ἕκαστα ('Ηθ. Νικ., III, 1 (6) (10), F. D.).

(1) Actus proprie dicuntur humani, sicut supra dictum est, q. 1, a. 1, prout sunt voluntarii. Voluntatis autem motivum et objectum est finis. Et ideo principalissima est omnium circumstantiarum illa quae attingit actum ex parte finis, scilicet cujus gratia ; secundaria vero quae attingit ipsam substantiam actus, id est quid fecit (I-II, q. VII, a. 4).

il s'accomplit par force, sans qu'elle y coopère. Mais, quand on agit par crainte, on veut formellement, pour éviter un plus grand mal, un mal que l'on ne voudrait pas, sans cette intention d'échapper à un mal plus grand. C'est une application du pouvoir qu'a la volonté de vouloir une fin pour une autre fin, par une adhésion, non pas absolue, mais relative; ce qui ne serait pas voulu, si l'on ne craignait point, ce qui répugne en soi, est voulu parce que l'on craint un événement plus fâcheux et pour se soustraire à ce malheur. Ce vouloir indirect suffit pour que l'action soit volontaire (1).

Si tel est l'effet de la crainte, quel est celui de l'amour? Certes, l'amour intellectuel, l'amour de volonté est évidemment volontaire;

---

(1) Sufficit enim ad rationem voluntarii quod sit propter aliud voluntarium; voluntarium enim est non solum quod propter seipsum volumus ut finem, sed etiam quod propter aliud volumus ut propter finem (I-II, q. vi, a. 6, ad 1). — Voluntarium autem dicitur aliquid, non solum propter se quasi absolute, sed etiam propter aliud quasi relative. Et ideo nihil prohibet aliquid quod de se non esset voluntarium, alteri comparatum fieri voluntarium per comparationem ad aliud (I-II, q. vi, a. 6, ad 2).

mais l'amour sensible, la passion ne nous fait-elle pas violence? Ce que je désire passionnément ne me domine-t-il pas au point de me contraindre et de causer, par conséquent, l'involontaire?

Le principe de solution est toujours le même: si la volonté coopère à l'action, celle-ci est volontaire; et d'autant plus que la volonté y donne davantage sa coopération. Or, le désir passionné, loin de repousser le vouloir ou de le laisser indifférent, l'entraîne, au contraire, par une affinité naturelle, vers ce qui est désiré (1). La crainte éloigne la volonté du mal redouté, qui répugne à toutes les inclinations du sujet; au lieu que le désir sensible, conséquence de l'amour, porte directement l'appétit intellectuel à s'appliquer au bien passionnément aimé, parce que ce bien est conforme, au moins en apparence, à la nature de

---

(1) Concupiscentia non causat involuntarium, sed magis facit aliquid voluntarium. Dicitur enim aliquid voluntarium ex eo quod voluntas in id fertur; per concupiscentiam autem voluntas inclinatur ad volendum id quod concupiscit; et ideo concupiscentia magis facit ad hoc quod aliquid sit voluntarium, quam quod sit involuntarium (I-II, q. vi, a. 7).

l'homme. C'est un effet de l'unité humaine, un concert de tendance vers ce qui contente l'être, à quelque degré que ce soit. Pouvoir terrible de la passion : elle appelle le vouloir, elle le tire à elle, ou plutôt elle séduit, elle persuade la volonté et l'emmène à sa suite, par un secret accord dans le fond de l'âme. Quelquefois, il est vrai, le bien qu'elle lui fait aimer, est un mal moral que la volonté, à un autre moment, a pu rejeter, avoir même en horreur; mais, à l'instant précis où l'appétit d'en haut est entraîné par le désir inférieur, il veut lui-même l'objet de ce désir : l'acte qui en résulte est donc positivement volontaire, plus encore que l'acte accompli par crainte; car la peur du mal ne transforme pas le mal en bien voulu, elle peut seulement faire accepter un mal pour en éviter un plus grave (1).

(1) In eo qui per metum aliquid agit, manet repugnantia voluntatis ad id quod agitur, secundum quod in se consideratur; sed in eo qui agit aliquid per concupiscentiam (sicut est incontinens), non manet prior voluntas quae repudiabat illud quod concupiscitur; sed mutatur ad volendum id quod prius repudiabat. Et ideo, quod per metum agitur, quodam modo est involuntarium; sed quod per

Quelquefois cependant, nous le savons, la passion est si forte qu'elle arrête et annule entièrement l'usage de la raison. Alors, il faut le reconnaître, il n'y a plus de volontaire ; car la volonté est immobilisée avec l'intelligence ; l'une et l'autre sont comme si elles n'étaient point. Mais le plus souvent, la raison, bien qu'obscurcie, a encore quelque lumière : dans l'exacte mesure où l'esprit conserve une certaine clarté, la volonté peut agir ; et l'action est volontaire dans la même proportion.

Remarquons que, si la raison est totalement aveuglée, l'acte est plutôt en dehors du volontaire et de l'involontaire, étranger au domaine du vouloir, puisque, dans ce cas, la volonté, privée de lumière, est comme si elle n'existait pas. Mais, pourvu qu'il soit encore possible à l'homme de vouloir librement, il demeure responsable, s'il ne résiste pas à la passion (1).

---

concupiscentiam agitur, nullo modo. Nam incontinens concupiscentiæ agit contra id quod prius proponebat, non autem contra id quod nunc vult ; sed timidus agit contra id quod etiam nunc secundum se vult (I-II, q. vi, a. 7, ad 2).

(1) Si concupiscentia totaliter cognitionem auferret, sicut in illis qui propter concupiscentiam

Nous reviendrons plus tard sur ce sujet délicat.

III. — Il reste à voir jusqu'à quel point l'ignorance cause l'involontaire, pour achever d'expliquer cette pensée d'Aristote: « Il paraît bien que les actes involontaires sont ceux qui ont lieu par violence ou par ignorance » (1).

Avec saint Thomas, il convient de distinguer trois cas principaux : l'ignorance accompagne l'acte de volonté, ou elle le suit, ou elle le précède (2).

fiunt amentes, sequeretur quod concupiscentia voluntarium tolleret ; nec tamen proprie esset ibi involuntarium; quia in his quæ usum rationis non habent, neque voluntarium est neque involuntarium. Sed quandoque in his quæ per concupiscentiam aguntur, non totaliter tollitur cognitio, quia non tollitur potestas cognoscendi, sed solum consideratio actualis in particulari agibili; et tamen hoc ipsum est voluntarium, secundum quod voluntarium dicitur quod est in potestate voluntatis, ut non agere et non velle, similiter autem et non considerare : potest enim voluntas passioni resistere, ut infra dicetur, q. LXXVII, a. 6 et 7 (I-II, q. VI, a. 7, ad 3).

(1) Δοκεῖ δὲ ἀκούσια εἶναι τὰ βίᾳ ἢ δι' ἄγνοιαν γινόμενα ('ΗΘ. Νιχ., III, ι (3), F. D.).

(2) Ignorantia tripliciter se habet ad actum volun-

L'ignorance concomitante est celle qui accompagne un acte volontaire que l'on ferait aussi dans le cas où l'on ne serait pas dans l'ignorance. Par exemple : on a l'intention générale de tuer un ennemi, mais en fait on le tue en croyant tuer un cerf, sans savoir que c'est cet ennemi qui est victime du coup. Cet acte accompagné d'ignorance ne répugne pas à la volonté, ne lui donne ni tristesse ni repentir, puisque le fait accompli était désiré ; cependant, en faisant cela, on n'a pas voulu le faire : l'action n'est pas proprement involontaire, car elle est conforme à l'intention générale de la volonté ; mais elle est non volontaire, car, à l'instant précis du meurtre, on ne pensait pas à tuer l'ennemi, mais le cerf : c'est un meurtre inconscient et, à titre, non actuellement voulu (1).

tatis : uno modo concomitanter, alio modo consequenter, tertio modo antecedenter (I-II, q. vi, a. 8).

(1) Τοῦ δὴ δι' ἄγνοιαν ὁ μὲν ἐν μεταμελείᾳ ἄκων δοκεῖ, ὁ δὲ μὴ μεταμελόμενος, ἐπεὶ ἕτερος, ἔστω οὐχ ἑκών ('Ηθ. Νικ., III, 1 (13), F. D.) — Talis ignorantia non facit involuntarium, ut Philosophus dicit, quia non causat aliquid quod sit repugnans voluntati ; sed facit non voluntarium, quia non potest esse actu volitum quod ignoratum est (I-II, q. vi, a. 8).

L'ignorance peut aussi être conséquente à l'acte de volonté, en être une suite, et de deux façons. Tantôt l'homme veut positivement ignorer, par exemple pour excuser sa faute ou ne pas être détourné de mal faire. Une ignorance ainsi directement voulue ne cause pas l'involontaire, à simplement parler ; comme elle est elle-même formellement volontaire, ce qu'elle fait accomplir est volontaire dans sa cause. D'autres fois, l'homme n'a pas la volonté de savoir ce qu'il peut et doit savoir : soit qu'il ne veuille pas considérer ce qu'il peut et doit considérer pour éclairer raisonnablement son choix ; c'est alors l'ignorance dans le choix (1 . ignorance évidemment volontaire, qui vient de passion ou de mauvaise habitude ; soit qu'il ne se soucie pas d'acquérir la connaissance, qu'il peut et doit avoir, des principes du juste et de l'injuste (2) ; c'est l'ignorance du droit et du devoir universels, qui émane d'une négligence coupable. Ces deux ignorances,

(1) Ἡ ἐν προαιρέσει ἄγνοια ('ΗΟ. Νιχ., III, 1 (15). F. D). — Ignorantia malæ electionis (I-II, q. VI, a. 8).

(2) Ἡ καθόλου ('ΗΟ. Νιχ., III, 1 (15), F. D.). — Ignorantia universalium juris (I-II, q. VI, a. 8).

étant volontaires aussi, bien que sous une forme négative, ne causent pas l'involontaire simplement dit. Mais toute ignorance conséquente produit un involontaire relatif : si une telle ignorance n'existait pas, l'acte qui en découle ne serait pas non plus ; il est fait par suite d'ignorance, sans connaissance actuelle, et, à ce titre, non actuellement voulu ; il ne peut être volontaire qu'indirectement ou dans sa cause (1).

Enfin, l'ignorance est antécédente et involontaire, lorsqu'on ignore ce qu'on n'est pas tenu de savoir, par exemple quelque fait dont la

---

(1) Consequenter autem se habet ignorantia ad voluntatem inquantum ipsa ignorantia est voluntaria ; et hoc contingit dupliciter, secundum duos modos voluntarii supra positos, a. 3 hujus quæst., ad 1. Uno modo quia actus voluntatis fertur in ignorantiam...... Alio modo dicitur ignorantia voluntaria ejus quod quis potest scire et debet..... Quum autem ipsa ignorantia sit voluntaria aliquo istorum modorum, non potest causare simpliciter involuntarium ; causat tamen secundum quid involuntarium, inquantum præcedit motum voluntatis ad aliquid agendum, qui non esset scientia præsente (I-II, q. vi, a. 8).

connaissance empêcherait l'action de naître (1). Ainsi, sans aucune négligence fautive, j'ignore que quelqu'un passe dans le chemin, et, lançant une flèche, je le tue. La cause et l'effet sont ici involontaires; ni l'ignorance, ni l'homicide qui en résulte, ne sont imputables à la volonté; c'est un cas d'involontaire proprement dit (2).

Toutes ces explications confirment ce que nous avions dit d'abord : l'homme n'est responsable que de ce qu'il fait avec connaissance et volonté libre. Mais tantôt il dirige son intention sur son acte même, tantôt l'acte, sans être voulu en lui-même, est voulu implicitement dans la cause qui l'a amené. Il faut se rappeler aussi que la volonté est engagée, non seulement dans ce qu'elle veut directement et positivement, mais encore dans ce qu'elle laisse faire, lorsqu'elle pourrait y

---

(1) Ἡ καθ' ἕκαστα, ἐν οἷς καὶ περὶ ἃ ἡ πρᾶξις (Ἠθ. Νικ., III, 1 (15), F. D.).

(2) Antecedenter autem se habet ad voluntatem ignorantia quando non est voluntaria, et tamen est causa volendi quod alias non vellet... Et talis ignorantia causat involuntarium simpliciter (I-II, q. vi, a. 8).

mettre obstacle ; dans ce qu'elle ne veut pas, lorsqu'elle pourrait le vouloir (1).

(1) Aliquid potest esse voluntarium, vel secundum se, sicut quando voluntas directe in ipsum fertur ; vel secundum suam causam, quando voluntas fertur in causam, et non in effectum... Secundo considerandum est quod aliquid dicitur voluntarium directe vel indirecte : directe quidem id in quod voluntas fertur; indirecte autem illud quod voluntas potuit prohibere, sed non prohibet (I-II, q. LXXVII, a. 7).

II

LA VOLONTÉ DU MAL

Contrairement à l'opinion de Socrate et de Platon, Aristote et saint Thomas pensent avec raison que l'homme peut vouloir ce qu'il sait être mal ; mais c'est toujours sous l'apparence de quelque bien. Influence de la passion pour corrompre le jugement et la volonté. — Explication de la malice certaine.

Il n'est pas douteux que l'ignorance peut faire vouloir ce que l'on ne voudrait pas, si l'on savait. Il est certain, d'autre part, que l'homme veut naturellement ce qu'il sait être bien. Comment donc peut-il vouloir le mal ? Ce ne peut être que par ignorance, concluait Socrate. Nous faisons toujours, pensait-il, ce qui nous paraît le meilleur, et, si notre volonté dévie du droit chemin, c'est que notre intelligence trompée lui indique une fausse route. Ce n'est donc pas volontairement que nous sommes mauvais ; c'est par erreur.

Aristote a rappelé cette opinion de Socrate (1) ; il a cité ce dicton ancien : « Il n'est personne qui veuille être méchant, comme il n'est personne qui ne veuille pas être heureux » (2). Mais il a réfuté cette théorie, trop absolue, que Platon, au contraire, avait défendue.

« A l'égard de ceux dont les vices ne sont pas sans remède, disait Platon, il est bon de savoir, avant tout, qu'aucun homme injuste ne l'est volontairement, parce que personne ne consent à loger chez soi les plus grands maux qui soient au monde, bien moins encore dans la partie la plus précieuse de lui-même : or, l'âme est, comme nous avons dit, ce qu'il y a véritablement en nous de plus précieux ; personne ne peut donc volontairement y recevoir le plus grand des maux et passer sa vie avec un si mauvais hôte. Ainsi, le méchant, et quiconque nourrit le mal dans son sein, est digne de pitié ; mais il faut surtout réserver cette pitié

---

(1) 'Ηκ. Νιθ., VII, 11 (1), F. D.
(2) Τὸ δὲ λέγειν ὡς
  Οὐδεὶς ἑκὼν πονηρὸς οὐδ' ἄκων μάκαρ,
ἔοικε τὸ μὲν ψευδεῖ, τὸ δ'ἀληθεῖ· μακάριος μὲν γὰρ οὐδεὶς ἄκων, ἡ δὲ μοχθηρία ἑκούσιον ('Ηθ. Νικ., III, v (4), F. D.).

pour celui qui laisse quelque espoir de guérison » (1).

Saint Thomas se range du côté d'Aristote, contre Socrate et Platon.

C'est très souvent la passion qui entraîne l'âme au mal; mais, si la raison sait exactement où est le bien, si elle le connaît, si elle le voit, « comment peut-elle être vaincue par la passion contre sa propre science »? Saint Thomas se pose cette question (2). Pour y répondre, il s'inspire constamment d'Aristote, selon son habitude, et il a la franchise d'indiquer les principaux endroits de *l'Ethique à Nicomaque* où il a puisé ses inspirations, quelquefois les termes mêmes de sa solution du problème.

Voici cette solution importante, qui conserve la part de vérité contenue dans l'opinion de Socrate, en rejetant ce qui est exagéré.

Il faut accorder, d'abord, que jamais la volonté ne tendrait au mal, si la raison n'était pas dans quelque ignorance ou quelque erreur; car la faculté de vouloir va au bien par un

(1) *Les Lois*, V, trad. Grou.
(2) Utrum ratio possit superari a passione contra suam scientiam (I-II, q. LXXVII, a. 2).

mouvement naturel, et, si elle adhère à un mal, c'est qu'il a l'apparence d'un bien, dans la présentation que lui en fait l'intelligence. « Tout méchant, disait Aristote lui-même, ignore ce qu'il faut faire et ce dont il faut s'abstenir, et c'est par suite de ce défaut de science que les hommes deviennent injustes et entièrement mauvais » (1).

Cependant, il est d'expérience que souvent on agit contrairement à ce que l'on sait. Et même, la faute grave suppose que l'homme connait positivement le bien et fait le mal. C'est cette anomalie qu'il faut expliquer.

L'explication est dans la distinction lumineuse dont saint Thomas se plaît à reporter l'honneur à Aristote : l'homme est conduit à bien agir par une double science, la science

---

(1) Ἀγνοεῖ μὲν οὖν πᾶς ὁ μοχθηρὸς ἃ δεῖ πράττειν καὶ ὧν ἀφεκτέον, καὶ διὰ τὴν τοιαύτην ἁμαρτίαν ἄδικοι καὶ ὅλως κακοὶ γίνονται (Ἠθ. Νικ., III, 1 (14), F. D.). — Quum voluntas sit boni vel apparentis boni, nunquam voluntas in malum movetur, nisi id quod non est bonum aliqualiter rationi bonum appareat ; et propter hoc voluntas nunquam in malum tenderet, nisi cum aliqua ignorantia vel errore rationis (I-II, q. LXXVII, a. 2).

universelle et la science particulière ou moins générale, et un défaut dans l'une ou l'autre de ces deux sciences fait fléchir la rectitude de la volonté et de l'action (1).

Or, avec une science universelle exacte, conforme à la vérité, il peut y avoir défaut dans la science particulière de deux façons.

Tantôt, tout en sachant bien que tel genre d'acte est mauvais, on ne sait pas, en fait, que tel acte particulier est de ce genre ; l'ignorance ou l'erreur s'applique à l'espèce particulière, moins universelle que le genre, ou au fait singulier même. Par exemple, je puis savoir, de science universelle, que toute sensualité déréglée doit être repoussée, et ne pas savoir que telle sensualité particulière est déréglée, soit que ses caractères spécifiques, bien connus

---

(1) Sed quia experimento patet quod multi agunt contra ea quorum scientiam habent, ...oportet distinguere, ut Philosophus tradit, in VII *Ethic.*, cap. III. Quum enim ad recte agendum homo dirigatur duplici scientia, scilicet universali et particulari, utriusque defectus sufficit ad hoc quod impediatur rectitudo voluntatis et operis, ut supra dictum est, q. LXXVI, a. 1 (I-II, q. LXXVII, a. 2). — 'll0. Nic., VII, III, F. D.

de moi, ne me paraissent pas comporter de déréglement, soit que j'ignore quelque caractère singulier de l'acte qui le range dans une espèce déréglée : car il est des satisfactions légitimes du désir sensible, et la marque de leur légitimité n'est pas toujours nettement connue. Une telle ignorance peut être coupable, si elle est volontaire, et, partant, l'action qu'elle entraîne être coupable aussi.

D'autres fois, tout en possédant une science universelle et une science particulière droites et vraies l'une et l'autre, on ne considère pas, en fait, ce que l'on sait exactement de science particulière. Ce défaut de considération actuelle peut provenir de deux causes : ou je ne m'applique pas à considérer ce que je sais, quoique rien ne m'empêche de le faire ; ou bien je suis empêché d'appliquer mon esprit à la science particulière que je possède : par exemple, par une occupation étrangère, ou par une direction opposée que prend mon intelligence, ou par quelque infirmité corporelle. Nous savons que la passion peut mettre ainsi obstacle à l'application de l'esprit, par diversion, par opposition, par blessure du corps (1).

(1). *Les Passions et la Volonté*, p. 403.

Le fond de cette théorie morale, c'est que la science universelle, bien que la plus certaine en soi, n'a pas le principal rôle dans l'opération ; ce rôle appartient à la science particulière, puisque les opérations sont en des choses singulières, comme Aristote l'a mis en évidence. De là vient que l'on peut connaître parfaitement la loi morale en forme universelle et agir contrairement à cette loi, par une déviation particulière ou singulière de la raison, par une abstention particulière ou singulière de l'esprit (1).

Saint Thomas reproduit, à sa manière, un développement très clair d'Aristote sur le double jeu de la raison, dans le cas d'un acte de passion contraire à une vue juste de l'intelligence. La passion empêche de tirer la conclusion pratique d'un principe universel conorme à la loi morale et connu par la raison ;

(1) Scientia universalis, quæ est certissima, non habet principalitatem in operatione, sed magis scientia particularis, eo quod operationes sunt circa singularia : unde non est mirum si in operabilibus passio agit contra scientiam universalem, absente consideratione in particulari (I-II, q. LXXVII, a. 2, ad 1).

mais elle porte à adopter un autre principe universel et à en tirer la conclusion pratique.

Voici donc le double syllogisme qui tend à se former dans l'esprit du débauché, par exemple.

Première majeure : la débauche est une faute à éviter.

Première mineure : tel acte est une débauche.

Deuxième majeure : le plaisir sensible est à rechercher.

Deuxième mineure : tel acte donne un plaisir sensible.

Or, la passion enchaîne la raison et l'arrête, dans le déploiement du premier syllogisme jusqu'à la conclusion pratique. La passion, au contraire, entraîne la raison à prendre la seconde majeure et la deuxième mineure, et à en déduire la conclusion naturelle (1).

(1) Ille qui habet scientiam in universali, propter passionem impeditur ne possit sub illa universali sumere et ad conclusionem pervenire ; sed assumit sub alia universali, quam suggerit inclinatio passionis, et sub ea concludit. Unde Philosophus dicit, in VII *Ethic.*, cap. III, quod syllogismus incontinentis habet quatuor propositiones, duas particulares et duas universales: quarum una est rationis, puta

Aristote remarque avec justesse que ce n'est pas l'intelligence qui est contraire à la raison, mais plutôt la passion ; puisque c'est la passion qui fait accepter telle majeure par l'intelligence, au lieu de telle autre qui devrait être adoptée dans le cas particulier qui se présente.

Pour sauvegarder la liberté humaine, n'oublions pas que, si la passion tend ainsi à séduire la raison et à entraîner la volonté dans la direction du mouvement passionnel, la volonté, tentée de s'abandonner à cet entraînement, peut ordinairement se refuser à le suivre.

Il semble que quelquefois, souvent peut-être, le sujet passionné avoue expressément qu'il agit contre ce qu'il sait, non seulement en général, mais en particulier, sur le fait précis et déterminé qu'il faut juger : « C'est mal, dit-il, je le sais ; mais ce mal, je l'aime et je le veux : il me plaît, et je m'y livre ». Ce n'est, cependant, qu'une apparence: à la surface, cet

nullam fornicationem esse committendam; alia est passionis, puta delectationem esse sectandam. Passio igitur ligat rationem ne assumat et concludat sub prima; unde, ea durante, assumit et concludit sub secunda (I-II, q. LXXVII, a. 2, ad 4).

homme enivré par la passion reconnaît que ce qu'il fait n'est pas à faire; mais, au fond, il pense qu'il a raison de le faire, par exemple parce que l'amour du plaisir est légitime. C'est une gloire pour notre nature d'avoir toujours besoin de se justifier ses actes: nous cherchons toujours une raison pour agir; bonne ou mauvaise, nous en voulons une; et celle que nous choisissons, par là même, nous paraît bonne. Si nous osons dire extérieurement que nous voulons satisfaire nos passions contre toute raison, en voyant bien que l'emportement de nos appétits est de tous points coupable, nous disons ce que nous ne pensons pas, comme celui qui, en état d'ivresse, profère des mots signifiant de profondes vérités, sans que son intelligence soit assez lucide pour penser comme il parle (1).

Il est, cependant, des cas où la conscience

---

(1) Sicut ebrius quandoque proferre potest verba significantia profundas sententias quas tamen mente dijudicare non potest, ebrietate prohibente ; ita in passione existens, etsi ore proferat hoc non esse faciendum, tamen interius hoc animo sentit quod sit faciendum, ut dicitur in VII *Ethic.*, cap. III. (I-II, q. LXXVII, a. 2, ad. 5).

est plus libre et plus éclairée, et où néanmoins la volonté choisit le mal, non par passion, mais par malice réfléchie; n'est-ce pas alors directment et entièrement contre sa conscience, contre sa raison, que le méchant se décide? La faute qu'il commet, n'est-elle pas précisément grave parce qu'il sait parfaitement qu'il viole la loi morale et parce qu'il veut positivement la violer?

Même dans cette hypothèse, il y a un double jeu de la raison. Elle voit clairement le bien en général, et l'antagonisme entre ce bien et l'action proposée. Mais elle voit aussi que cette action est un bien relatif, et c'est à cause de ce caractère que la volonté s'y attache, aimant alors d'un plus vif amour un moindre bien, qui est mal dans les circonstances où il est offert, qu'un bien plus grand auquel elle devrait adhérer.

La certitude de la malice consiste dans une vue nette de l'immoralité de ce qui est voulu ; mais, dans les conditions de la vie présente, l'obéissance à la loi morale ne nous donne pas le bonheur parfait ; la satisfaction qu'y trouvent nos aspirations de l'ordre le plus élevé peut laisser inassouvis des désirs moins nobles, l'amour d'une vaine gloire ou des jouissances sensibles, par exemple. Or, dans un acte de mauvaise volonté commis de propos délibéré, la raison ne voit plus actuellement qu'il vaut mieux se priver d'un bien plus bas que de s'éloigner du bien supérieur ; et elle ne le voit plus parce que la volonté libre, par son choix désordonné, l'a appliquée à regarder plutôt le bien inférieur que la volonté s'est portée elle-même à aimer d'une préférence coupable (1).

(1) Est autem voluntas inordinata quando minus bonum magis amat. Consequens autem est ut aliquis eligat pati detrimentum in bono minus amato, ad hoc quod potiatur bono magis amato ; sicut quum homo vult pati abscissionem membri etiam scienter, ut conservet vitam quam magis amat. Ita per hunc modum, quando aliqua inordinata voluntas aliquod bonum temporale plus amat, puta divitias vel voluptatem, quam ordinem rationis vel legis divinæ vel charitatem Dei vel aliquid hujusmodi, sequitur quod velit dispendium pati in aliquo spiritualium bonorum, ut potiatur aliquo temporali bono. Nihil autem est aliud malum quam privatio alicujus boni ; et secundum hoc aliquis scienter vult aliquod malum spirituale, quod est malum simpliciter, per quod bonum spirituale privatur, ut bono temporali potiatur. Unde dicitur ex certa

Le plus souvent, quelque mauvaise disposition habituelle incline la volonté à cet amour déréglé, sans lui ôter toutefois la liberté de résister et de se tourner ailleurs.

Dans cette résolution de malice certaine, il y a donc erreur de la raison sous la motion de la volonté : c'est un défaut de lumière, une sorte d'ignorance, mais une ignorance éminemment volontaire qui n'excuse point.

Observons, avec saint Thomas, que jamais l'homme ne refuserait le plus grand bien pour préférer le moindre, s'il pouvait avoir à la fois l'un et l'autre ; car il ne peut vouloir absolument se priver de son bien, chercher directement le mal qui le détourne de sa fin naturelle ; mais il peut vouloir un bien moins estimable qui le prive d'un autre bien de plus haute valeur, parce qu'il ne veut pas se priver d'une satisfaction moins noble, mais réelle, qu'il s'est mis à aimer davantage (1). Que, dans une

malitia vel industria peccare, quasi scienter malum eligens (I-II, p. LXXVIII, a. 1).

(1) Et in tali casu aliquis eligeret consequi bonum per se intentum, absque hoc quod pateretur detrimentum alterius boni ; sicut aliquis lascivus vellet frui delectatione absque offensa Dei ; sed duobus

autre vie, Dieu se découvre à lui, face à face, comme le bien parfait en soi capable de contenter, dans un ordre souverain, toutes les aspirations humaines, il ne pourra plus se détacher de la loi divine et livrera joyeusement toutes ses puissances à l'amour de l'infinie perfection.

propositis, magis vult peccando incurrere offensam Dei quam delectatione privari (I-II, q, LXXVIII, a. 1, ad 2).

II

BONTÉ ET MALICE
DES ACTES DE LA VOLONTÉ

BONTÉ ET MALICE
DES ACTES DE LA VOLONTÉ

Introduction

Parmi les actes bons ou mauvais dont la volonté humaine est responsable, ceux qui émanent immédiatement de la volonté sont au premier rang.

Après avoir examiné les caractères du volontaire et de l'involontaire, tâchons de pénétrer davantage dans la nature des actions morales ou immorales et de marquer avec précision ce qui fait la bonté ou la malice des actes humains.

Un acte est proprement humain, dans l'ordre moral, s'il émane, directement ou indirectement, de la volonté intelligente de l'homme. Nous avons donc à étudier de près les conditions que doivent présenter les actes dont la volonté est l'auteur responsable, pour qu'ils puissent être justement appelés bons ou mauvais.

Parmi ces actes, ceux qui viennent le plus immédiatement de la volonté méritent de nous occuper les premiers ; je veux parler de ceux qu'elle produit intérieurement de son propre fonds, dont elle est la source tout à fait prochaine.

Mais, pour mettre à leur place ces opérations propres de la volonté, posons d'abord, avec saint Thomas, les conditions qui déterminent la bonté ou la malice des actes humains en général. Ce sera le fondement solide de ce que nous établirons pour les actes intérieurs de la volonté humaine.

I

Bonté et malice des actes humains

I. — L'action est bonne proportionnellement à la perfection qu'elle possède selon son espèce. Elle est mauvaise à proportion de ce qui lui manque dans l'espèce de perfection qu'exige sa nature. — Quatre éléments concourent à la plénitude de l'action humaine : activité, objet, circonstances, fin.

II. — Au point de vue moral, une bonne action et une action mauvaise sont de deux espèces différentes. Cette différence d'espèce vient de l'objet, de la fin et même de certaines circonstances.

III. — Y a-t-il des actes indifférents au point de vue moral ? Oui, si l'on considère l'acte en lui-même. Non, si on l'envisage dans l'homme individuel agissant actuellement de propos délibéré.

I. — Puisqu'il s'agit de bonté, remontons à la nature même du bien, du bon et du mauvais.

Le bien ou le mal en morale, dans la conduite de la vie, doivent reproduire, sous une forme spéciale, les caractères du bon ou du mauvais en toutes choses, en tout ce qui a de l'être.

Or, rappelons-nous ce qu'est le bien : c'est ce qui convient à ce qui est, ce qui perfectionne et complète l'être. En somme, le bien et l'être sont une seule et même chose, puisque le perfectionnement et le complément ne peuvent être que l'achèvement de ce qui est commencé, le développement et l'augmentation harmonieuse de l'être initial, avec la proportion que demande chaque nature (1).

Dieu seul a la plénitude absolue de l'être, dans une unité infiniment riche de toute perfection, et toute possibilité de perfection extérieure à Dieu prend son origine dans la source divine, indivisible en soi, mais indéfiniment capable d'épanchement de similitude au dehors.

---

(1) De bono et malo in actionibus oportet loqui sicut de bono et malo in rebus, eo quod unaquæque res talem actionem producit qualis est ipsa. In rebus autem unumquodque tantum habet de bono quantum habet de esse ; bonum enim et ens convertuntur, ut in I dictum est, q. v. a. 3 (I-II, q. xviii, a. 1).

II

BONTÉ ET MALICE DES ACTES INTÉRIEURS DE LA VOLONTÉ

I. — L'acte intérieur de la volonté n'est bon que par son objet. Pour la volonté, objet et fin sont identiques. Les circonstances ne changent pas l'espèce, bonne ou mauvaise, du vouloir qui a un bon ou un mauvais objet.

II. — Le bon vouloir dépend de la raison : la raison divine est la cause première de la moralité ; la raison humaine en est la cause seconde et dérivée. — L'acte de volonté en désaccord avec une raison qui se trompe, est mauvais, excepté dans le cas où un précepte divin, connu par la raison croyante, contredit une opinion erronée de la raison. L'acte de volonté conforme à une raison qui est dans l'erreur, est bon, si l'erreur est involontaire ; mauvais, si l'erreur est volontaire.

III. — La volonté humaine doit se conformer à la volonté divine. Néanmoins, elle n'est pas obligée de vouloir toujours, matériellement, ce que Dieu veut ; il suffit qu'elle veuille formellement le bien comme Dieu veut qu'elle le veuille.

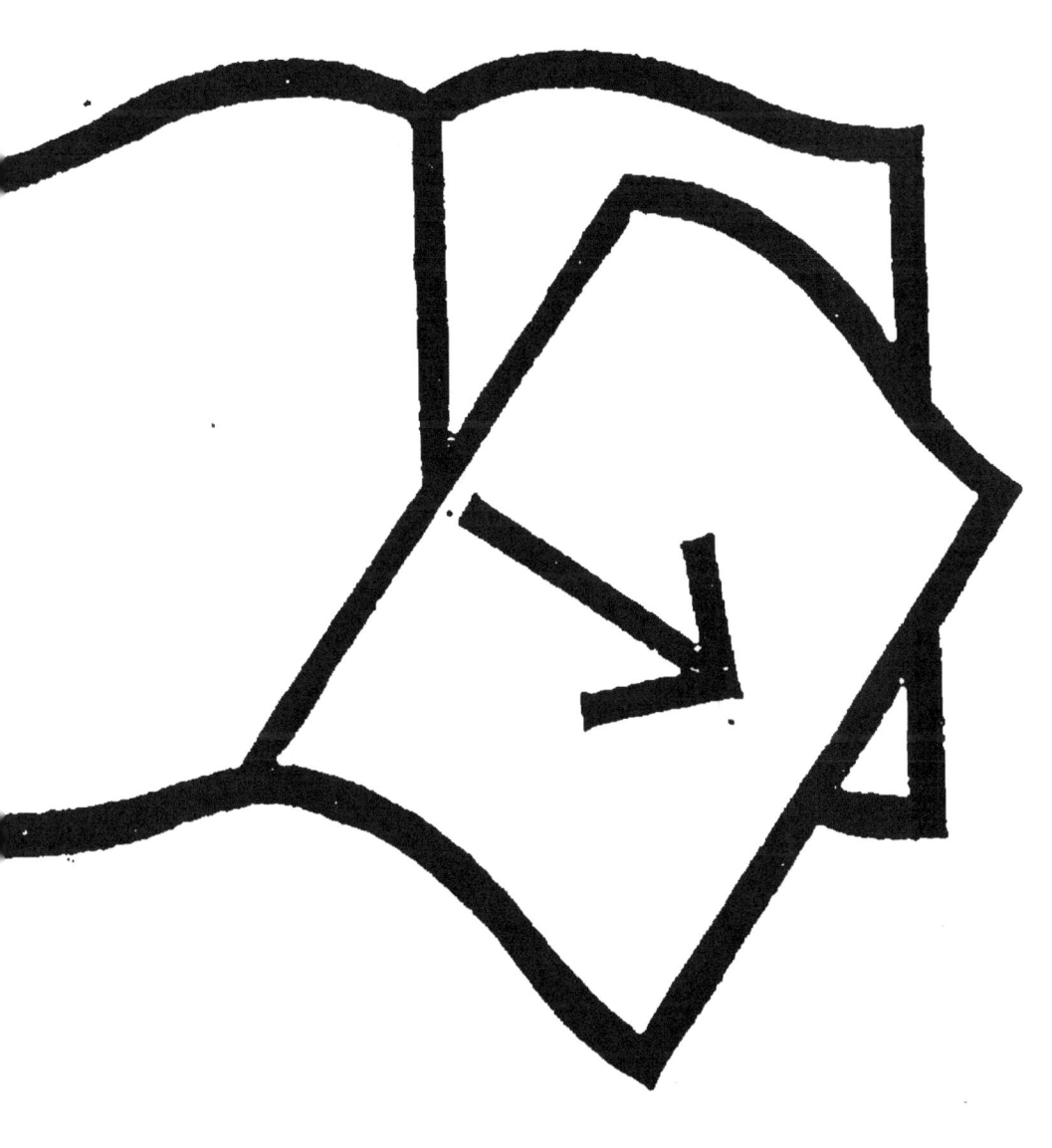

Documents manquants (pages, cahiers...)
NF Z 43-120-13

Considérons maintenant les actions morales dans leur origine fondamentale, dans l'intérieur de la volonté, où elles prennent leur être propre.

I. — De quoi dépend la bonté de l'acte intérieur de la volonté ? Qu'est-ce qui constitue la bonne volonté ?

Faut-il voir une source de bonté, pour l'acte intérieur, non seulement dans l'objet de l'acte, mais dans la fin et dans les circonstances, comme nous l'avons fait pour l'action humaine en général ?

A le bien prendre, la volonté, dans son acte intérieur, n'est bonne que par son objet.

D'abord, il est manifeste que le bien et le mal, en morale, se rapportent directement à la volonté et, par suite, constituent des différences spécifiques pour les actes de cette puissance : un bon vouloir est différent, en espèce, du mauvais vouloir, parce qu'être bon ou être mauvais affectent la nature même de l'acte volontaire, la volonté étant essentiellement faite pour le bien. Or, les actes tirent leur caractère spécifique de leur objet. Donc, l'acte intérieur de la volonté tient proprement de l'objet sa bonté et sa malice: le bon vouloir, c'est vouloir ce qui est bon; le mauvais vouloir, c'est vouloir ce qui est mauvais (1).

Nous savons déjà qu'au fond la volonté veut toujours quelque chose de bon; mais, trop souvent, elle veut un bien apparent, au lieu d'un bien véritable, ou tel bien de préférence à tel autre qu'elle devrait vouloir actuellement: et c'est là ce qui rend son acte mauvais (2).

Mais ce n'est pas tout: il faut voir, avec saint Thomas, que c'est dans son objet seul que la volonté puise la bonté de son acte intérieur.

Cela doit être: car l'acte intérieur de la volonté est le premier élément de l'action hu-

---

(1) Voluntas bona et mala sunt actus differentes secundum speciem. Differentia autem speciei in actibus est secundum objecta, ut dictum est q. præced., a. 5; et ideo bonum et malum in actibus voluntatis proprie attenditur secundum objecta (I-II, q. XIX, a. 1).

(2) Voluntas non semper est veri boni, sed quandoque est apparentis boni; quod quidem habet rationem aliquam boni, non tamen simpliciter convenientis ad appetendum; et propter hoc actus voluntatis non est bonus semper, sed aliquando malus (I-II, q. XIX, a. 1, ad 1).

maine, le point de départ primitif et fondamental de la bonté et de la malice de cette action ; comme tout ce qui est primitif et fondamental, il est naturel qu'il ait sa perfection en quelque chose de simple et de principal, et seulement en cela : or, ce qui est principal pour la bonne constitution d'un acte, c'est l'objet ; il est donc naturel que l'objet seul constitue la bonté de l'acte intérieur de la volonté (1).

En somme, un bon vouloir consiste simplement à vouloir ce qui est bon ; un mauvais vouloir, uniquement à vouloir ce qui est mauvais.

Pour perfectionner notre volonté, il suffit donc de travailler à vouloir de plus en plus et de mieux en mieux ce qui est bien, ce qui est mieux, ce qui est le meilleur.

Seulement, il faut le remarquer, faire cela, c'est diriger avec perfection notre volonté vers sa fin même, puisque le bien est le but où elle tend.

(1) Bonitas voluntatis ex solo uno illo dependet quod per se facit bonitatem in actu, scilicet ex objecto, et non ex circumstantiis, quæ sunt quædam accidentia actus (I-II, q. XIX, a. 2).

C'est que, pour la volonté, objet et fin sont identiques. Le bien, qui a nature de fin, de but, est l'objet même de la volonté, dont la nature est d'être un principe de tendance, une faculté d'appétition.

Tout au plus pourrait-on distinguer, sous le nom d'objet, une fin prochaine qui sert à la volonté de moyen pour atteindre une fin ultérieure, en réservant le nom de fin à cette fin plus éloignée (1). Par exemple, si je dispose de ce qui m'appartient pour rendre service à un ami, la disposition de mon bien propre est ordonnée à un service que je veux rendre à mon ami, et ce service est ma fin principale. La première fin peut alors être appelée objet de mon vouloir ; et la seconde, proprement fin de mon vouloir.

Mais cette distinction ne change rien au rapport essentiel de la volonté avec son objet, qui est toujours une fin. Ce que je veux prin-

---

(1) Finis est objectum voluntatis, non autem aliarum virium. Unde, quantum ad actum voluntatis, non differt bonitas quæ est ex objecto a bonitate quæ est ex fine, sicut in actibus aliarum virium ; nisi forte per accidens, prout finis dependet ex fine, et voluntas ex voluntate (I-II, q. xix, a. 2, ad 1).

cipalement, dans le cas particulier pris pour exemple, c'est rendre service à mon ami, et vouloir disposer de ma propriété est, en fait, la dépendance de mon vouloir principal. Néanmoins, j'ai deux vouloirs, l'un dépendant de l'autre : il y a donc deux fins associées.

Il faut, sans doute, reconnaître que l'intention de la fin principale donne une valeur spéciale au vouloir complexe d'une fin rapportée à une autre, parce que cette intention est la raison pour laquelle nous voulons la première fin. Ainsi, une fin principale mauvaise rend mauvais tout le vouloir complexe. Mais, si la fin secondaire est mauvaise, la bonté de la fin principale n'empêche pas le vouloir total d'être mauvais, parce qu'il manque alors d'un élément de bonté qu'il devrait avoir (1).

Je puis aussi vouloir comme objet une première fin peu proportionnée, en quantité, à la fin principale : dans ce cas, la bonne inten-

(1) Sive voluntas sit ejus quod est secundum se malum sub ratione boni, sive sit boni sub ratione mali, semper voluntas erit mala ; sed ad hoc quod sit voluntas bona, requiritur quod sit boni sub ratione boni, id est, quod velit bonum et propter bonum (I-II, q. xix, a. 7, ad 3).

tion de la principale fin rejaillit sur tout mon vouloir, pour en améliorer la valeur ; et cependant, considéré en lui-même, le vouloir de la première fin conserve son défaut de quantité relative (1). Par exemple, je veux me corriger d'une mauvaise habitude ; mais je n'ai pas la volonté de prendre tous les moyens qui pourraient m'en guérir : ma volonté, à laquelle il manque quelque chose par rapport aux moyens, profite néammoins de la bonne intention que j'ai de me corriger, et l'importance de cette fin que je veux compte dans la valeur morale de mon acte, malgré l'imperfection qui reste à mon vouloir.

Quant aux circonstances, elles ne peuvent changer l'espèce, bonne ou mauvaise, du vouloir intérieur, en ce sens que, si la volonté veut vraiment le bien, aucune circonstance de son vouloir ne le rendra mauvais, mais que, si la

(1) Quia etiam ipsa intentio quodammodo pertinet ad actum voluntatis, inquantum scilicet est ratio ejus, propter hoc redundat quantitas bonæ intentionis in voluntatem, inquantum scilicet voluntas vult aliquod bonum magnum ut finem, licet illud per quod vult consequi tantum bonum non sit dignum illo bono (1-11, q. XIX, a. 8).

volonté veut ce qui est mal, c'est-à-dire un bien privatif d'un autre bien obligatoire, aucune circonstance de ce vouloir ne saurait le rendre vraiment bon (1).

Ainsi, vouloir faire une bonne chose à un moment où il ne faut pas la faire, étudier par exemple lorsqu'il faut agir, n'est pas vraiment vouloir ce qui est bon ; car, à ce moment-là, ce qui est bon, c'est d'agir, et la bonne volonté ne peut vouloir étudier lorsqu'il faut agir. De même, préférer le jeu à l'étude, lorsqu'il faut étudier, ne saurait être excusable par le motif que le jeu est un délassement utile à la santé : car le mal de jouer, alors, consiste précisément à ne pas vouloir étudier quand il le faut, sans qu'il y ait lieu de considérer si le jeu est bon en lui-même.

II. — Mais, du moins, le bon vouloir ne dépend-il pas de la raison ?

Oui, certes, mais en tant que la raison pré-

(1) Supposito quod voluntas sit boni, nulla circumstantia potest eam facere malam.... Non incidit malum ex eo quod aliquis vult illud bonum, sed ex eo quod non vult aliud bonum (I-II, q. xix, a. 2, ad 2).

sente à la volonté l'objet bon. Cette bonté qui vient de la raison, n'est donc que la bonté même de l'objet de la volonté; car c'est le bien rationnel, et non le bien sensible, qui est l'objet de la volonté proprement humaine (1).

Cependant, n'oublions-nous pas le principe même du bien moral, la loi éternelle et divine ? Si l'acte intérieur de la volonté est bon, n'est-ce pas précisément parce qu'il est selon ce que Dieu voit de toute éternité comme essentiellement bon ? N'est-ce pas dans la raison divine elle-même qu'est la règle immuable de toute moralité ?

Sans doute, c'est en Dieu que réside le modèle suprême du bien; mais dans la raison humaine est la règle prochaine de la volonté : seulement, la raison de l'homme n'est ce qu'elle est que par participation de la lumière divine. La raison éternelle de Dieu est la cause pre-

(1) Bonitas voluntatis proprie ex objecto dependet. Objectum autem voluntatis proponitur ei per rationem ; nam bonum intellectus est objectum voluntatis proportionatum ei....Ergo ideo bonitas voluntatis dependet a ratione eo modo quo dependet ab objecto (I-II, q. xix, a. 3).

mière de la moralité ; la raison de l'homme en est la cause seconde et dérivée.

Aussi, peut-on dire avec saint Thomas, quand la raison humaine défaille ou ne voit plus clair, c'est à la raison éternelle qu'il faut recourir, si l'on a quelque moyen, au moins indirect, de connaître sa loi souveraine (1).

Mais, que l'on s'en tienne à l'homme en ne considérant que la cause seconde, ou que l'on remonte jusqu'à Dieu, cause première, c'est toujours la raison qui est le principe régulateur de la moralité, raison humaine ou raison divine, celle-là, fille de celle-ci, n'ayant rien qui ne lui vienne de la lumière essentielle, absolue, nécessaire, type et source de tout être et de toute vérité.

En somme, le vrai est le principe du bien, et il appartient à l'intelligence de diriger la volonté.

---

(1) In omnibus causis ordinatis effectus plus dependet a causa prima quam a causa secunda, quia causa secunda non agit nisi in virtute primæ causæ.. Unde manifestum est quod multo magis dependet bonitas voluntatis humanæ a lege æterna quam a ratione humana ; et ubi deficit humana ratio, oportet ad rationem æternam recurrere (I-II, q. XIX, a. 4).

Toutefois, une situation délicate peut se présenter.

La raison humaine se trompe souvent; elle peut montrer à la volonté comme vraiment bon ce qui ne l'est qu'en apparence, ce qui n'a qu'une facette de la bonté et devient mauvais, si l'on prend ce côté restreint pour la forme principale du bien actuel.

Si la volonté doit se régler sur l'indication de la raison, elle ne pourra, semble-t-il, faire autrement que de suivre une fausse indication, lorsque l'intelligence se trompe et que la volonté a la bonne intention de faire ce qui lui est montré comme vrai bien.

Quelle sera la valeur morale d'une telle action volontaire? Sera-ce une bonne action, parce qu'elle émane d'une volonté docile à la raison? Sera-ce une action mauvaise, parce que l'objet actuel de la volonté est défectueux?

Disons, d'abord, hardiment que tout vouloir en désaccord avec la raison, dans l'homme, soit que la raison voie juste, soit qu'elle se trompe, est un mauvais vouloir (1); car, si la volonté ne veut pas ce que l'intelligence lui

(1) Unde dicendum quod simpliciter omnis volun-

dit qu'il faut qu'elle veuille, elle manque à ce que demande sa nature, elle s'écarte de sa règle prochaine, puisqu'elle ne veut pas ce qui lui est montré comme un bien, ou veut ce qui lui indiqué comme un mal.

Exceptons, cependant, le cas où l'homme penserait être bien, selon la lumière naturelle et dérivée de sa raison, ce qu'il croirait, d'autre part, être condamné comme mal par la raison divine. L'hypothèse est possible, car la lumière de la raison humaine est imparfaite et capable d'induire en erreur, et la certitude d'une loi divine peut être imposée par un motif extrinsèque, par exemple par la déclaration certaine d'un interprète supérieur et autorisé de la loi de Dieu.

Dans ce cas, la volonté n'est pas blâmable, si elle suit la loi divine plutôt que la loi de la raison humaine. Mais, alors, l'erreur n'est que partielle : si d'un côté l'intelligence ne voit pas juste, de l'autre elle est assurée qu'il y a un ordre divin (1).

tas discordans a ratione, sive recta sive errante, semper est mala (I-II, q. xix, a. 5).

(1) Si aliquis homo cognosceret quod ratio humana

BONTÉ ET MALICE DES ACTES INTÉRIEURS 109

En dehors de cette hypothèse, tout vouloir qui est d'accord avec la raison, même lorsqu'elle se trompe complètement, est-il bon ?

Il faut distinguer. Si l'erreur est involontaire, l'acte de volonté qui s'y conforme est bon. Mais, si elle est volontaire, le vouloir qui s'y conforme est mauvais, parce qu'il participe à la malice préalable qui est cause de l'erreur.

Or, l'erreur peut être volontaire, comme l'ignorance, soit que l'on ait voulu directement que l'intelligence se trompât, soit que, par négligence, on n'ait pas voulu que la raison s'instruisît pour ne pas se tromper (1).

dictaret aliquid contra præceptum Dei, non teneretur rationem sequi; sed tunc ratio non totaliter esset errans. Sed quando ratio errans proponit aliquid ut præceptum Dei, tunc idem est contemnere dictamen rationis et Dei præceptum (I-II, q. xix, a. 5, ad 2).

(1) Si igitur ratio vel conscientia erret errore voluntario directe vel indirecte propter negligentiam, quia est error circa id quod quis scire tenetur, tunc talis error rationis vel conscientiæ non excusat quin voluntas concordans rationi vel conscientiæ sic erranti sit mala. Si autem sit error qui causet involuntarium, proveniens ex ignorantia alicujus circumstantiæ absque omni negligentia, tunc talis

Si, en cas d'erreur volontaire, un vouloir conforme à la raison qui se trompe est mauvais, c'est qu'une chose n'est vraiment bonne que si elle est bonne de tous points : bonne d'un côté et mauvaise d'un autre, eu égard à ce qu'exige sa nature, elle doit, en somme, être dite mauvaise. Se tromper volontairement est un mal suffisant pour vicier un acte de volonté qui suit la direction de cette erreur coupable (1).

Que faire donc, si la raison se trompe, sans que la volonté puisse être excusée de cette erreur ? La situation est embarrassante : car, si la volonté obéit à la raison, elle fait mal ; et, si elle lui désobéit, elle fait mal encore, puisqu'elle est toujours répréhensible d'enfreindre un commandement de la raison née pour la guider.

error rationis vel conscientiæ excusat, ut voluntas concordans rationi erranti non sit mala (I-II, q. XIX, a. 6).

(1) Ad hoc quod dicatur malum id in quod fertur voluntas, sufficit sive quod secundum suam naturam sit malum, sive quod apprehendatur ut malum. Sed ad hoc quod sit bonum, requiritur quod utroque modo sit bonum (I-II, q XIX, a. 6, ad 1).

La perplexité n'est pas irréductible : il reste la possibilité de vouloir que la raison s'éclaire et revienne de l'erreur à la vérité (1). La volonté serait mal venue à se plaindre de la difficulté d'une telle détermination, car elle était libre de ne pas s'engager dans cette voie périlleuse.

III. — La bonne volonté se rattache principalement à la rectitude de la raison, dans l'homme, et, par suite, doit fondamentalement sa bonté à sa conformité avec la raison divine, foyer incréé d'où dérive la lumière créée de l'entendement humain.

Par cela même, la volonté de l'homme n'est bonne que si elle est conforme à la volonté de Dieu : car le bien absolu, vu comme vérité par l'intelligence divine, est l'objet même du vouloir divin. Ce bien suprême, qui n'est autre que Dieu dans son essence, puisqu'en Dieu

---

(1) Supposito errore rationis vel conscientiæ qui procedit ex ignorantia non excusante, necesse est quod sequatur malum in voluntate, nec tamen est homo perplexus, quia potest ab errore recedere, quum ignorantia sit vincibilis et voluntaria (I-II, q. xix, a. 6, ad 3).

tout est essentiel, est aussi, nous le savons, la fin dernière de la volonté humaine (1). La volonté de l'homme et la volonté de Dieu ont donc le même objet naturel ; la bonté de notre volonté réside donc dans sa conformité même à la volonté divine (2). Mais ce n'est pas, ce ne peut pas être une conformité absolue, adéquate : c'est, ce doit être, une conformité par imitation et toute proportion gardée, comme la science humaine peut être conforme à la science divine, en tant que l'une et l'autre ont pour objet le vrai (3).

(1) *Les Passions et la Volonté*, p. 322.

(2) Sicut dictum est a. 7 hujus quæst., bonitas voluntatis dependet ex intentione finis. Finis autem ultimus humanæ voluntatis est summum bonum, quod est Deus, ut supra dictum est, q. 1, a. 8. Requiritur ergo ad bonitatem humanæ voluntatis quod ordinetur ad summum bonum. Hoc autem bonum primo quidem et per se comparatur ad voluntatem divinam ut objectum proprium ejus; illud autem quod est primum in quolibet genere, est mensura et ratio omnium quæ sunt illius generis. Unumquodque autem rectum et bonum est inquantum attingit ad propriam mensuram. Ergo ad hoc quod voluntas hominis sit bona, requiritur quod conformetur voluntati divinæ (I-II, q. xix, a. 8)

(3) Voluntas hominis non potest conformari volun-

La volonté de Dieu est donc le type primordial et la mesure de la volonté humaine, comme la raison éternelle de Dieu est le type et la mesure de la raison de l'homme.

S'ensuit-il que tout homme soit obligé, pour avoir une bonne volonté, de conformer en tout et pour tout, matériellement et formellement, son vouloir au vouloir divin ?

Une distinction est nécessaire.

Certes, tout homme doit vouloir comme fin dernière la fin même que Dieu veut : tout ce qu'un homme veut objectivement, matériellement, il doit donc le rapporter, l'ordonner à ce que Dieu veut, comme à une fin qui donne à l'acte de volonté sa valeur formelle (1).

Sans doute, aussi, tout homme doit vouloir ce que Dieu veut qu'il veuille, et de la manière

tali divinæ per æquiparantiam, sed per imitationem ; et similiter conformatur scientia hominis scientiæ divinæ, inquantum cognoscit verum (I-II, q. xix, a. 9, ad 1).

(1) Ad hoc quod aliquis recta voluntate velit aliquod particulare bonum, oportet quod illud particulare bonum sit volitum materialiter, bonum autem commune divinum sit volitum formaliter (I-II, q. xix, a. 10).

dont Dieu veut qu'il le veuille (1). L'homme a, néammoins, normalement le libre choix de ses bons vouloirs, car Dieu ordinairement veut qu'il veuille avec liberté ce que sa raison lui montrera bon et juste.

Mais, cependant, l'homme n'a pas l'obligation de vouloir objectivement, matériellement, en fait, tout ce que Dieu veut : car, quelquefois, ce que Dieu veut qu'il veuille par une inclination naturelle dont Dieu lui-même est l'auteur, en fait n'est pas voulu par Dieu, qui a une raison supérieure de vouloir autre chose actuellement.

Ainsi, nous ne sommes pas tenus toujours de vouloir sans regret mourir quand Dieu veut que nous mourions ; nous pouvons, par inclination naturelle, préférer vivre, pourvu que nous soumettions notre préférence à l'ordonnance supérieure du plan divin.

Au surplus, souvent nous ne savons pas, nous ne pouvons pas savoir, quelle est, en fait,

---

(1) Unde consuevit dici quod conformatur quantum ad hoc voluntas hominis voluntati divinæ, quia vult hoc quod Deus vult eum velle (I-II, q, XIX, a. 10).

la volonté de Dieu (1). Peu importe, alors, ce que nous voulons objectivement, si la raison formelle pour laquelle nous voulons est bonne, conforme à la loi de notre raison, et, par conséquent conforme à la loi divine, de laquelle notre raison s'inspire.

Vouloir ainsi comme Dieu veut, c'est vouloir bien plus ce que Dieu veut, que de vouloir simplement l'objet même que Dieu veut en fait ; car la fin, la raison formelle, qui fait vouloir, est ce qu'il y a de principal, de prédominant, dans l'acte de volonté (2).

La conclusion générale de ces explications, c'est que la volonté raisonnable est vraiment la

---

(1) Quicumque vult aliquid sub quacumque ratione boni, habet voluntatem conformem voluntati divinæ quantum ad rationem voliti. Sed in particulari nescimus quid Deus velit ; et quantum ad hoc non tenemur conformare voluntatem nostram divinæ voluntati (I-II, q. xix, a. 10, ad 1).

(2) Magis vult quod Deus vult, qui conformat voluntatem suam voluntati divinæ quantum ad rationem voliti, quam qui conformat quantum ad ipsam rem volitam ; quia voluntas principalius fertur in finem quam in id quod est ad finem (I-II, q. xix, a. 10, ad 1 contra.

bonne volonté : Dieu l'approuve précisément parce qu'elle est raisonnable, étant lui-même la raison suprême, le Bien absolu resplendissant dans la vérité éternelle.

III

BONTÉ ET MALICE
DES
ACTES EXTÉRIEURS ET DES PASSIONS

BONTÉ ET MALICE
DES ACTES EXTÉRIEURS ET DES PASSIONS

INTRODUCTION

La bonté et la malice des actes humains s'étendent jusqu'aux actes extérieurs du corps, par l'intermédiaire des passions de la vie sensitive.

Nous avons vu la volonté à l'œuvre dans son opération intérieure.

Mais notre puissance volontaire ne reste pas cantonnée, enfermée, dans son sanctuaire ; elle rayonne au dehors et fait sentir sa domination jusqu'aux actes visibles par lesquels le corps de l'homme exprime, traduit, l'appétition de l'âme.

Il s'agit maintenant d'examiner comment et dans quelle mesure les actes extérieurs du corps, qui sont à la surface de la sphère personnelle de l'activité humaine, sont ou deviennent bons et mauvais.

Et, comme les passions servent d'intermédiaires à la volonté pour agir sur les membres de l'organisme, après avoir considéré la bonté et la malice à l'extrémité de l'influence volontaire, c'est-à-dire dans les actes extérieurs du corps, il conviendra de regarder sur le trajet qui va du vouloir interne à la périphérie, et de voir de quelle manière et dans quelle proportion les passions ont quelque bonté ou quelque malice dans l'économie générale des actions de l'homme, à la fois intellectuel et sensible.

Les actes extérieurs nous auront montré le bien et le mal, au point de vue de la moralité, au bout de leur extension en nous-mêmes, et nous en auront ainsi fait apprécier la portée dans notre personne totale.

Les passions nous révéleront le mode de propagation du bien et du mal, par le moyen des puissances qui relient notre fond spirituel au mécanisme corporel dont nous devons nous servir pour faire acte d'homme complet : ces puissances sont celles de notre vie sensitive.

Enfin, nous devrons dire quelques mots des conséquences immédiates de la bonté ou de la malice des actes humains, je veux dire des qualités que ces actes tiennent directement de leur caractère bon ou mauvais.

1

BONTÉ ET MALICE DES ACTES EXTÉRIEURS

I. — L'acte extérieur a sa valeur morale, en lui-même, en vertu des lois de la raison ; mais, au point de vue de l'exécution, c'est l'intention de la volonté qui le rend bon ou mauvais. Cette intention s'applique et à la bonté rationnelle de l'acte et à la fin vers laquelle la volonté le dirige.
II. — Complément moral que l'acte extérieur donne à l'acte intérieur de la volonté.
III. — L'événement qui suit l'acte extérieur, a son rôle dans la constitution de la valeur morale, s'il est prévu, ou si, sans être prévu, il est une conséquence naturelle de l'acte. — Un même acte physique peut être double au point de vue moral.

I. — Notre acte extérieur a sa valeur en lui-même, suivant son ordonnance par son objet et ses circonstances caractéristiques. Par exemple, faire l'aumône avec opportunité, à qui en est digne, de son bien propre et dans la mesure convenable, est un acte extérieur bon, parce qu'il est bien ordonné par son objet et ses circonstances. Prendre le bien d'autrui sans y avoir droit est un acte mauvais par son objet, et les circonstances avec lesquelles il s'accomplit peuvent en modifier, en aggraver ou en diminuer la malice.

Le bien et le mal que possède ainsi, en lui-même, l'acte extérieur, doit-on en faire honneur à la volonté ? Non pas ; mais à la raison, qui est le principe de cette bonne ou mauvaise ordonnance : c'est parce que l'acte est conforme, ou non, à l'ordre conçu par la raison, qu'il est moralement bon ou moralement mauvais. Sa bonté ou sa malice, à ce point de vue, sont antérieures à l'acte volontaire d'exécution.

Mais, dans l'exécution, ce qui lui donne la forme actuelle de moralité, c'est l'acte intérieur de la volonté : c'est parce que celle-ci veut l'accomplir, qu'il est produit actuellement, qu'il reçoit l'être et, par conséquent, la qualité de son existence.

Donc, en tant qu'œuvre faite, l'acte extérieur tient sa bonté morale, de même sa malice, de l'acte intérieur de la volonté, qui en est la cause efficiente et l'engendre dans sa constitution morale (1).

Comment la volonté constitue-t-elle ainsi l'acte extérieur dans la moralité ? C'est en s'y appliquant elle-même et en le dirigeant vers le bien qu'elle-même vise par son intention.

La volonté a une double intention : elle veut l'acte extérieur, bon en lui-même d'une bonté rationnelle, comme un bien auquel elle adhère, vers lequel elle tend ; et elle veut ce bien comme moyen d'atteindre un autre bien auquel elle subordonne le premier ; car, nous le savons, pour la volonté, la fin ultérieure est fin principale.

Suffirait-il que l'on voulût un acte extérieur bon en soi pour que l'action totale fût moralement bonne ? Évidemment non, si cet acte était voulu pour une fin ultérieure actuellement désapprouvée par la raison ; car l'action

---

(1) Si consideretur bonitas exterioris actus secundum quod est in ordinatione et apprehensione rationis, prior est quam bonitas actus voluntatis. Sed si consideretur secundum quod est in executione operis, sequitur bonitatem voluntatis, quæ est principium ejus (I-II, q. xx, a. 1).

manquerait de sa bonté capitale, au point de vue moral, de celle que lui confère la fin à laquelle il est subordonné.

D'autre part, suffirait-il que la volonté voulût pour une fin rationnellement bonne un acte rationnellement mauvais en soi? Ce serait manifestement insuffisant ; car la bonté de l'acte exige une convenance intégrale à l'ordre vu par la raison.

Les deux cas sont des applications du principe, qu'une chose n'est vraiment bonne que si elle a la perfection totale que réclame sa nature, et qu'un seul défaut suffit pour la rendre mauvaise, en toute vérité et simplicité (1).

Il faut donc vouloir faire le bien et le vouloir

---

(1) Ad hoc quod aliquid sit malum, sufficit unus singularis defectus ; ad hoc autem quod sit simpliciter bonum, non sufficit unum singulare bonum, sed requiritur integritas bonitatis. Si igitur voluntas sit bona et ex objecto proprio et ex fine, consequens est actum exteriorem esse bonum. Sed non sufficit, ad hoc quod actus exterior sit bonus, bonitas voluntatis, quæ est ex intentione finis. Sed si voluntas sit mala, sive ex intentione finis, sive ex actu volito, consequens est actum exteriorem esse malum (I-II, q. xx, a. 2).

faire dans une bonne intention finale, pour accomplir une bonne œuvre.

Toutefois, rappelons-nous qu'un acte mauvais en lui-même peut devenir bon par l'intention de la fin à laquelle la volonté l'ordonne, si cette ordonnance n'est pas accidentelle et extrinsèque, mais s'appuie sur une connexion rationnelle entre l'acte extérieur et la fin : par exemple, l'homicide devient légitime pour la légitime défense, parce que cette défense autorise rationnellement que l'attaque soit repoussée, même par l'homicide.

Dans ce cas, la proportion convenable et la relation rationnelle de l'acte à l'égard de la fin constituent une qualité, inhérente à l'acte extérieur, qui le rend bon par participation de la bonté de la fin (1). Même l'homicide devient un bien de cette manière, lorsqu'il est approprié au salut d'un autre homme, injustement attaqué, qui tue pour se défendre : et, par là, c'est encore faire le bien dans une bonne intention.

---

(1) Quamvis finis sit causa extrinseca, tamen debita proportio ad finem et relatio in ipsum inhære actioni (I-II, q. XVIII, a. 4, ad 2).

L'acte extérieur peut donc, quelquefois, n'être bon que parce qu'il est voulu pour une bonne fin : en lui-même, alors, il est, soit indifférent, soit même mauvais, si on le considère à part. En pareil cas, il n'y a qu'une seule et unique bonté dans l'action totale, c'est celle de la fin, par conséquent celle de l'acte intérieur par lequel la volonté tend à cette fin ; mais cette bonté se communique au moyen raisonnable que l'on emploie pour l'atteindre. De même, la malice de l'œuvre peut ne venir que du but poursuivi, mais se transmettre par adaptation au moyen (1) : par exemple, lorsqu'un traître signale son ami, en l'embrassant, aux complices venus pour le saisir.

Mais, d'autres fois, l'acte extérieur est bon en lui-même et la fin pour laquelle il est voulu possède une bonté particulière : ainsi, rendre service à un autre homme pour honorer Dieu, créateur de l'humanité. Alors, la bonté de l'acte extérieur rejaillit sur celle de l'acte inté-

(1) Quando actus exterior est bonus vel malus solum ex ordine ad finem, tunc est omnino eadem bonitas et malitia actus voluntatis, quæ per se respicit finem, et actus exterioris, qui respicit finem mediante actu voluntatis (I-II, q. xx, a 3).

rieur qui vise le but final, pendant que celle-ci rejaillit sur l'autre : l'action est doublement bonne, mais sa principale valeur émane de la bonté de la fin.

Une action morale peut être aussi doublement mauvaise, et par la malice de la fin voulue et par celle de l'acte accompli au dehors (1) : par exemple, mentir pour une vaine gloire.

II. — Pour compléter les relations de l'acte du dehors et de l'acte intérieur, voyons si celui-là, par le fait de l'exécution, augmente la bonté ou la malice de celui-ci. Un vouloir interne est-il meilleur ou plus mauvais, parce qu'il est suivi d'une réalisation externe ?

Nous venons de dire que l'acte extérieur, s'il est voulu, peut communiquer sa bonté ou sa malice à l'acte interne de volonté. Mais y a-t-il

(1) Quum autem actus exterior habet bonitatem vel malitiam secundum se, scilicet secundum materiam vel circumstantiam, tunc bonitas exterioris actus est una, et bonitas voluntatis, quæ est ex fine, est alia ; ita tamen quod bonitas finis ex voluntate redundat in actum exteriorem, et bonitas materiæ et circumstantiarum redundat in actum voluntatis (I-II, q. xx, a. 3).

plus de bonté ou de malice intérieure dans un acte de volonté suivi d'exécution au dehors, que si ce dernier restait seul dans l'intime de l'âme ?

La question vaut la peine d'être examinée ; car il est important de mesurer toute la portée morale des actes extérieurs et de savoir jusqu'à quel point il y a honneur et mérite à faire aboutir le vouloir jusqu'à l'action visible.

Or, l'acte extérieur a deux bontés : l'une, venant de la fin à laquelle il est rapporté par la volonté ; l'autre, de sa matière et de ses circonstances. De même, il a deux malices.

Par la première bonté ou malice, il augmente la bonté même ou la malice du vouloir interne, soit numériquement, soit par extension, soit par intensité (1).

Numériquement : vouloir d'abord sans faire,

---

(1) Si loquamur de bonitate exterioris actus quam habet ex bonitate finis, tunc actus exterior nihil addit ad bonitatem, nisi contingat ipsam voluntatem secundum se fieri meliorem in bonis vel pejorem in malis. Quod quidem videtur posse contingere tripliciter : uno modo secundum numerum...; alio modo quantum ad extensionem....; tertio secundum intensionem (I-II, q. XX, a. 4).

puis vouloir et faire, sont deux actes de volonté, par conséquent deux bons ou deux mauvais vouloirs, qui sont divers parce que le faire s'est ajouté la seconde fois au vouloir. Dans ce cas, la bonté ou la malice est multipliée en même temps que l'acte volontaire.

Par extension : vouloir sans agir, d'une part, et, d'autre part, vouloir et agir extérieurement, comportent deux vouloirs dont le second est continué plus longtemps dans le bien ou dans le mal, et, partant, est meilleur ou pire.

Par intensité : souvent l'acte extérieur, par le plaisir ou la douleur qu'il apporte, peut donner plus ou moins d'intensité à la volonté qui se tend vers le bien : par là, il peut rendre la volonté meilleure ou plus mauvaise.

Par la bonté ou la malice que l'acte extérieur tient de sa matière et de ses circonstances, il augmente positivement et directement la bonté ou la malice du vouloir dont il est le terme ; car, nous le savons, la volonté veut l'acte matériel comme une fin, tout en l'ordonnant à une autre fin, comme un bien qu'elle dirige vers un autre bien ; par conséquent, s'abstenir de faire cet acte, c'est avoir une volonté moindre, comme moins appliquée à son objet (1).

Donc, une volonté parfaite doit faire tout ce qui dépend d'elle pour agir extérieurement, de manière à accomplir l'action dans son entier.

Si l'empêchement à l'acte extérieur ne vient pas de la volonté, directement ni indirectement, elle ne saurait en être responsable : elle reste aussi bonne, ou aussi mauvaise, qu'elle le serait, si l'exécution était possible, pourvu que l'effort interne soit aussi intense dans les deux cas. Mais, si le vouloir intérieur ne se porte pas avec autant d'intensité à l'acte externe, il est moins bon, quand c'est un bon vouloir ; moins mauvais, quand c'est le mal qui est voulu.

III. — Que dire maintenant, non plus de l'acte extérieur que peut accomplir l'homme qui veut, mais de l'événement qui peut suivre

(1) Si autem loquamur de bonitate actus exterioris quam habet secundum materiam et debitas circumstantias, sic comparatur ad voluntatem ut terminus et finis ; et hoc modo addit ad bonitatem vel malitiam voluntatis (I-II, q. xx, a. 4).

l'acte extérieur ? Un tel événement ajoute-t-il quelque chose, apporte-t-il quelque modification à la bonté ou à la malice de l'action volontaire ?

La question a sa gravité : il s'agit de savoir si l'on est responsable des suites de ses actes sans être l'auteur même de ces suites. Par exemple, si un chimiste a enseigné des réactions chimiques, dont un de ses auditeurs abuse pour construire un engin explosible qui causera la mort de plusieurs innocents, peut-on lui reprocher le crime de son élève ?

Pour porter un jugement dans toute hypothèse analogue, il faut soigneusement distinguer si l'événement a été prévu, ou s'il ne l'a pas été.

L'événement ultérieur, s'il a été prévu, peut modifier la bonté ou la malice de l'action (1). Ainsi, une bonne œuvre voulue, non seulement pour elle-même, mais pour les heureuses conséquences qu'elle aura, est doublement bonne. Une action indifférente ou

---

(1) Eventus sequens aut est præcogitatus, aut non. Si est præcogitatus, manifestum est quod addit ad bonitatem vel malitiam actus (I-II, q. xx, a. 5).

bonne en elle-même, qui est voulue malgré la prévision des maux qui la suivront et sans motif suffisant de la vouloir néanmoins, devient mauvaise par défaut de convenance dans une de ses circonstances. Une action blâmable, qui est voulue malgré la prévision de ses mauvaises suites, devient, par cette prévision, plus répréhensible.

Si l'événement n'a pas été prévu, il peut se présenter deux cas différents (1). Ou bien il est une conséquence naturelle, directe et fréquente de l'action précédente, il en fait en quelque sorte partie, il en dépend comme un effet direct dépend de sa cause : alors, il augmente la bonté ou la malice de l'action, en ce sens que la mesure de cette bonté ou de cette malice comprendra implicitement la bonté ou la malice des conséquences. Ou bien l'événement n'est qu'une suite purement acciden-

---

(1) Si autem eventus sequens non sit præcogitatus, tunc distinguendum est : quia, si per se sequitur ex tali actu et ut in pluribus, secundum hoc eventus sequens addit ad bonitatem vel malitiam actus... Si vero per accidens et ut in paucioribus, tunc eventus sequens non addit ad bonitatem vel malitiam actus (I-II, q. XX, a. 5).

telle, qui ne se présente que rarement après une action semblable : il ne saurait, alors, rien ajouter ni rien changer à la bonté ou à la malice de l'action ; car les choses se jugent par ce qui tient à elles, et non par leurs accompagnements tout accidentels. Il semble bien que le fait d'abuser des leçons scientifiques d'un maître pour devenir coupable d'une faute et même d'un crime, s'il n'a pas été prévu, n'a pas dû l'être par le maître, et reste en dehors de sa responsabilité, comme simplement accidentel.

Remarquons que, pour juger de la bonté morale ou de la malice d'un acte extérieur, il faut le considérer au point de vue de la moralité, et non pas seulement au point de vue physique. C'est ainsi qu'eu égard à la moralité un même acte extérieur ne saurait être à la fois bon ou mauvais, tandis qu'un acte moralement bon et un acte que la morale réprouve peuvent ne former qu'un seul acte physique continu (1). Par exemple, on marche sans s'ar-

(1) Secundum hoc nihil prohibet aliquem actum esse unum secundum quod refertur ad genus naturæ, qui tamen non est unus secundum quod refertur ad genus moris ; sicut et e converso, ut dictum est art. 3 hujus quæst. (I-II, q. xx, a. 6).

rêter ; c'est un seul acte physique qui se continue. Mais, si, en marchant ainsi, l'on change d'intention volontaire, si l'on a d'abord une bonne intention, puis une mauvaise, si, après avoir voulu se rendre quelque part pour faire le bien, l'on se décide, en route, à s'y rendre pour commettre une faute, cette marche, au point de vue de la moralité, devient deux actes successifs, dont l'un est bon, l'autre mauvais.

En somme, l'ordre moral est un ordre à part, auquel la saine raison sert de principe régulateur et la volonté de principe actif. Les actes extérieurs entrent dans le domaine de la moralité, en tant qu'ils sont ordonnés par une raison droite ou qui dévie, et librement voulus, au moins indirectement.

II

BONTÉ ET MALICE DES PASSIONS

I. — Les passions, par elles-mêmes, sont en dehors de la moralité ; mais elles y entrent par leur subordination à la raison et à la volonté. — Différence d'appréciation, entre l'école stoïcienne et l'école péripatéticienne, au sujet des passions.

II. — Comment les passions augmentent ou diminuent la bonté ou la malice des actes humains. Leur influence différente sur la moralité, selon qu'elles suivent ou précèdent le jugement de la raison et la détermination de la volonté. — Bonnes et mauvaises passions.

I. — Les passions entrent dans l'ordre moral par la même voie que les actes extérieurs.

Par elles-mêmes, elles sont en dehors de la moralité, puisqu'elles appartiennent à la vie sensitive, et non à la vie rationnelle et volontaire.

Mais elles peuvent être dirigées, modérées et accélérées par la raison et la volonté, et c'est par là qu'elles prennent un caractère de bonté ou de malice, au regard de la morale, soit que la volonté les soumette à son empire direct, soit qu'elle se contente de les laisser faire, en consentant, au moins indirectement, à leurs mouvements. Sous ces deux formes, les passions deviennent volontaires et, partant, bonnes ou mauvaises moralement (1).

Elles sont même plus immédiatement volontaires que les actes extérieurs, puisque c'est par l'appétit sensitif que la volonté meut le corps.

Selon Aristote, l'âme naturellement a trois parties, l'une qui a la raison, une autre qui ne l'a pas en elle-même, mais qui y participe, lorsqu'elle obéit à la première, comme un fils

---

(1) Passiones animæ dupliciter possunt considerari.... Si igitur secundum se considerentur, prout scilicet sunt motus quidam irrationalis appetitus, sic non est in eis bonum vel malum morale, quod dependet a ratione... Si autem considerentur secundum quod subjacent imperio rationis et voluntatis, sic est in eis bonum vel malum morale... Dicuntur autem voluntariæ vel ex eo quod a voluntate imperantur, vel ex eo quod a voluntate non prohibentur (I-II, q. XXIV, a. 1).

obéit à son père ; enfin, une troisième qui ne l'a pas et n'y participe point.

Tout ce qui est végétatif en nous, reste sans raison ; mais ce qui est de l'appétit sensitif, les passions, a la raison par participation, en étant soumis aux ordres et à l'influence de la partie proprement raisonnable de l'âme (1).

On peut dire que la volonté elle-même a la raison en participation, et c'est ainsi que paraît l'avoir entendu Aristote (2) ; mais, comme elle y participe par son objet même, elle est, en un sens, de nature rationnelle. Les passions, au contraire, sont de nature irrationnelle, et ne deviennent rationnelles qu'en obéissant à la volonté éclairée par la raison.

L'école stoïcienne semble s'être séparée de l'école péripatéticienne sur la bonté des passions.

(1) Etiam inferiores vires appetitivæ dicuntur rationales secundum quod participant aliqualiter rationem, ut dicitur in I *Ethic.*, cap XIII (I-II, q. XXIV, a. 1, ad 2).

(2) Rationale per participationem non solum est appetitus sensitivus, qui est subjectum passionum, sed etiam voluntas, in quâ non sunt passiones (I-II, q. LIX, a. 4, ad 2).

Les Stoïciens enseignaient que toutes les passions sont mauvaises, qu'elles sont des maladies de l'âme ou des mouvements morbides : les hommes passionnés sont des hommes non sains, *insani*, c'est-à-dire, dans le sens étymologique, des malades, et, dans le sens dérivé, des insensés.

Saint Thomas remarque, avec raison, que cette différence entre les deux écoles est plus apparente que réelle (1). Elle vient de ce que

(1) Circa hanc quæstionem diversa fuit sententia Stoicorum et Peripateticorum : nam Stoici dixerunt omnes passiones esse malas; Peripatetici vero dixerunt passiones moderatas esse bonas. Quæ quidem differentia, licet magna videatur secundum vocem, tamen secundum rem vel nulla est vel parva, si quis utrorumque intentiones consideret. Stoici enim non discernebant inter sensum et intellectum, et per consequens nec inter intellectivum appetitum et sensitivum ;.... sed omnem rationabilem motum appetitivæ partis vocabant voluntatem, passiones autem dicebant motum progredientem extra limites rationis. Et ideo eorum sententiam sequens Tullius, in III libr. *de Tusculanis quæstionibus*, parum a principio, omnes passiones vocat *animæ morbos* : ex quo argumentatur quod qui morbosi sunt sani non sunt, et qui sani non sunt insipientes sunt, unde insipientes *insanos* dicimus (I-II, q. xxiv, a. 2).

les Stoïciens ne distinguaient pas nettement, dans l'homme, les puissances sensitives des puissances intellectuelles, l'appétit sensitif et animal de l'appétit supérieur : il donnaient bien le nom de volonté à l'appétit raisonnable, mais l'appétition sensitive n'en était pour eux qu'une déviation, un écart en dehors des limites de la raison, la même inclination par nature que l'inclination intellectuelle, mais dévoyée et désordonnée.

La théorie d'Aristote, adoptée par saint Thomas, est à conserver sur ce point (1) : l'animalité a sa valeur propre dans l'homme, à côté de ce qui est intellectuel en lui ; en elle-même, elle n'est pas mauvaise ; elle est bonne dans sa sphère, mais à titre d'animalité ; elle devient bonne moralement, si elle suit l'ordonnance de la raison ; ses mouvements sont mauvais, s'ils ne se plient pas à la domination de l'intelligence.

Cicéron avait donc tort de dire que le juste

(1) Peripatetici vero omnes motus appetitus sensitivi passiones vocant : unde eas bonas æstimant, quum sunt a ratione moderatæ ; malas autem, quum sunt præter moderationem rationis (I-II, p. xxiv, a. 2).

milieu dans les passions reste toujours mauvais, une maladie médiocre étant toujours une maladie (1) : en vérité, les passions réduites aux justes proportions demandées par la raison ne sont point des maladies, mais des mouvements sains, parce qu'ils sont bien réglés.

Les passions déréglées portent au mal moral ; mais les passions bien ordonnées par la raison appartiennent à la vertu (2).

Cette conclusion est à peu près, au fond, celle des Stoïciens. S'ils condamnent les passions, c'est en tant qu'elles sont désordonnées, insoumises à la direction de la raison : des pas-

---

(1) Ex quo patet quod Tullius in eodem libro Peripateticorum sententiam, qui approbabant mediocritatem passionum, inconvenienter improbat, dicens quod omne malum etiam mediocre vitandum est ; nam, sicut corpus etiam mediocriter ægrum sanum non est, sic ista mediocritas morborum vel passionum animæ sana non est. Non enim passiones dicuntur morbi vel perturbationes animæ, nisi quum carent moderatione rationis (I-II, q. xxiv, a. 2).

(2) Passiones animæ, inquantum sunt præter ordinem rationis, inclinant ad peccatum ; inquantum autem sunt ordinatæ a ratione, pertinent ad virtutem (I-II, q. xxiv, a. 2, ad 3).

sions biens réglées ne sont pas, à leurs yeux, des passions, mais des mouvements d'appétit raisonnable. Ce que le stoïcisme appelle passion est une insubordination ou une révolte à l'égard des lois rationnelles de la morale : il n'est pas étonnant que toute passion, ainsi définie, soit condamnée par cette philosophie.

Cette observation explique la doctrine sur les passions exposée par Cicéron dans son *Traité des Devoirs*, dans lequel il avoue puiser aux sources stoïciennes l'esprit général de ses théories morales. Il est vrai qu'il blâme les Péripatéticiens de louer la colère comme un utile présent de la nature, pourvu qu'elle soit contenue dans une juste modération (1). Mais, en y regardant de près, on voit qu'il suppose que la colère ne peut pas être bien réglée par

---

(1) Prohibenda autem maxime est ira in puniendo. Nunquam enim iratus qui accedet ad pœnam, mediocritatem illam tenebit, quæ est inter nimium et parum : quæ placet Peripateticis, et recte placet ; modo ne laudarent iracundiam et dicerent utiliter a natura datam. Illa vero omnibus in rebus repudianda est, optandumque ut ii qui præsunt reipublicæ legum similes sint, quæ ad puniendum non iracundia, sed æquitate ducuntur (*de Officiis*, I, xxv).

la raison, et qu'elle porte toujours, qu'elle entraîne inévitablement, à dépasser la mesure. En d'autres endroits, il dépeint presque comme un disciple d'Aristote la louable harmonie des appétits soumis à l'empire de la raison.

II. — Le point de vue trop étroit auquel se plaçaient les Stoïciens, pour juger de la valeur des passions, les conduisit à penser que toute passion diminue la bonté de l'action humaine, comme un mal mêlé au bien en diminue la bonté, et même peut la détruire entièrement.

Le point de vue de saint Thomas et d'Aristote est plus large et plus juste.

Nulle passion n'est mauvaise que si elle est désordonnée, si elle n'obéit pas à la raison. La modération même des passions est une perfection pour l'homme : puisque le bien de l'homme a sa racine dans la raison, ce bien sera d'autant plus parfait qu'il s'étendra de la raison à plus de passions humaines, pour les améliorer (1).

(1) Si passiones simpliciter nominemus omnes motus appetitus sensitivi, sic ad perfectionem hu-

De même donc qu'il y a un élément de bien moral dans le prolongement de l'exercice de la volonté jusqu'à l'accomplissement d'actes extérieurs, de même il est mieux moralement, c'est une action d'une valeur morale supérieure, de se porter au bien rationnel, non pas seulement par la volonté intellectuelle, mais par l'appétit sensitif et, par conséquent, par les passions.

La colère elle-même devient un acte de vertu, si la volonté l'applique à venger, avec une modération raisonnable, l'ordre moral attaqué ou violé par l'injustice ; et se porter ainsi, avec une ardeur tempérée par la raison, à la vengeance du droit et de l'ordre est une œuvre meilleure que de désapprouver froidement l'iniquité (1).

mani boni pertinet quod etiam ipsæ passiones sint moderatæ per rationem. Quum enim bonum hominis consistat in ratione sicut in radice, tanto istud bonum erit perfectius, quanto ad plura, quæ homini conveniunt, derivari potest (I-II, q. xxiv, a. 3).

(1) Ordo autem rationis in ira potest attendi quantum ad duo. Primo quidem quantum ad appetibile in quod tendit, quod est vindicta. Unde, si aliquis appetat quod secundum ordinem rationis fiat vin-

Mais il faut prendre garde que c'est quand elles suivent la direction de la raison et de la volonté, que les passions augmentent la bonté morale de l'action humaine, et non pas lorsqu'elles précèdent le jugement de la raison pour le rendre moins libre (1).

Les passions qui suivent la volonté et la raison, ont deux façons d'améliorer l'action de l'homme. D'abord, si simplement, après

dicta, est laudabilis iræ appetitus ; et vocatur ira per zelum... Alio modo attenditur ordo rationis circa iram quantum ad modum irascendi, ut scilicet motus iræ non immoderate fervescat, nec interius nec exterius (II-II, q. CLVIII, a. 2).

(1) Passiones animæ dupliciter se possunt habere ad judicium rationis. Unde modo antecedenter ; et sic, quum obnubilent judicium rationis, ex quo dependet bonitas moralis actus, diminuunt actus bonitatem... Alio modo se habent consequenter, et hoc dupliciter : uno modo per modum redundantiæ... ; et sic passio existens consequenter in appetitu sensitivo est signum intensionis voluntatis, et sic indicat bonitatem moralem majorem ; alio modo per modum electionis, quando scilicet homo ex judicio rationis eligit affici aliqua passione, ut promptius operetur, cooperante appetitu sensitivo ; et sic passio animæ addit ad bonitatem actionis (I-II, q. XXIV, a. 3, ad 1).

des actes de volonté, elles éprouvent des émotions dans le même sens, elles manifestent une énergie volontaire plus grande que si le vouloir n'a pas la force de rayonner jusqu'à l'appétition sensible. D'autre part, elles aident à la promptitude et à l'efficacité de l'action, quand l'homme choisit exprès, par sa volonté libre, de s'émouvoir de telle passion, pour mieux agir : dans ce cas, elles accroissent positivement la bonté morale de l'œuvre.

Cette doctrine est fort importante. On serait peut-être tenté de rêver pour l'homme, dans la conduite ordinaire de la vie, une perfection naturelle qui exclurait toute émotion sensible et réduirait notre âme à une impassibilité toute spirituelle. S'imaginer une telle perfection comme ordinairement possible, ce serait oublier que l'homme n'est pas esprit pur, mais animal raisonnable : son bien est un bien mixte, rationnel et sensible, spirituel et corporel (1) ; voilà pourquoi il est meilleur pour lui,

---

(1) Bonum in unoquoque consideratur secundum conditionem suæ naturæ. In Deo autem et angelis non est appetitus sensitivus, sicut in homine ; et ideo bona operatio Dei et angeli est omnino sine pas-

moralement et humainement, de faire participer ses passions à la direction de sa raison et à la force de sa volonté que d'isoler absolument ses puissances supérieures dans leur région spirituelle, où l'homme n'est pas tout entier.

Ne nous effrayons donc point, si les amours et les haines légitimes de notre volonté se traduisent par des affections sensibles d'amour et de haine, dans notre personne à double énergie, cet épanouissement de l'intellectuel dans le sensible et, par là, dans le corporel même est dans l'ordre, dans l'harmonie, de notre nature composée. Bien plus, usons de notre vitalité passionnelle pour l'exciter volontairement dans le sens de nos affections spirituelles bien ordonnées, et pour nous entraîner ainsi, librement, à une action combinée de notre être total. Ce que nous ferons sera plus humain et, partant, meilleur ; car c'est l'homme intégral, et non l'esprit seul, que nous devons développer en nous. Nos œuvres seront aussi

---

sione, sicut et sine corpore. Bona autem operatio hominis est cum passione, sicut et cum corporis ministerio (I-II, q. LIX, a. 5, ad 3).

mieux faites, à les considérer en elles-mêmes, parce qu'elles profiteront de toutes nos activités.

La passion a sur le mal moral une portée analogue à celle qu'elle a sur le bien (1). Si elle précède le jugement de la raison pour l'obscurcir, elle déprécie la valeur morale d'une bonne action, en affaiblissant l'exercice de la faculté rationnelle, source de toute bonté morale. Mais aussi, par cette influence, elle diminue la malice d'une mauvaise action, en rendant celle-ci moins libre, si toutefois la volonté n'est pas responsable, par négligence ou par intention directe, de cet empire déplacé de la passion.

En somme, la passion, lorsqu'elle prévient la raison et l'influence, tend à réduire l'action humaine aux proportions d'un acte animal ; et, si elle allait jusqu'à arrêter complètement l'usage de la raison sans que la volonté y fût pour rien, l'acte issu d'une telle passion ne serait plus libre du tout et, par conséquent,

(1) Passio tendens in malum præcedens judicium rationis diminuit peccatum, sed consequens aliquo prædictorum modorum auget ipsum vel significat augmentum ejus (I-II, q. xxiv, a. 3, ad 3). — Cf. I-II, LXXVII, a 6.

serait moralement dénué de toute malice comme de toute bonté (1).

Mais, quand la passion suit l'acte de volonté, elle en augmente la malice, s'il est mauvais en lui-même, ou seulement en montre davantage le caractère répréhensible, selon que la volonté a décidé librement de s'adjoindre la coopération d'une passion ou que simplement le mouvement de la volonté rejaillit sur la passion par expansion harmonique de la vie.

Il est vrai que la passion, en prévenant l'intelligence et la volonté, peut les porter, par imitation de sa tendance, à bien ou mal juger et agir, et, par là, peut causer une bonté ou une malice qui n'existerait peut-être pas sans elle; mais, dans ce cas, la qualité de l'action suggérée par la passion est moins bonne ou moins mauvaise que celle d'une action semblable qui serait délibérée par une raison tout à fait indépendante, et opérée par une volonté dégagée de toute influence passionnelle.

Si, comme nous l'avons vu, la passion n'est,

---

(1) Si sit talis passio quæ totaliter involuntarium reddat actum sequentem, totaliter a peccato excusat, alioquin non totaliter (I-II, q. LXXVII, a. 7).

en elle-même, ni bonne ni mauvaise, considérée dans sa simple nature d'émotion sensible, en dehors de la sphère rationnelle et proprement volontaire, ne peut-on pas dire en un sens, néanmoins, qu'il y a de bonnes et de mauvaises passions? Oui, s'il s'agit de passions concourant avec la raison et la volonté à la production des actions mixtes de l'homme (1). Alors, en effet, la passion entre dans le domaine moral, et elle doit être dite bonne, si elle est bien proportionnée à son objet. Par exemple, la pudeur, crainte de ce qui est honteux, est bonne, parce que ce qui est honteux doit raisonnablement faire naître la crainte; l'envie, tristesse au sujet du bien d'autrui, est mauvaise, parce que raisonnablement le bien d'autrui doit donner de la joie, et non de la tristesse.

Ainsi envisagées, les passions qui tendent à

(1) Bonum et malum morale possunt pertinere ad speciem passionis, secundum quod accipitur ut objectum passionis aliquid de se conveniens rationi vel dissonum a ratione; sicut patet de verecundia, quæ est timor turpis, et de invidia, quæ est tristitia de bono alterius; sic enim pertinent ad speciem exterioris actus (I-II, q. xxiv, a. 4).

un vrai bien ou s'éloignent d'un vrai mal, sont bonnes ; celles qui s'éloignent d'un vrai bien ou tendent à un vrai mal, sont mauvaises ; en effet, la raison commande de se porter au bien et de fuir le mal.

III

CONSÉQUENCES DE LA BONTÉ ET DE LA MALICE DES ACTES HUMAINS

I. — Beauté et laideur morales. La beauté du bien, comme toute beauté, réside dans un certain éclat et dans une proportion convenable.
II. — Le bien moral a un caractère de rectitude, le mal moral un caractère de déviation. Définition du péché. — L'action droite est louable, le péché est coupable.
III. — Mérite et démérite : ils sont fondés sur l'équité, sur l'égalité qu'exige la justice ; le mérite est un droit à une récompense, le démérite appelle une punition. — Mérite et démérite envers Dieu.

1. — Nous avons essayé de poser les conditions qui rendent les actes humains bons ou mauvais, comme proportionnés ou disproportionnés à l'égard de la perfection que la raison exige pour la nature humaine.

Mais il peut sembler qu'une pareille bonté, une pareille malice sont plutôt esthétiques que morales et devraient plutôt s'appeler beauté et laideur.

Que la bonté et la malice morales soient, l'une beauté, l'autre laideur, ce n'est pas contestable ; et les Grecs avaient raison d'associer le bien et le beau dans leur expression, καλὸς καὶ ἀγαθός, qu'ils contractaient en un seul mot, καλοκἀγαθός, signifiant honnête parce qu'il signifiait beau et bon.

Saint Thomas reconnaît cette beauté de ce qui est honnête et moralement bon, et c'est de la raison elle-même qu'il en fait dériver la splendeur.

Il pense, par exemple, que « la laideur particulière de l'intempérance vient de ce qu'elle répugne plus que tout autre vice à l'éclat et à la beauté de la nature humaine, parce que dans les plaisirs de l'intempérance apparaît moins de lumière de la raison, de laquelle naît tout l'éclat et toute la beauté de la vertu » (1).

« Comme la beauté du corps humain, dit-il

(1) Intemperantia... maxime repugnat ejus claritati vel pulchritudini, inquantum scilicet in delectationibus circa quas est intemperantia minus apparet de lumine rationis, ex qua est tota claritas et pulchritudo virtutis (II-II, q. CXLII, a. 4).

encore, consiste en ce que l'homme ait les membres de son corps bien proportionnés, avec un certain éclat de la couleur qui leur est due; de même la beauté spirituelle consiste en ce que la tenue de l'homme ou son action soient bien proportionnées par rapport à la clarté spirituelle de la raison. Or, cela appartient à la nature de l'honnête; car l'honnête est la même chose que la vertu, modératrice rationnelle de toutes les choses humaines. L'honnête est donc la même chose que la beauté spirituelle » (1).

« La beauté, en effet, réside dans un certain éclat et dans une proportion convenable. Or, l'une et l'autre se trouvent radicalement dans la raison, à qui appartiennent et la lumière qui

---

(1) Pulchritudo corporis in hoc consistit quod homo habeat membra corporis bene proportionata cum quadam debiti coloris claritate. Et similiter pulchritudo spiritualis in hoc consistit quod conversatio hominis sive actio ejus sit bene proportionata secundum spiritualem rationis claritatem. Hoc autem pertinet ad rationem honesti, quod diximus, art. præc., idem esse virtuti, quæ secundum rationem moderatur omnes res humanas. Et ideo honestum est idem spirituali decori (II-II, q. CXLV, a. 2).

éclaire et l'ordonnance en toutes choses de la proportion qui leur est due. Voilà pourquoi, dans la vie contemplative, qui consiste dans l'acte propre de la raison, se trouve par soi et essentiellement la beauté... Et dans les vertus morales est la beauté par participation, en tant qu'elles participent à l'ordre de la raison » (1).

Nous avons là, en quelques mots, les bases de la théorie générale de la beauté, et son application sommaire à l'homme tout entier, corps, esprit et vertu agissante. Le bien est beau, parce qu'il est le vrai resplendissant dans l'ordre rationnel de la vie. Le mal est laid, parce qu'il est la manifestation d'un désordre, d'une infraction aux lois édictées par la raison.

II. — Cependant la beauté ou la laideur en

---

(1) Pulchritudo, sicut supra dictum est, q. cxlv, a. 2, consistit in quadam claritate et debita proportione. Utrumque autem horum radicaliter in ratione invenitur; ad quam pertinet et lumen manifestans et proportionem debitam in aliis ordinare. Et ideo in vita contemplativa, quæ consistit in actu rationis, per se et essentialiter invenitur pulchritudo... In virtutibus autem moralibus invenitur pulchritudo participative, inquantum scilicet participant ordinem rationis (II-II, q. clxxx, a. 2, ad 3).

morale ont des caractères particuliers de rectitude ou de déviation, d'acte louable ou coupable, parce que l'harmonie ou la disproportion des actes humains, au point de vue moral, ont leur physionomie particulière, ainsi caractérisée.

Tout ce qui est conforme à la nature d'une chose, est bon; tout ce qui prive une chose de ce qui lui convient, est mauvais. Mais, comme Aristote l'avait bien vu, toute la nature est une œuvre d'art, et, comme dans l'art, s'y manifeste la tendance constante vers une fin, qui est la réalisation d'une forme d'être. Or, de même que, dans le procédé employé dans un art quelconque, par exemple dans la grammaire ou dans la médecine, il y a de la rectitude, τὸ ὀρθῶς, ou de la déviation en dehors du droit chemin qui mène au but, ἁμαρτία, ἁμάρτημα : de même, dans ses productions, la nature ordinairement va à sa fin, mais quelquefois est en défaut et produit des monstres: les monstres sont les péchés de la nature qui n'atteint pas son but (1).

(1) Τὰ τέρατα ἁμαρτήματα ἐκείνου τοῦ ἕνεκά του (Φυσικῆς ἀκροάσεως, II, vııı (8), F. D.).

Saint Thomas traduit ἁμάρτημα par *peccatum*, péché (1), et donne un sens semblable au mot péché, appliqué au mal moral.

Le péché, en morale, est une déviation en dehors de la voie droite indiquée par la raison comme conduisant à la perfection de la nature humaine.

Par opposition, l'action morale bien ordonnée a un caractère de rectitude, parce qu'elle suit le droit chemin qui mène à la vraie perfection de l'homme (2).

Sans doute, la volonté qui pèche atteint une certaine fin, mais cette fin la détourne de

---

(1) Peccatum, ut dicitur in II *Physic.*, accidit in natura et arte, quum non pervenitur ad finem intentum a natura vel arte (I-II, q. xxi, a. 1, obj. 2). — Monstra dicuntur esse peccata, inquantum producta sunt ex peccato in actu naturæ existente (I-II, q. xxi, a. 1, ad 1).

(2) Quandocumque ergo actio hominis procedit in finem secundum ordinem rationis et legis æternæ, tunc actus est rectus ; quando autem ab hac rectitudine obliquatur, tunc dicitur peccatum .... Unde sequitur quod actus humanus, ex hoc quod est bonus vel malus, habeat rationem rectitudinis vel peccati (I-II, q. xxi, a. 1).

la fin dernière, de la vraie béatitude de l'homme ; de même que la nature, enfantant des monstres, produit une certaine forme d'être, mais cette forme est informe, en ce sens qu'elle est une corruption de la forme régulière, un défaut qui empêche la réalisation du type parfait.

Ce qu'il faut bien remarquer, dans la rectitude et la déviation morales, c'est qu'elles sont un acheminement ou une aberration par rapport à une direction absolue et nécessaire : car la raison humaine qui fixe la voie à suivre est, nous le savons, un rayonnement, à sa manière, de la lumière absolue. Par là, la droiture morale est une conformité à la loi éternelle.

Le péché n'est donc pas seulement une désobéissance à un commandement de Dieu, souverain maître ; c'est essentiellement un désordre par rapport aux idées éternelles qui sont l'essence divine elle-même : la désobéissance même à un commandement de Dieu n'est péché que parce que désobéir à Dieu est un désordre au regard de l'éternelle raison.

Le mot, péché, *peccatum*, n'a pas été inventé par la théologie chrétienne ; il existait déjà dans la langue latine avant le christianisme. Cicéron l'emploie dans son *Traité des Devoirs* : « Nous croyons facilement, dit-il, mériter les louanges qu'on nous donne ; et de là naissent des péchés innombrables, suite de cette opinion vaniteuse qui rend les hommes honteusement ridicules et les entraîne dans les plus grands écarts » (1).

Au sens d'Aristote, le terme de péché, ἁμάρτημα, s'applique à toute déviation en dehors de la voie droite qui mène au but, lors même que l'agent, comme il arrive dans les mouvements physiques, est irresponsable, parce qu'il ne se détermine pas lui-même.

Lorsque l'agent est maître de ses actions, le péché et la rectitude dans l'opération lui sont imputables, parce qu'il dépendait de lui d'agir avec droiture ou à tort.

Cette imputation prend la forme de la

---

(1) Tales enim nos esse putamus ut jure laudemur : ex quo nascuntur innumerabilia peccata, quum homines inflati opinionibus turpiter irridentur et in maximis versantur erroribus (*de Officiis*, I, xxvi).

louange pour l'action faite avec rectitude, et celle du blâme pour le péché : l'action blâmable est proprement faute morale, *culpa* (1).

Il n'y a faute, moralement parlant, action coupable, que lorsque l'agent a agi volontairement et librement, au moins d'une façon indirecte.

III. — Ces notions élémentaires doivent être complétées par celles de mérite et de démérite, conséquences aussi d'actions bonnes ou mauvaises.

Mériter, c'est avoir droit à une rétribution ; démériter, être digne d'un châtiment.

Il importe de préciser, avec saint Thomas, la raison du mérite et du démérite. Elle réside dans l'équité qui doit régler les rapports de l'agent avec autrui. On mérite de recevoir une récompense, parce qu'on a procuré un profit

---

(1) Ex hoc enim dicitur actus culpabilis, quod imputatur agenti ; nihil est enim aliud laudari vel culpari, quam imputari alicui malitiam vel bonitatem sui actus. Tunc autem actus imputatur agenti, quando est in potestate ipsius, ita quod habeat dominium sui actus (I-II, q. XXI, a. 2).

à un autre ; on est digne d'être puni, parce qu'on lui a causé un dommage (1).

Au fond, notre raison nous dit que celui qui a profité de l'action d'un autre homme a augmenté son bien d'un bien appartenant à autrui, et que la justice, l'équité, demande une compensation, une récompense, qui rétablisse l'équilibre, en rendant au donateur l'équivalent de ce qui vient de lui.

La même justice, aux yeux de la raison, exige que celui qui a fait perdre à une autre personne quelque chose du bien qu'elle avait, rende ce qu'il lui a enlevé ou soit privé d'un bien équivalent.

Aristote prenait un plaisir particulier à marquer cette égalité, cette équivalence, que réclame la justice : saint Thomas s'est inspiré de lui dans la définition du mérite, et le reconnaît expressément (2).

---

(1) Meritum et demeritum dicuntur in ordine ad retributionem, quæ fit secundum justitiam. Retributio autem secundum justitiam fit alicui ex eo quod agit in profectum vel nocumentum alterius (I-II, q. xxi, a. 3).

(2) Meritum et merces ad idem referuntur. Id enim merces dicitur, quod alicui recompensatur pro

Or, en vertu de l'unité sociale, lorsqu'un individu vivant en société reçoit un profit ou éprouve un dommage, la société dont il fait partie acquiert par là un avantage ou subit, elle aussi, un préjudice (1). L'auteur du bien ou du mal fait à l'individu en société est donc digne de recevoir une récompense ou une punition, non seulement de l'individu, mais de la société elle-même.

Et, si le bien ou le mal sont faits avec l'intention directe d'atteindre la société, c'est celle-ci qui doit principalement et premièrement la rémunération ou le châtiment, et les

retributione operis vel laboris, quasi quoddam pretium ipsius. Unde sicut reddere justum pretium pro re accepta ab aliquo est actus justitiæ, ita etiam recompensare mercedem operis vel laboris est actus justitiæ. Justitia autem æqualitas quædam est, ut patet per Philosophum, in V *Ethic.*, cap. IV in princip. (I-II, q. CXIV, a. 1).

(1) Est autem considerandum quod unusquisque in aliqua societate vivens est aliquo modo pars et membrum totius societatis. Quicumque ergo agit aliquid in bonum vel malum alicujus in societate existentis, hoc redundat in totam societatem ; sicut qui lædit manum, per consequens lædit hominem (I-II, q. XXI, a. 3).

membres du corps social indirectement enrichis ou lésés ne les doivent que secondairement et par extension.

Celui même qui se fait du bien ou du mal à lui-même, s'il vit en société, a un certain droit à une récompense ou est digne d'un châtiment de la part de la société, en tant qu'il a augmenté ou diminué le bien de la communauté, en augmentant ou en diminuant le bien propre d'un de ses membres, à savoir de lui-même.

On pourrait même dire que l'individu qui se nuit à lui-même ou se procure un bénéfice personnel, par une sorte de prolongement de la justice, se doit à lui-même récompense ou punition, en tant que l'homme a une justice à exercer à l'égard de sa propre personne (1).

---

(1) Quum vero aliquis agit quod in bonum proprium vel malum vergit, etiam debetur ei retributio inquantum etiam hoc vergit in commune, secundum quod ipse est pars collegii ; licet non debeatur ei retributio inquantum est bonum vel malum singularis personæ, quæ est eadem agenti, nisi forte a seipso secundum quamdam similitudinem, prout est justitia hominis ad seipsum (I-II, q. xxi, a. 3).

Reste une question grave : l'homme, par son action bonne ou mauvaise, mérite-t-il ou démérite-t il à l'égard de Dieu ?

Si, comme le dit Aristote, la justice est une égalité, et si le mérite et le démérite sont fondés sur la justice, ne semble-t-il pas qu'il ne puisse y avoir ni mérite ni démérite envers Dieu, puisque l'inégalité entre Dieu et la créature est infinie et ne peut être en rien modifiée ?

Si l'homme veut donner à Dieu, Dieu n'en recevra pas le moindre accroissement de son bien essentiellement parfait. Si l'homme veut priver Dieu de son bien, comment y réussira-t-il, puisque la perfection divine ne peut être entamée, qu'elle est immuable ?

D'autre part, l'homme ne peut rien donner à Dieu qu'il n'ait reçu de lui ; il lui doit tout : c'est donc l'homme qui a l'obligation de rendre tout ce qu'il possède à Dieu ; et, s'il se donne lui-même tout entier à Celui qui l'a fait de rien, il n'a droit, semble-t-il, à aucune récompense ; car ainsi il restitue simplement à qui de droit ce qui ne lui appartenait que d'emprunt.

Que s'il viole l'ordre rationnel en amoindrissant l'œuvre de Dieu, en faisant le mal en lui-même ou au dehors, la punition d'un tel désordre peut-elle intéresser Dieu, qui a dû le prévoir, qui n'a besoin de rien prendre sur le coupable pour combler le vide fait dans ce qu'il a créé, et peut le réparer tout seul ?

Reconnaissons que, rigoureusement, entre Dieu et une créature, l'homme, par exemple, il ne saurait y avoir égalité ; mais il peut exister une certaine proportion, l'homme faisant et recevant ce qui convient à sa nature, Dieu faisant et donnant ce qui est conforme à l'ordre préconçu dans ses idées éternelles (1).

Si donc l'homme fait volontairement et librement ce qu'il doit pour accomplir le plan divin, il concourt, par une action bien ordonnée par lui, à l'œuvre ordonnée déjà par la providence divine, il fait ce qui dépend de lui pour donner du bien à Dieu, et, de son côté,

---

(1) Manifestum est autem quod inter Deum et hominem est maxima inæqualitas (in infinitum enim distant), et totum quod est hominis bonum est a Deo. Unde non potest hominis ad Deum esse justitia secundum absolutam æqualitatem, sed secundum proportionem quamdam, inquantum scilicet uterque operatur secundum modum suum (I-II, q. cxiv, a. 1).

rien ne manque pour qu'il mérite une récompense (1).

Sans doute, l'homme est incapable d'ajouter quoi que ce soit à la perfection essentielle de Dieu ; mais il peut apporter son contingent à la gloire extérieure du Créateur, en manifestant à sa manière, soit en lui-même, soit au dehors, cette perfection, et en accomplissant des œuvres modelées sur l'action divine : il procure ainsi, pour sa part, ce que Dieu cherche par ses œuvres (2).

Aucun acte humain ne peut donc, en rigueur, créer une dette qui oblige Dieu envers l'homme ; mais chacune de nos bonnes actions

---

(1) Per actum hominis Deo secundum se nihil potest accrescere vel deperire ; sed tamen homo, inquantum in se est, aliquid subtrahit Deo vel ei exhibet, quum servat vel non servat ordinem quem Deus instituit (I-II, q. XXI, a. 4, ad 1).

(2) Deus ex bonis nostris non quærit utilitatem, sed gloriam, id est manifestationem suæ bonitatis ; quod etiam ex suis operibus quærit. Ex hoc autem quod eum colimus, nihil ei accrescit, sed nobis ; et ideo meremur aliquid a Deo, non quasi ex nostris operibus aliquid ei accrescat, sed inquantum propter ejus gloriam operamur (I-II, q. CXIV, a. 1, ad 2).

rend Dieu débiteur envers Dieu lui-même, en ce sens qu'il est dû, qu'il est exigé par l'éternelle raison, que Dieu complète son plan providentiel en nous donnant la récompense que nous avons fait ce qui dépend de nous pour mériter (1).

Ainsi l'on est toujours ramené, pour apprécier le mérite comme pour juger du bien moral, à l'ordre rationnel, dont le type premier est dans les idées éternelles.

Le démérite a aussi pour fondement une exigence de la raison divine, qui impose au Créateur l'obligation envers lui-même de rétablir, en punissant nos fautes, l'harmonie des rapports qui nous lient à lui : le mal moral dérange l'ordre, le châtiment le répare et venge l'immuable justice.

Dieu, en somme, est tenu, en vertu de sa raison même, de récompenser et de punir l'action, bonne ou mauvaise, de l'homme, parce

---

(1) Quia actio nostra non habet rationem meriti nisi ex præsuppositione divinæ ordinationis, non sequitur quod Deus efficiatur simpliciter debitor nobis, sed sibi ipsi, inquantum debitum est ut sua ordinatio impleatur (I-II, q. cxiv, a. 1, ad 3).

que Dieu est la fin dernière et le gouverneur souverain des créatures (1).

Du chef de la fin dernière, il y a mérite ou démérite pour l'homme, s'il maintient l'honneur de Dieu ou y déroge, en rapportant ou ne rapportant pas à Dieu ce qu'il fait, par la direction de son intention et la proportion ou la disproportion qu'il met dans son œuvre.

Du chef du gouvernement divin, l'homme mérite ou démérite, quand, par un de ses actes bon ou mauvais, il fait de l'ordre ou du désordre dans la communauté universelle dont il fait partie. Dieu, qui gouverne, a la charge, de par la raison infinie, d'équilibrer la nature par la récompense ou la punition. Il ne peut rester indifférent en face du bien ou du mal moral, puisqu'il est de sa perfection même de continuer sa création par sa providence de gouvernement.

(1) Sicut dictum art. præc., actus alicujus hominis habet rationem meriti vel demeriti secundum quod ordinatur ad alterum vel ratione ejus vel ratione communitatis. Utroque autem modo actus nostri boni vel mali habent rationem meriti vel demeriti apud Deum (I-II, q. XXI, a. 4).

IV

LES
DISPOSITIONS HABITUELLES

LES
DISPOSITIONS HABITUELLES

INTRODUCTION

Les dispositions habituelles sont des principes internes et prochains qui préparent à l'action : celles qui font bien agir, sont appelées vertus.

Maintenant que nous connaissons les conditions de la bonté morale et de la malice des actes humains, il est temps de considérer les principes internes et immédiats qui font bien agir l'homme, qui le portent à la pratique du bien.

C'est à dessein que nous les appelons immédiats, pour les distinguer des sources fondamentales de l'action humaine, qui sont les puissances de l'âme, notamment l'entendement de la volonté, et auxquels nous avons déjà consacré des études spéciales.

Entre les puissances de l'âme humaine qui pratiquent le bien moral et leurs actes moralement bons, il y a des intermédiaires qui forment aux bonnes actions, des dispositions permanentes, habituelles, qu'on appelle vertus : c'est de ces principes prochains de l'action que nous voulons parler.

Le mot, vertu, dans la langue philosophique d'Aristote et de saint Thomas, désigne, en un sens large, toute disposition à bien faire d'un sujet quelconque.

Pour préparer l'étude des vertus propres de l'homme, examinons d'abord les dispositions habituelles en général : voyons ce qu'elles sont, où elles résident et comment elles se distinguent entre elles.

I

NATURE DES DISPOSITIONS HABITUELLES

I. — Définition de la disposition habituelle : elle suppose une potentialité dans le sujet. — La qualité habituelle, d'après Aristote, est une espèce dans le genre de disposition.
II. — Unité d'ordonnance de la multiplicité, dans la disposition habituelle. — Comparaison avec la théorie de Leibniz sur la coexistence de la multiplicité et de la simplicité, dans la *monade*.
III. — Caractère durable et constant des dispositions habituelles. — Elles sont des actes premiers qui adaptent les puissances aux actes seconds, c'est-à-dire aux opérations.

I. — Une disposition habituelle est une qualité qui détermine un sujet en conformité ou en disproportion avec sa nature et le prépare à agir bien ou mal, c'est-à-dire comme il convient ou comme il ne convient pas à sa destinée (1).

Pour avoir une pareille qualité, il faut donc que le sujet ait en lui quelque potentialité, qu'il soit en puissance de devenir quelque chose, qu'il soit imparfait et susceptible de perfectionnement.

Dieu, la perfection par essence, n'a pas et ne peut avoir de disposition habituelle : il est primitivement et par son existence essentielle tout ce qu'il peut être (2).

N'aurait point non plus de disposition habi-

---

(1) Si autem sumatur *habere* prout res aliqua dicitur quodammodo se habere in seipsa vel ad aliquid aliud, quum iste modus se habendi sit secundum aliquam qualitatem, hoc modo habitus quædam qualitas est (I-II, q. XLIX, a. 1). — Sicut supra dictum est, a. 2 et 3 hujus quæst., habitus importat dispositionem quamdam in ordine ad naturam rei et operationem vel finem ejus, secundum quam bene vel male aliquid ad hoc disponitur (I-II, q. XLIX, a. 4).

(2) Si aliquid sit cujus natura non sit composita ex potentia et actu, et cujus substantia sit sua operatio, et ipsum sit propter seipsum, ibi habitus vel dispositio locum non habet, sicut patet in Deo (I-II, q. XLIX, a. 4).

tuello un sujet qui ne serait apte qu'à une seule conformation, à une seule action ou à un seul groupe d'actions toujours déterminées de même. Saint Thomas range dans cette espèce les corps célestes qui, suivant la physique péripatéticienne, adoptée de son temps, ne seraient susceptibles d'aucune transformation, ni capables d'aucun autre mouvement que le mouvement local auquel chacun d'eux est déterminé par la nature (1).

Mais peuvent avoir des dispositions habituelles les sujets qui ont en eux-mêmes une possibilité d'organisation variable, suivant la proportion des éléments composant leur nature totale, et qui, par une variation d'organisation interne, peuvent être appropriés plus ou moins convenablement aux opérations pour lesquelles ils sont faits.

En ce sens, saint Thomas exclut du genre,

---

(1) Si corpus cœleste sit compositum ex materia et forma, quum illa materia non sit in potentia ad aliam formam, ut in I dictum est, q. LXVI, a. 2, non habet ibi locum dispositio vel habitus ad formam aut etiam ad operationem, quia natura cœlestis corporis non est in potentia nisi ad unum motum determinatum (I-II, q. XLIX, a. 4).

dispositions habituelles, les qualités simples des corps élémentaires, parce qu'elles sont rigoureusement fixées et arrêtées par la nature de ces corps. Mais, au moins dans un sens large, peuvent être appelées dispositions habituelles la santé et la beauté corporelles, parce qu'elles comprennent un arrangement variable d'éléments en vue d'un effet à produire (1).

Ces notions se rattachent aux définitions qu'Aristote a données de la *diathèse*, διάθεσις, ou disposition, et de la *qualité d'avoir*, ἕξις, en tant que disposition, dans sa *Métaphysique*.

« La disposition, dit-il, est, dans ce qui a des parties, une ordonnance, soit selon le lieu, soit selon la puissance, soit selon la forme ; il faut, en effet, que ce soit une position, comme le mot même de disposition l'indique (2).

---

(1) Qualitates simplices elementorum, quæ secundum unum modum determinatum naturis elementorum conveniunt, non dicimus dispositiones vel habitus, sed simplices qualitates. Dicimus autem dispositiones vel habitus sanitatem, pulchritudinem, et alia hujusmodi, quæ important quamdam commensurationem plurium, quæ diversis modis commensurari possunt (I-II, q. XLIX, a. 4).

(2) Διάθεσις λέγεται τοῦ ἔχοντος μέρη τάξις ἢ κατὰ

« La qualité d'avoir ou qualité habituelle se définit une disposition selon laquelle ce qui est disposé est bien ou mal disposé, soit en lui-même, soit à l'égard d'autre chose, comme la santé est une qualité habituelle, car elle est une telle disposition. On appelle encore qualité habituelle une partie d'une telle disposition : ainsi la vertu des parties est une certaine qualité habituelle » (1).

Saint Thomas, se référant au commentaire de Simplicius sur Aristote, explique que, dans la définition de la *diathèse* ou disposition, Aristote comprend toutes les dispositions : les corporelles, par la position des parties dans l'étendue, κατὰ τόπον, selon le lieu ; les dispositions préparatoires dans une puissance, κατὰ δύναμιν, comme la science et la vertu commencées, mais pas encore entières ; enfin, les dis-

---

τόπον ἢ κατὰ δύναμιν ἢ κατ' εἶδος· θέσιν γὰρ δεῖ τινὰ εἶναι, ὥσπερ καὶ τοὔνομα δηλοῖ ἡ διάθεσις (Μετὰ τὰ φυσικὰ, IV, XIX, F. D.).

(1) Ἕξις λέγεται διάθεσις καθ' ἣν εὖ ἢ κακῶς διάκειται τὸ διακείμενον, καὶ ἡ καθ' αὑτὸ ἢ πρὸς ἄλλο, οἷον ἡ ὑγίεια ἕξις τις· διάθεσις γὰρ ἐστι τοιαύτη. Ἔτι ἕξις λέγεται ἂν ᾖ μόριον διαθέσεως τοιαύτης· διὸ καὶ ἡ τῶν μερῶν ἀρετή ἕξις τίς ἐστιν (Μετὰ τὰ φυσικὰ, IV, XX (1), F. D.).

positions complètes, selon la forme intégrale et parfaite, comme la science et la vertu achevées, κατ'εἶδος (1).

C'est la disposition dans la forme complète qui mérite proprement d'être nommée qualité habituelle, ἕξις, *habitus*, ou disposition habituelle.

La disposition habituelle, *habitus*, est une qualité, parce qu'elle est un mode déterminant une substance déjà constituée par une détermination première. Cette détermination primitive peut s'appeler, elle aussi, qualité ;

(1) Dispositio quidem semper importat ordinem alicujus habentis partes ; sed hoc contingit tripliciter, ut statim ibidem Philosophus subdit ; scilicet *aut secundum locum aut secundum potentiam aut secundum speciem* ; in quo, ut Simplicius dicit in comment. *Prædicamentorum*, in cap. *de Qualit.*, comprehendit omnes dispositiones : corporales quidem in eo quod dicit *secundum locum*, et hoc pertinet ad prædicamentum situs, qui est ordo partium in loco ; quod autem dicit *secundum potentiam*, includit illas dispositiones quæ sunt in præparatione et idoneitate nondum perfecte, sicut scientia et virtus inchoata ; quod autem dicit *secundum speciem*, includit perfectas dispositiones, quæ dicuntur habitus, sicut scientia et virtus complete (I-II, q. XLIX, a. 1, ad 3).

mais il faudrait lui donner le nom de qualité substantielle, puisqu'elle fait que le sujet soit telle substance. La puissance de laquelle est doué le sujet substantiel, est une qualité aussi, mais plus proche du fond substantiel que la disposition ; elle s'ajoute à la substance comme un complément, mais comme une propriété complémentaire qui dérive immédiatement de la constitution permanente de la substance.

La disposition est un complément de la puissance elle-même, et la disposition habituelle complète la puissance par rapport à la nature même du sujet.

« J'appelle qualité, dit Aristote, ce qui fait dénommer tels certains sujets. La qualité est de ces choses qui se disent de plusieurs manières. Une espèce de qualité est la qualité d'avoir, ἕξις, et la disposition, *diathèse*, διάθεσις (1).

« Les qualités habituelles, ἕξεις, du corps ou de l'âme ne sont pas des altérations, ἀλλοιώσεις. De ces qualités habituelles, les unes sont des vertus, les autres des vices. Or, ni la vertu ni

---

(1) Ποιότητα δὲ λέγω, καθ' ἥν ποιοί τινες εἶναι λέγονται· Ἔστι δὲ ἡ ποιότης τῶν πλεοναχῶς λεγομένων. Ἓν μὲν οὖν εἶδος ποιότητος ἕξις καὶ διάθεσις λεγέσθωσαν (Κατηγορίαι, VI (1) (2) (3), F. D.).

le vice ne sont des altérations. Mais la vertu est un certain perfectionnement ; car, lorsqu'un sujet quelconque acquiert sa propre vertu, alors il est dit parfait; c'est alors, en effet, qu'il est au plus haut degré ce qui convient à sa nature, comme un cercle est parfait, lorsqu'il est fait cercle le meilleur possible. Quant au vice, c'est une corruption et une déviation du sujet » (1).

L'altération est une modification par laquelle le sujet devient semblable à autre chose, reçoit la qualité d'un autre sujet, comme un corps échauffé par un autre. La qualité habituelle est un perfectionnement de la nature même du sujet par développement de son être propre, ou une dépravation par corruption.

II. — Dans la définition de la disposition,

---

(1) Ἀλλὰ μὴν οὐδ' αἱ ἕξεις οὐδ' αἱ τοῦ σώματος οὐδ' αἱ τῆς ψυχῆς ἀλλοιώσεις. Αἱ μὲν γὰρ ἀρεταί, αἱ δὲ κακίαι τῶν ἕξεων. Οὐκ ἔστι δὲ οὔτε ἡ ἀρετὴ οὔτε ἡ κακία ἀλλοίωσις, ἀλλ' ἡ μὲν ἀρετὴ τελείωσίς τις (ὅταν γὰρ λάβῃ τὴν ἑαυτοῦ ἀρετήν, τότε λέγεται τέλειον ἕκαστον· τότε γὰρ μάλιστά ἐστι τὸ κατὰ φύσιν, ὥσπερ κύκλος τέλειος, ὅταν μάλιστα γένηται κύκλος βέλτιστος), ἡ δὲ κακία φθορὰ τούτου καὶ ἔκτασις (Φυσικ. ἀκροάσ., VII, III (4), F. D.).

diathèse, qui est le genre dont la qualité habituelle est une espèce, Aristote trace une condition qui peut surprendre, si on l'applique aux qualités habituelles de l'âme. La disposition, dit-il, est une ordonnance de ce qui a des parties, et une ordonnance des parties elles-mêmes.

Saint Thomas accepte franchement cette vue d'Aristote, et il ne craint pas d'indiquer comme condition nécessaire, pour qu'il y ait disposition habituelle, *habitus*, la commensuration, dans une certaine proportion, de divers éléments concourant à la formation de l'un des états complexes à l'égard desquels le sujet est en puissance (1). Si cette proportion d'éléments divers est dans le sens de l'achèvement naturel de l'être, la disposition habituelle est une bonne qualité; si elle est en déviation, c'est une qualité mauvaise.

Faut-il accepter cette théorie d'Aristote et de saint Thomas ?

---

(1) Tertio requiritur quod plura concurrant ad disponendum subjectum ad unum eorum ad quæ est in potentia, quæ diversis modis commensurari possunt; ut sic disponatur bene vel male ad formam vel ad operationem (I-II, q. xlix, a. 4).

Leibniz y a peut-être puisé la première idée de sa théorie sur l'un et le multiple dans l'intérieur de sa *monade* simple : si bien que, pour comprendre la pensée d'Aristote et celle de saint Thomas, il nous semble utile de lire et de méditer les déclarations suivantes de Leibniz :

« Je prends aussi pour accordé, dit-il, que tout être créé est sujet au changement, et, par conséquent, la monade créée aussi, et même que ce changement est continuel dans chacune — ...Les changements naturels des monades viennent d'un principe interne, puisqu'une cause externe ne saurait influer dans son intérieur. — Mais il faut aussi qu'outre le principe du changement il y ait un détail de ce qui change, qui fasse, pour ainsi dire, la spécification et la variété des substances simples. — Ce détail doit envelopper une multitude dans l'unité ou dans le simple. Car, tout changement naturel se faisant par degrés, quelque chose change et quelque chose reste ; et, par conséquent, il faut que dans la substance simple il y ait une pluralité d'affections et de rapports, quoiqu'il n'y en ait point de parties... Nous expérimentons en nous-mêmes une multitude dans la substance simple, lorsque nous trouvons que la moindre pensée, dont nous nous apercevons, enveloppe une variété dans l'objet. Ainsi, tous ceux qui reconnaissent que l'âme est une substance simple, doivent reconnaître cette multitude dans la monade... Il y a une infinité de figures et de mouvements présents et passés qui entrent dans la cause efficiente de mon écriture présente ; et il y a une infinité de petites inclinations et dispositions de mon âme, présentes et passées, qui entrent dans la cause finale » (1).

Le témoignage de la conscience nous paraît montrer, en effet, qu'il y a en nous, dans le simple, du multiple et un principe d'organisation du multiple en une forme complexe déterminée. Cette complexité interne et les mouvements qui en groupent les éléments, se constatent dans l'intelligence comme dans la volonté : nos pensées et nos vouloirs s'organisent de telle ou telle façon par l'effet d'une tendance simple à une combinaison déterminée

(1) Leibniz, la Monadologie, 10, 11, 12, 13, 16, 36.

de nos multiples phénomènes internes. Ainsi se constitue en nous un mode habituel de penser, une manière constante de vouloir. Nous ne sommes pas livrés à une agitation déréglée de la foule de nos idées et de nos affections, et nous ne sommes pas non plus réduits à une simplicité pauvre et immobile : l'unité de chacune de nos facultés se déploie en opérations variées qui se fixent néanmoins en groupes homogènes, et ces groupes eux-mêmes s'associent en une harmonie générale, sous l'impulsion de l'activité simple de chacune de nos puissances et de l'inclination individuelle qui découle de notre personnalité totale.

C'est ainsi que la disposition habituelle comprend une unité de direction vers la formation d'un ensemble de modifications, marqué par un caractère plus ou moins fixe et plus ou moins conforme à la nature du sujet ; et que même la multitude des dispositions habituelles d'un même individu prend une forme déterminée, sous l'influence d'une unité fondamentale.

III. — Aristote distingue la qualité habituelle et la disposition non habituelle, en ce que la première est beaucoup plus durable et constante que la seconde (1).

La qualité habituelle en formation et non encore achevée n'est qu'une disposition à avoir la qualité, et non une possession de celle-ci ; par exemple, la science et la vertu morale seulement commencées : à l'état de dispositions non encore habituelles, ces préparations n'ont pas la durée et la constance des qualités habituelles finalement organisées ; elles tendent dans une certaine mesure à se fixer, mais ne sont pas encore fermement constituées ; elles sont d'espèce à se consolider, mais ne sont pas encore solides.

D'autre part, certaines dispositions sont naturellement plutôt mobiles que constantes, comme la santé et la maladie, dispositions du corps : néammoins, elles peuvent s'affermir et devenir permanentes ; elles prennent alors un certain caractère de qualités habituelles.

Toute disposition habituelle a quelque rapport à l'action, par cela même qu'elle est une

(1) Διαφέρει δὲ ἕξις διαθέσεως τῷ πολὺ χρονιώτερον εἶναι καὶ μονιμώτερον (Κατηγορίαι, vi (4), F.D) — Nomen habitus diuturnitatem importat, non autem nomen dispositionis (I-II, q. XLIX, a. 2, ad 3).

modification en rapport avec la nature du sujet, soit en bien, soit en mal : car toute nature est ordonnée à l'action, l'opération étant la fin de tout être (1).

Plus spécialement, les dispositions habituelles des puissances sont des préparations, bonnes ou mauvaises, à l'action de celles-ci. Ces dispositions sont des actes déterminant les puissances où elles naissent ; mais ce sont des actes ordonnés à des actes ultérieurs, à des opérations dont ces dispositions sont les principes immédiats (2).

Ainsi se développe la détermination de plus en plus accentuée de la potentialité : fixé d'abord dans sa nature par l'harmonie première de ses éléments spécifiques, l'être prend, en occu-

(1) Habitus non solum importat ordinem ad ipsam naturam rei, sed etiam consequenter ad operationem, inquantum est finis naturæ vel perducens ad finem (I-II, q. XLIX, a. 3).

(2) Habitus est actus quidam, inquantum est qualitas ; et secundum hoc potest esse principium operationis ; sed est in potentia per respectum ad operationem : unde habitus dicitur actus primus, et operatio actus secundus, ut patet in II *de Anima* (I-II, XLIX, a. 3 ad 1).

pant sa place dans la chaîne de l'hérédité, un caractère individuel qui le distingue de ses semblables et le fait reconnaître au milieu d'eux ; ensuite, diverses puissances en lui acquièrent, sous l'impulsion combinée de son caractère primitif et du déploiement de sa vie au milieu de circonstances variées, des dispositions préparatoires qui se dessinent en traits de plus en plus arrêtés, deviennent vraiment habituelles, c'est-à-dire comme de pleines propriétés, et n'attendent que les occasions pour entrer en activité opérante et productive, en rayonnement au dehors des qualités intimes, bonnes ou mauvaises, heureuses ou funestes, de l'être vivant.

II

SUJETS DES DISPOSITIONS HABITUELLES

I. — Le corps a des dispositions habituelles comme sujet de l'âme qui le vivifie ; mais elles sont imparfaites. Comme organe de certaines opérations de l'âme, il a aussi, mais secondairement, des dispositions habituelles, dont l'âme est le sujet principal.
— Par rapport à la nature de l'être, l'âme n'a pas, dans son essence, une disposition habituelle à s'unir au corps ; c'est le corps qui est disposé à se compléter par l'essence de l'âme. Par rapport à l'opération, l'âme prend, dans ses puissances, des dispositions habituelles.

II. — Les puissances végétatives ou sensitives, par elles-mêmes, n'ont pas de dispositions habituelles, au sens strict. Dans l'homme, les puissances sensitives reçoivent des dispositions habituelles sous l'empire de la raison et de la volonté.
— *L'intellect possible* ou entendement réceptif est éminemment propre à acquérir des dispositions habituelles. *L'intellect agent* n'en a pas besoin.
— La volonté, dans son inclination fondamentale

au bien, n'a pas non plus besoin de disposition habituelle ; mais elle prend des dispositions habituelles pour se porter vers tels ou tels biens particuliers.

III. — Les dispositions habituelles peuvent être plusieurs dans la même puissance. Elles se distinguent spécifiquement par les principes actifs qui les forment, par les objets des opérations auxquelles elles préparent, par un rapport de convenance ou d'inconvenance à l'égard de la nature du sujet. — Unité de type et de développement de la disposition habituelle.

I. — Recherchons à présent, avec quelque précision, quels sont les sujets prochains des dispositions habituelles.

Le corps en est-il un sujet ? — Oui, mais seulement dans une certaine mesure.

Le corps, considéré simplement comme sujet de qualités physiques, n'a pas de dispositions habituelles qui préparent ces qualités à bien ou mal agir eu égard à leur nature ; car les forces physiques sont naturellement déterminées à n'agir que d'une certaine façon dans les mêmes circonstances (1).

(1) Quamtum igitur ad illas operationes quæ sunt a natura, non disponitur corpus per aliquem habi_

Mais, envisagé comme sujet de l'âme qui le vivifie, le corps peut avoir, dans son organisation physique, des dispositions habituelles qui l'approprient bien ou mal à ce que demande le principe qui l'anime. C'est ainsi que la santé et la beauté sont des dispositions habituelles, mais imparfaites, cependant, en tant que possessions de qualités, parce que, de leur nature, elles sont peu constantes, à cause de la mobilité naturelle de toute cause physique (1).

En outre, le corps, en tant qu'il sert d'organe aux opérations de l'âme, peut, en un sens, avoir des dispositions habituelles qui le rendent physiquement apte à recevoir bien ou mal les opérations que l'âme tend à faire par lui. Ces dispositions physiques sont instrumen-

tum, quia virtutes naturales sunt determinatæ ad unum (I-II, q. L, a. 1).

(1) Si vero loquamur de dispositione subjecti ad formam, sic habitualis dispositio potest esse in corpore, quod comparatur ad animam sicut subjectum ad formam ; et hoc modo sanitas et pulchritudo et hujusmodi habituales dispositiones dicuntur ; non tamen perfecte habent rationem habituum, quia causæ eorum ex sua natura de facili transmutabiles sunt (I-II, q. L, a. 1).

tales, peut-on dire ; mais le sujet d'une disposition habituelle aux actes mixtes de l'âme et du corps sous la motion de l'âme, c'est principalement l'âme elle-même, parce que c'est elle qui est la cause principale de l'opération : le corps n'est que secondairement sujet et de l'opération et de la disposition habituelle à l'action mixte (1).

Nous verrons tout à l'heure dans quelle mesure les puissances de l'âme liées au corps peuvent, en elles-mêmes, prendre ou recevoir des dispositions habituelles.

La santé et la maladie, en tant que dispositions du corps, ne sont pas proprement des altérations, ἀλλοιώσεις, au sens d'Aristote ; car elles sont plutôt, l'une perfection, l'autre corruption de nature, que transformations purement physiques. Néanmoins, elles sont mani-

(1) Operationes vero quæ sunt ab anima per corpus, principaliter quidem sunt ipsius animæ, secundario vero ipsius corporis. Habitus autem proportionantur operationibus... Et ideo dispositiones ad tales operationes principaliter sunt in anima ; in corpore vero possunt esse secundario, inquantum scilicet corpus disponitur et habilitatur ad prompte deserviendum operationibus animæ (1-II, q. L, a. 1).

festement le résultat d'altérations physiques, chaud, froid, sec, humide, dans le corps vivant. En ce sens, les altérations physiques entrent comme éléments dans les dispositions corporelles (1).

L'âme, assurément, est un excellent sujet de dispositions habituelles ; mais, pour être précis, faudrait-il dire que c'est par son essence, plutôt que par ses puissances, qu'elle les porte en elle?

Au point de vue de la nature fondamentale, l'âme, par son essence, est la forme ou le principe formateur qui complète et achève la substance humaine, dont la matière corporelle est l'élément potentiel et réceptif (2). Si donc l'on envisage la disposition habituelle comme ordonnée à la nature de l'être, il est plus exact de dire que le corps est disposé, approprié, à se compléter par l'essence de l'âme, que d'at-

---

(1) Facta alteratione circa ipsas qualitates passibiles, quæ sunt calidum, frigidum, humidum et siccum, fit ex consequenti alteratio secundum ægritudinem et sanitatem. Primo autem et per se non est alteratio secundum hujusmodi habitus et dispositiones (I-II, q. L, a. 1, ad 3).

(2) *La Nature humaine*, p. 255 et suiv.

tribuer à cette essence une disposition habituelle à l'égard du corps (1).

Aussi, dans la génération, l'âme humaine arrive-t-elle comme appelée par une préparation suffisante du corps primitif (2); inversement, à la mort, l'âme quitte le corps, lorsqu'il n'est plus assez bien disposé pour la retenir (3).

Rappelons, cependant, qu'une fois incorporée dans la matière, l'âme humaine prend une sorte de commensuration avec le corps individuel qu'elle anime, avec celui-ci et non avec celui-là, au point qu'après sa séparation elle garde, dans sa propre essence, une adaptation à ce corps et une inclination à le reformer

(1) Si ergo accipiatur habitus secundum quod habet ordinem ad naturam, sic non potest esse in anima, si tamen de natura humana loquamur, quia ipsa anima est forma completiva humanæ naturæ. Unde secundum hoc magis potest esse aliquis habitus vel dispositio in corpore per ordinem ad animam, quam in anima per ordinem ad corpus (I-II, q. L, a. 2).

(2) *La Nature humaine*, p. 348 et suiv.

(3) Deficit unio animæ ad corpus... quia tollitur dispositio per quam corpus est dispositum ad talem unionem (I, q. LXXVI, a. 7, ad 2).

quelque jour avec la matière, si cela devient possible (1).

Mais, par rapport à l'opération, l'âme humaine est éminemment susceptible de dispositions habituelles, parce qu'elle est née pour des opérations multiples de même espèce; et, comme c'est par ses puissances qu'elle est le principe de ces actions, c'est aussi dans ses puissances qu'elle acquiert des dispositions habituelles (2). Ce n'est pas que ses puissances se mettent en dehors de son essence pour se disposer ainsi ; c'est plutôt que son essence, en tant qu'elle donne l'être à ses puissances, p   l par elles et en elles ces dispositions (3).

(1) *La Nature humaine*, p. 381-383.

(2) Si vero accipiatur habitus in ordine ad operationem, sic maxime habitus inveniuntur in anima, inquantum anima non determinatur ad unam operationem, sed se habet ad multas, quod requiritur ad habitum, ut supra dictum est, q. XLIX, a. 4. Et quia anima est principium operationum per suas potentias, ideo secundum hoc habitus sunt in anima secundum suas potentias (I-II, q. L, a. 2).

(3) Accidens per se non potest esse subjectum accidentis. Sed quia etiam in ipsis accidentibus est ordo quidam, subjectum, quod est sub uno accidente, intelligitur esse subjectum alterius ; et sic

II. — Mais les dispositions habituelles peuvent-elles se former dans toutes les puissances de l'âme, dans les puissances liées à l'organisme corporel, végétatives ou sensitives, aussi bien que dans celles qui sont indépendantes de la matière, l'entendement et la volonté ?

Sans doute, ces facultés ont toutes quelque potentialité ; elles ne sont pas toujours en acte, et, par conséquent, sont déterminables et excitées au travail qui leur est propre par quelque modification survenant en elles. Mais elles se comportent de manières différentes sous cette excitation.

En elles-mêmes, les puissances végétatives ou sensitives sont déterminées à l'unité d'opération, par cet instinct de nature qui dirige rigoureusement vers un seul but les facultés animales aussi bien que les forces physiques. A proprement et strictement parler, elles n'ont pas de dispositions habituelles, et n'ont pas

---

dicitur unum accidens esse subjectum alterius, ut superficies est subjectum coloris ; et hoc modo potest potentia esse subjectum habitus (I-II, q. L, a. 2, ad 2).

besoin d'en avoir ; car, par leur nature même, elles sont prêtes à subir les modifications que leur imposent les conditions externes et internes sous lesquelles se développe la vie animale (1). Ce n'est que dans un sens large que nous avons appelé disposition habituelle la santé, qui résulte d'une certaine harmonie des puissances végétatives et sensitives.

Mais, dans l'homme, les puissances sensitives sont soumises à l'empire de la raison et de la volonté, et, par là, elles participent à la variété d'action de ces puissances supérieures: de ce côté, elles peuvent recevoir des dispositions habituelles, bonnes ou mauvaises, selon la bonne ou mauvaise direction que leur impriment les facultés intellectuelles (2).

---

(1) Vires sensitivæ... secundum igitur quod operantur ex instinctu naturæ, sic ordinantur ad unum, sicut et natura ; et ideo, sicut in potentiis naturaralibus non sunt aliqui habitus, ita etiam nec in potentiis sensitivis, secundum quod ex instinctu naturæ operantur (I-II, q. L, a. 3).

(2) Secundum vero quod operantur ex imperio rationis, sic ad diversa ordinari possunt; et sic possunt in eis esse aliqui habitus, quibus bene aut male ad aliquid disponuntur (I-II, q. L, a, 3).

Quant aux puissances végétatives, elles sont en dehors de l'empire direct de la raison et de la volonté ; elles ne reçoivent donc pas directement de celles-ci des dispositions habituelles (1) ; mais indirectement elles éprouvent l'influence de ces puissances éminentes, par l'intermédiaire des facultés sensitives et des modifications organiques qui en accompagnent les opérations.

Les animaux livrés à eux-mêmes, précisément parce qu'ils n'ont ni la raison ni la volonté rationnelle, suivent l'instinct de la nature sans prendre d'autres dispositions que celles qui sont la résultante des conditions où ils vivent et de leur propre tempérament, de leurs passions héréditaires. Mais, en compagnie de l'homme, ils reçoivent une certaine direction factice qui peut faire prendre un pli nouveau à leurs facultés ; ils se laissent dompter, apprivoiser : toutefois, ils ne sont pas maîtres, comme l'homme, d'user librement de leurs disposi-

---

(1) Vires nutritivæ partis non sunt natæ obedire imperio rationis, et ideo non sunt in eis aliqui habitus (I-II, q. L, a. 3, ad. 1).

tions ni de les modifier par une volonté libre (1).

Parmi les puissances sensitives, les facultés d'appétition sont particulièrement susceptibles de dispositions habituelles sous la domination de la raison et de la volonté (2).

Mais les facultés internes de connaissance sensitive, imagination, mémoire, appréciation, peuvent aussi prendre d'habituelles dispositions par un exercice volontairement répété dans la même direction.

Les sens externes, au contraire, sont subordonnés, dans leurs opérations, à leur aptitude naturelle et aux qualités physiques de leurs

(1) Quia bruta animalia a ratione hominis per quamdam consuetudinem disponuntur ad aliquid operandum sic vel aliter, hoc modo in brutis animalibus habitus quodammodo poni possunt... Deficit tamen ratio habitus quantum ad usum voluntatis, quia non habent dominium utendi vel non utendi, quod videtur ad rationem habitus pertinere (I-II, q. L, a. 3, ad 2).

(2) Magis convenit quod habitus sint in viribus sensitivis appetitivis, quam in viribus sensitivis apprehensivis, quum in viribus sensitivis appetitivis non sint habitus nisi secundum quod operantur ex imperio rationis (I-II, q. L, a. 3, ad 3).

organes, et ne peuvent se disposer autrement que ne l'exigent ces déterminations rigoureuses (1).

En somme, la vie sensitive, dans son ensemble, pourrait prendre des dispositions habituelles variables, si elle n'était pas fixée dans l'unité par l'instinct de la nature : il suffit qu'au-dessus de cet instinct intervienne un autre principe ami de la multiplicité et de la variété, pour qu'elle se laisse imposer des changements dans ses dispositions, des habitudes nouvelles.

L'intelligence est, par nature, dégagée de l'individuel et de la fixité singulière : son domaine propre et son aptitude lui donnent une

---

() Quamvis etiam in ipsis interioribus viribus sensitivis apprehensivis possunt poni aliqui habitus secundum quos homo sit bene memorativus vel cogitativus vel imaginativus. Unde etiam Philosophus dicit, cap. II *de Memoria et Reminisc.*, a medio, quod *consuetudo multum operatur ad bene memorandum*, quia etiam istæ vires moventur ad operandum ex imperio rationis. Vires autem apprehensivæ exteriores, ut visus et auditus et hujusmodi, non sunt susceptivæ aliquorum habituum ; sed secundum dispositionem suæ naturæ ordinantur ad suos actus determinatos (I-II, q. L, a. 3, ad 3).

mobilité en quelque sorte indéfinie, puisque l'absolu, son objet, étant universel, embrasse une multitude de relatifs toujours variables.

Cette extension mobile de l'absolu à l'universalité indéfinie des choses singulières est accomplie, dans l'homme individuel, par une faculté personnelle de penser que saint Thomas, nous le savons, appelle *intellect possible*, en traduisant Aristote, et que nous pouvons nommer entendement réceptif, parce que c'est cet entendement qui reçoit les représentations intelligibles des choses (1).

C'est par cet entendement et par suite de ces représentations intelligibles formées en lui, que l'homme individuel pense : c'est donc en cette puissance que seront précisément et principalement les dispositions habituelles qui préparent l'homme à penser, par l'organisation secrète, en lui, de telles formes intelligibles, plutôt que de telles autres (2). En effet, cet entendement est né pour devenir en quelque

(1) *La Connaissance*, p. 140-142.
(2) Intellectus possibilis est subjectum habitus. Illi enim competit esse subjectum habitus quod est in potentia ad multa ; et hoc maxime competit intellectui possibili. Unde intellectus possibilis est

sorte tous les singuliers, à sa façon absolue et universelle, la notion d'être, qui est sa conception première et fondamentale, s'appliquant à tout ce qui peut être. Il est fait aussi pour saisir, toujours à sa manière intellectuelle, les rapports multiples et variables qui peuvent lier les singuliers entre eux, parce que sa conception universelle de chaque chose lui découvre les aperçus divers, par lesquels chaque objet peut avoir quelque sympathie ou répugnance logique avec un autre objet.

Pour bien marquer que l'*intellect possible* est susceptible de recevoir toute forme intelligible, sans être formé à l'avance par sa nature, et, par là, est ouvert aux dispositions habituelles que peuvent lui imprimer les formes reçues actuellement par lui, saint Thomas ne craint pas de comparer la potentialité de cet intellect à celle de la matière première dans l'ordre physique (1). Seulement les formes substan-

subjectum habituum intellectualium (I-II, q. L, a. 4, ad 1).

(1) Sicut potentia ad esse sensibile convenit materiæ corporali, ita potentia ad esse intelligibile convenit intellectui possibili (I-II, q. L, a. 4, ad 2).
— Intellectus enim humanus, quum sit infimus

tielles déterminent la matière dans un singulier rigoureux, tandis que les formes intelligibles ont une amplitude indéfinie.

Si les dispositions habituelles à penser sont principalement dans l'entendement réceptif, elles peuvent être néanmoins, d'une manière accessoire, dans les puissances sensitives de connaissance qui préparent à l'intelligence son objet, et même dans l'organisme, instrument nécessaire de ces puissances : en ce sens, un cerveau bien disposé favorise la pensée (1).

Observons que, dans le système de saint Thomas, l'entendement actif, l'*intellect agent*, celui qui est doué naturellement d'une parti-

in ordine intellectuum, est in potentia respectu omnium intelligibilium, sicut materia prima respectu omnium formarum sensibilium; et ideo ad omnia intelligenda indiget aliquo habitu (I-II, q. L, a. 6).

(1) Quia vires apprehensivæ interius præparant intellectui possibili proprium objectum, ideo ex bona dispositione harum virium, ad quam cooperatur bona dispositio corporis, redditur homo habilis ad intelligendum : et sic habitus intellectivus secundario potest esse in istis viribus ; principaliter autem est in intellectu possibili (I-II, q. L, a. 4, ad 3).

cipation à la lumière divine et, par son immatérialité supérieure, immatérialise la connaissance humaine (1), n'a pas de disposition habituelle : sa nature, essentiellement active, lui suffit pour agir (2) ; il est toujours en acte premier complet et entre en acte second, c'est-à-dire en activité opérante, dès qu'un objet lui est présenté par l'imagination. Il n'a pas besoin d'habitude pour lui servir d'intermédiaire entre la pure potentialité et l'acte et de préparation immédiate à l'action ; il y est toujours prêt par sa nature même, parce qu'il est plus semblable que l'entendement réceptif à l'acte essentiel et infiniment existant, qui est Dieu.

La volonté, comme l'entendement, a dans sa nature un caractère premier qui n'a pas besoin de disposition habituelle (3) ; par ce carac-

---

(1) *La Connaissance*, p. 152 et suiv.

(2) Intellectus agens est agens tantum et nullo modo patiens ; sed voluntas et quælibet vis appetitiva est movens et motum, ut dicitur in III *de Anima*. Et ideo non est similis ratio de utroque, nam esse susceptivum habitus convenit ei quod est quodammodo in potentia (I-II, q. L, a. 5, ad 2).

(3) Ad ea ergo ad quæ sufficienter (voluntas) inclinatur per naturam ipsam potentiæ, non indiget aliqua qualitate inclinante (I-II, q. L, a. 5, ad 1).

tère, elle est inclinée, dès qu'elle existe, vers le bien absolu, rationnel.

Mais cette inclination primitive ne suffit pas toujours pour la porter vers tels ou tels biens particuliers qu'elle doit ou peut aimer : au contraire, son amour naturel peut être indifférent à tel ou tel de ces biens relatifs, parce qu'il est fait pour ce qui est essentiel et absolu en tous ces biens. Mais, cependant, la volonté peut aimer les biens particuliers où le bien absolu se réalise de quelque manière (1).

Il y a donc, de ce chef, dans la volonté, une potentialité analogue à celle de l'entendement réceptif à l'égard des formes intelligibles de tels ou tels objets déterminés.

La volonté peut donc avoir, elle aussi, des habitudes, des dispositions habituelles, qui lui donnent une adaptation particulière à ces biens-ci ou à ces biens-là, et l'inclinent à se porter plus ou moins vivement vers eux, en lui laissant, néanmoins, la liberté d'action qui lui est essentielle (2).

---

(1) *Les Passions et la Volonté*, p. 323 et suiv.
(2) Voluntas ex ipsa natura potentiæ inclinatur in bonum rationis. Sed quia hoc bonum multipliciter

Notons que les habitudes de la volonté lui donnent la facilité d'employer à ses fins les dispositions habituelles des autres puissances, puisqu'elle a de l'empire sur les autres facultés. Elle peut ainsi se servir, quand elle veut, et de ses habitudes et de celles des autres puissances humaines (1).

III. — Ajoutons quelques considérations sommaires sur la distinction des dispositions habituelles.

D'abord, il est certain qu'une même puissance peut avoir plusieurs dispositions habituelles d'espèces différentes. En effet, toute simple qu'elle est en elle-même, une puissance peut s'étendre à des actes de différentes espèces, groupés sous un seul genre qui fait

diversificatur, necessarium est ut ad aliquod determinatum bonum rationis voluntas per aliquem habitum inclinetur, ad hoc quod sequatur promptior operatio (I-II, q. L, a. 5, ad 3).

(1) Ex ipsa etiam ratione habitus apparet quod habet quemdam principalem ordinem ad voluntatem, prout habitus est *quo quis utitur quum voluerit*, ut supra dictum est, quæst. præced., a. 3 (I-II, q. L, a. 5).

la distinction entre tous les actes de cette puissance et ceux d'une autre (1) : par exemple, toutes nos pensées sont génériquement des pensées et spécifiquement peuvent être des pensées différentes les unes des autres ; de même, nos vouloirs sont différents entre eux et différents de nos pensées proprement dites. Or, la disposition prend l'espèce des actes auxquels elle prépare : une disposition aux études mathématiques emprunte à celles-ci leur caractère spécifique ; une disposition aux beaux-arts est d'une autre espèce.

Il faut remarquer que, si l'opération termine la puissance dans son développement, la disposition habituelle n'est qu'une préparation à cette terminaison. Aussi, une puissance peut-elle avoir, à la fois, plusieurs dispositions différentes, bien qu'elle ne puisse opérer, à la fois, plusieurs actes différents (2). Nous ne

(1) Potentia, etsi sit quidem simplex secundum essentiam, est tamen multiplex virtute secundum quod ad multos actus specie differentes se extendit : et ideo nihil prohibet in una potentia esse multos habitus specie differentes (I-II, q. LIV, a. 1, ad 2).

(2) Habitus autem non est terminatio potentiæ, sed est dispositio ad actum sicut ad ultimum termi-

pouvons avoir, à la fois, qu'une seule pensée ou des pensées secondaires unies dans une pensée principale unique ; mais nous pouvons savoir, à l'état habituel, plusieurs vérités différentes et séparées.

Les dispositions habituelles se distinguent les unes des autres à divers points de vue.

Comme elles sont des qualités, des formes déterminant les puissances où elles se trouvent, elles sont, à ce titre, distinguées d'après les principes actifs qui les font naître (3). Tiennent lieu de principes actifs pour l'intelligence les moyens de démonstration qui font la force des raisonnements dans chaque science. Aristote avait déjà noté que le mathématicien ne considère pas la nature sous le même rapport que le physicien, et que, si l'un et l'autre trai-

num. Et ideo non possunt esse unius potentiæ simul plures actus, nisi forte secundum quod unus comprehenditur sub alio... Non enim potest intellectus simul multa actu intelligere ; potest tamen simul habitu multa scire (I-II, q. LIV, a. 1, ad 3).

(3) Habitus et est forma quædam et est habitus.. Distinguuntur siquidem formæ ab invicem secundum principia activa, eo quod omne agens facit simile secundum speciem (I-II, q. LIV, a. 2).

tent de la forme de la lune et du soleil, et recherchent si la terre et le monde sont sphériques ou non, ils n'envisagent pas ces questions de la même manière (1). « Le physicien, ajoute saint Thomas, démontre la rotondité de la terre par un autre moyen que l'astronome : en effet, l'astronome la démontre par des moyens mathématiques, comme par les figures des éclipses ou autre chose du même genre; tandis que le physicien la démontre par un moyen naturel, comme par le mouvement des corps lourds vers le centre ou autre fait analogue » (2). De ce chef, l'habitude d'esprit de

---

(1) Φυσ. ἀκοάσ., II, II (2) (3), F. D.

(2) Terram esse rotundam per aliud medium demonstrat naturalis, et per aliud astrologus. Astrologus enim hoc demonstrat per media mathematica, sicut per figuras eclipsium vel per aliud hujusmodi; naturalis vero hoc demonstrat per medium naturale, sicut per motum gravium ad medium vel per aliud hujusmodi. Tota autem virtus demonstrationis, quæ est *syllogismus faciens scire*, ut dicitur in I *Post.*, dependet ex medio : et ideo diversa media sunt sicut diversa principia activa, secundum quæ habitus scientiarum diversificantur (I-II, q. LIV, a. 2, ad 2).

l'un de ces deux savants n'est pas la même que celle de l'autre.

La différence spécifique des objets qu'ont les opérations auxquelles la qualité habituelle prédispose, est une autre cause de distinction ; car c'est par cette différence dans les objets que les opérations mêmes se classent en espèces distinctes, et, comme nous l'avons dit, la disposition est de même espèce que les actes auxquels elle dispose (1).

Il est à observer que, pour la volonté, les fins différentes auxquelles elle tend jouent le rôle et de principes actifs déterminant la forme de l'acte volontaire et d'objets mêmes de l'acte intérieur de volonté. A ce double titre, ces fins sont des causes de distinction pour les habitudes de la puissance de vouloir (2). La re-

---

(1) Diversitas vero objectorum secundum speciem facit diversitatem actuum secundum speciem, et per consequens habituum (I-II, q. LIV, a. 1, ad 1).

(2) Sicut Philosophus dicit in II *Physic.*, et in VII *Ethic.*, cap. VIII a med., *ita se habet finis in operabilibus sicut principium in demonstrativis* : et ideo diversitas finium diversificat virtutes sicut et diversitas activorum principiorum. Sunt etiam et ipsi fines objecta actuum interiorum, qui maxime perti-

cherche de la gloire, par exemple, crée une disposition habituelle autre que celle produite par l'amour du plaisir.

Enfin, les dispositions habituelles se distinguent entre elles par le rapport de convenance ou d'inconvenance qu'elles ont à l'égard de la nature du sujet par les actes auxquels elles préparent : les convenables sont bonnes, les inconvenantes sont mauvaises, et les premières sont d'une autre espèce que les secondes ; c'est par là qu'un vice, comme l'intempérance, se distingue spécifiquement de la vertu opposée, par exemple la tempérance ; l'une est un désordre, l'autre une harmonie, au regard de la nature rationnelle de l'homme (1).

Toutefois, une même disposition habituelle

nent ad virtutes, ut ex supra dictis patet, q. xix, a, 1 et 2 (I-II, q. LIV, a. 2, ad 3).

(1) Habitus bonus dicitur qui disponit ad actum convenientem naturæ agentis ; habitus autem malus dicitur qui disponit ad actum non convenientem naturæ ; sicut actus virtutum naturæ humanæ conveniunt, eo quod sunt secundum rationem ; actus vero vitiorum, quum sint contra rationem, a natura humana discordant. Et sic manifestum est quod secundum differentiam boni et mali habitus specie distinguuntur (I-II, q, L, a. 3).

peut avoir trait au bien et au mal, sans changer d'espèce : par exemple, aimer habituellement la justice et haïr l'injustice habituellement viennent de la même disposition, et celle-ci est bonne comme conforme à la raison. Les contraires, en effet, peuvent être liés l'un à l'autre par un principe commun (1) ; l'équitable égalité demande aussi bien l'établissement de la justice que la punition de l'iniquité.

Bien qu'une habitude s'applique à plusieurs actes même divers, elle n'est pas, pour cela, un composé de plusieurs habitudes, si elle n'est adaptée à cette pluralité, à cette diversité, que sous un point de vue unique, qui est le caractère formel de l'habitude (2) : cette unité

---

(1) Contrariorum potest esse unus habitus, secundum quod contraria conveniunt in unâ ratione... Et ita secundum bonum et malum habitus distinguuntur, scilicet inquantum unus habitus est bonus, et alius malus ; non autem ex hoc quod unus est boni, et alius est mali (I-II, q. LIV, a. 3, ad 1).

(2) Si igitur consideremus habitum secundum ea ad quæ se extendit, sic inveniemus in eo quamdam multiplicitatem. Sed quia illa multiplicitas est ordinata ad aliquid unum, ad quod principaliter res-

peut découler, comme nous venons de le voir, soit du principe de la disposition, soit de l'espèce de l'objet, soit du rapport avec la nature du sujet.

Par le même motif, le développement successif d'une disposition habituelle n'engendre point une succession de plusieurs habitudes : c'est, en effet, la même disposition qui se perfectionne, s'augmente et se fortifie ; c'est un genre ou une espèce d'activité vitale dont l'énergie s'accroit dans le même ordre d'opérations (1). C'est ainsi que l'on grandit peu à peu dans une même science ou une même vertu.

---

picit habitus, inde est quod habitus est qualitas simplex non constituta ex pluribus habitibus, etiamsi ad multa se extendat. Non enim unus habitus se extendit ad multa nisi in ordine ad unum, ex quo habet unitatem (I-II, q. LIV, a. 4).

(1) Successio in generatione habitus non contingit ex hoc quod pars ejus generatur post partem, sed ex eo quod subjectum non statim consequitur dispositionem firmam et difficile mobilem, et ex eo quod primo imperfecta incipit esse in subjecto, et paulatim perficitur ; sicut etiam est de aliis qualitatibus (I-II, q. LIV, a. 4, ad 1).

Une disposition habituelle est donc toujours un germe d'ordonnance, d'après une unité de type, d'une multiplicité d'actes à venir.

V

GÉNÉRATION ET ÉVOLUTION

DES

DISPOSITIONS HABITUELLES

GÉNÉRATION ET ÉVOLUTION
DES DISPOSITIONS HABITUELLES

INTRODUCTION

Les dispositions habituelles naissent, grandissent et décroissent comme tout ce qui est vivant.

Les dispositions habituelles sont vivantes ; elles naissent, grandissent et décroissent.

Comment naissent-elles ? La nature est-elle seule leur mère et apparaissent-elles sur la scène de l'activité humaine comme enfantées par une cause permanente qui donne à chaque être, en le produisant et le constituant, tout ce qui lui est nécessaire pour exister et pour agir ? Ou bien plutôt leur génération est-elle mixte, en partie naturelle, en partie suscitée par des causes accidentelles ?

Une fois nées, comment prennent-elles de l'accroissement, une augmentation de vigueur et de capacité ?

Comment, enfin, sont-elles soumises à cette triste loi de toute vie créée, qui porte au déclin, dans certaines conditions, l'énergie, d'abord ascensionnelle, du mouvement vital ?

Telles sont les questions auxquelles nous avons à répondre, pour compléter notre examen sommaire des dispositions habituelles en général.

Nous étudierons d'abord la génération de ces dispositions, puis l'évolution de leur développement et de leur décroissance.

I

GÉNÉRATION DES DISPOSITIONS HABITUELLES

I. — La nature spécifique et la nature individuelle concourent avec les causes accidentelles pour former les dispositions du sujet. — Rôle de cette double nature dans la formation de la disposition habituelle aux principes rationnels dans l'entendement; comparaison avec la théorie de l'innéité d'après Leibniz. Influence de l'organisme sur les dispositions de la nature individuelle dans l'intelligence même. — Dans la volonté, la nature spécifique ne donne pas de disposition habituelle : les principes directeurs de la volonté sont dans la conscience morale, qui est une disposition habituelle de la raison pratique. C'est par la nature individuelle, et sous l'influence des dispositions de l'organisme, que sont formées les premières dispositions habituelles de la volonté et des passions.

II. Génération des dispositions habituelles par répétition d'actes : il faut, pour cela, dans le sujet, un principe actif qui agisse sur un principe passif. Application aux diverses facultés de l'homme.

I. — Si l'on entend les dispositions habituelles dans un sens très large, qui serait mieux désigné par le terme seul de dispositions, il n'est pas douteux que la nature en produit toute seule. Tout être, en effet, est formé par elle avec certaines aptitudes innées, coordonnées entre elles, ou tout au moins avec une aptitude unique dont la constitution exige une certaine proportion interne, une certaine combinaison, des éléments primitifs du sujet.

L'homme, par exemple, apporte en naissant les dispositions naturelles que demande son espèce, dans son corps et dans son âme.

Ordinairement, ces dispositions dont la nature est l'auteur peuvent, en quelque mesure, être modifiées par des causes extérieures, variables suivant les circonstances. On constate alors une collaboration des principes naturels et des principes accidentels ; ainsi, la médecine et l'hygiène modifient les dispositions de notre corps, en s'aidant des énergies premières de notre tempérament organique. Il est à noter que chaque sujet a sa marque individuelle dans les proportions de sa nature singulière. On peut donc assigner aux dispositions, eu égard à la constitution de l'être, trois causes :

la nature spécifique, la nature individuelle et les causes accidentelles (1).

Dans le rapport avec l'opération, nous trouverons le jeu des mêmes principes (2). Mais voyons d'abord le rôle de la nature, soit spécifique, soit individuelle.

Portons principalement notre attention sur les puissances d'opérer proprement humaines, puisqu'elles sont tout particulièrement les sujets des dispositions habituelles. Mais tenons compte aussi des puissances inférieures.

(1) Est enim aliqua dispositio naturalis quæ debetur humanæ speciei, extra quam nullus homo invenitur, et hæc est naturalis secundum naturam speciei. Sed quia talis dispositio quamdam latitudinem habet, contingit diversos gradus hujusmodi dispositionis convenire diversis hominibus secundum naturam individui ; et hujusmodi dispositio potest esse vel totaliter a natura, vel partim a natura et partim ab exteriori principio, sicut dictum est supra de his quæ sanantur per artem (I-II, q. LI, a. 1).

(2) Sed habitus qui est dispositio ad operationem, cujus subjectum est potentia animæ, ut dictum est, q. L, a. 2, potest quidem esse naturalis, et secundum naturam speciei, et secundum naturam individui... Sed tamen neutro modo contingit in hominibus esse habitus naturales ita quod sint totaliter a natura (I-II, q. LI, a. 1).

Quelle est donc la part respective de la nature générale et de la nature individuelle dans la génération des dispositions habituelles de l'intelligence et de la volonté ? Et quelle est aussi leur part dans la formation première de celles de la vie sensitive et passionnelle.

Un problème des plus intéressants se pose tout de suite, en ce qui concerne l'intelligence : quelle est la proportion exacte d'innéité dans la conception des principes rationnels ?

En traitant de la Connaissance, nous avons établi que les sens externes et internes ont un rôle important dans la formation actuelle des principes de l'entendement humain : ils fournissent les objets singuliers, dont les formes individuelles sont transformées par l'énergie lumineuse de l'entendement actif en formes absolues et universelles qui se gravent dans l'entendement réceptif ; et c'est par ces formes absolues, au fond desquelles est toujours celle d'*être*, que cet entendement réceptif, faculté pensante, conçoit les principes rationnels, et en première ligne le principe d'identité et celui de raison suffisante (1).

---

(1) *La Connaissance*, p. 139 et suiv., 190 et suiv.

Dans cette génération, la nature générale et spécifique donne, du côté intellectuel, l'entendement actif avec sa lumière innée, imitation de la lumière divine, et l'entendement réceptif avec sa capacité de recevoir les formes intelligibles et de concevoir par elles les principes; du côté sensible, elle fournit les puissances de connaissance sensitive avec leur capacité native.

Pouvons-nous préciser davantage ce qu'est en elle-même, par nature, la capacité réceptive, et habile à penser, de cette partie de l'entendement humain que saint Thomas appelle *intellect possible*, et nous, entendement réceptif?

Dirons-nous avec Leibniz : Les principes ou vérités premières, « l'esprit n'est pas seulement capable de les connaître, mais encore de les trouver en soi, et, s'il n'avait que la simple capacité de recevoir les connaissances, ou la puissance passive pour cela, *aussi indéterminée que celle qu'a la cire de recevoir des figures et la table rase de recevoir des lettres*, il ne serait pas la source des vérités nécessaires, comme je viens de montrer qu'il l'est : car il est incontestable que les sens ne suffisent pas pour en faire voir la nécessité, et qu'ainsi l'esprit a une *disposition* (tant active que passive) pour les tirer lui-même de son fonds, quoique les sens soient nécessaires pour lui donner de l'occasion et de l'attention pour cela, et pour le porter plutôt aux unes qu'aux autres... C'est ce rapport particulier de l'esprit humain à ces vérités qui rend l'exercice de la faculté aisé et naturel à leur égard, et qui fait qu'on les appelle innées. Ce n'est donc pas une faculté nue qui consiste dans la seule possibilité de les entendre : c'est une *disposition*, une aptitude, une préformation, qui détermine notre âme, et qui fait qu'elles en peuvent être tirées; tout comme il y a de la différence entre les figures qu'on donne à la pierre ou au marbre indifféremment, et entre celles que ses veines marquent déjà, ou sont disposées à marquer, si l'ouvrier sait en profiter » (1).

« Ce qu'on appelle la lumière naturelle, poursuit Leibniz, suppose une connaissance distincte, et bien souvent la considération de la nature des choses n'est autre chose que la connaissance de la nature de notre esprit et

---

(1) Leibniz, *Nouveaux essais sur l'Entendement humain*, liv. I, ch. I.

de ces idées innées, qu'on n'a pas besoin de chercher au dehors. Ainsi, j'appelle innées les vérités qui n'ont besoin que de cette considération pour être vérifiées. J'ai déjà répondu à l'objection qui voulait que, lorsqu'on dit que les notions innées sont implicitement dans l'esprit, cela doit signifier seulement qu'il a la faculté de les reconnaître ; car j'ai fait remarquer qu'outre cela il a la faculté de les trouver en soi, et la disposition à les approuver, quand il y pense comme il faut » (1).

« S'il y a des vérités innées, dira-t-on, ne faut-il pas qu'il y ait des pensées innées ? — Point du tout, répond Leibniz ; car les pensées sont des actions, et les connaissances ou les vérités, en tant qu'elles sont en nous, quand même on n'y pense point, sont des *habitudes* ou des *dispositions* ; et nous savons bien des choses auxquelles nous ne pensons guère » (2).

Il est facile de reconnaître, dans cette théorie de Leibniz, des réminiscences de celle d'Aristote et de saint Thomas.

(1) Leibniz, *Nouveaux essais sur l'Entendement humain*, liv. I, ch. I.
(2) *Ibid.*

Mais, pour saint Thomas, qui interprète exactement et complète Aristote sur ce point, les traits préexistants des vérités premières, comme des veines dans du marbre, ne sont pas dans l'*intellect possible*, qui n'est tout d'abord que la puissance réceptive de l'entendement humain. Seulement, dans l'*intellect agent*, qui est la puissance active de l'entendement, préexiste en quelque manière la forme générale des premières idées, cet intellect étant, d'après saint Thomas, « l'acte des intelligibles » (1), c'est-à-dire une activité essentiellement immatérielle et productive d'immaté-

---

(1) Intellectus autem humanus se habet in genere rerum intelligibilum ut ens in potentia tantum, sicut et materia prima se habet in genere rerum sensibilium ; unde possibilis nominatur... Quia connaturale est intellectui nostro secundum statum præsentis vitæ quod ad materialia et sensibilia respiciat, sicut supra dictum est, q. præced., a. 4, ad 2, et q. LXXXIV, a. 7, consequens est ut sic seipsum intelligat intellectus noster secundum quod fit actu per species a sensibilibus abstractas per lumen intellectus agentis, quod est actus ipsorum intelligibilium ; et eis mediantibus intelligit intellectus possibilis (I, q. LXXXVII, a. 1).

rialité (1). Cette forme primitive d'intelligibilité, dans l'entendement actif, n'est pas une disposition habituelle ajoutée à l'actualité essentielle de cette faculté : nous avons dit, en effet, que cet entendement, toujours en acte et toujours prêt à agir par ce qu'il est en lui-même, n'a pas besoin de disposition habituelle. Son aptitude à produire les formes intelligibles avec le concours des formes sensibles est dans sa nature active elle-même, déterminant cette puissance à engendrer de l'immatériel, en raison de son immatérialité et à l'image de l'essence divine, type idéal et cause efficiente de tout être.

On objectera peut-être que l'entendement réceptif est immatériel aussi, comme issu, aussi bien que l'entendement actif, de l'immatérialité substantielle de l'âme humaine, et que son immatérielle réceptivité doit suffire pour que les formes des choses sensibles s'impriment en lui, à l'état tout immatériel et, par conséquent, intelligible, par la seule présence de ces formes, même à l'état singulier et sensible, dans l'imagination, en face de la poten-

(1) *La Connaissance*, p. 164-167.

tialité de l'intellect. Saint Thomas s'est formulé à lui-même l'objection, en ces termes très énergiques (1). « La similitude de l'agent est reçue dans le patient selon le mode du patient. Mais l'*intellect possible* est une vertu immatérielle. Donc, son immatérialité suffit pour que les formes soient reçues en lui immatériellement. Mais une forme est intelligible en acte par cela même qu'elle est immatérielle. Donc, il n'y a nulle nécessité de poser un *intellect agent* pour qu'il fasse intelligibles en acte les espèces ». Et il y a répondu avec non moins d'énergie (2) : « Une fois supposé l'agent, il

(1) Similitudo agentis recipitur in patiente secundum modum patientis. Sed intellectus possibilis est virtus immaterialis. Ergo immaterialitas ejus sufficit ad hoc quod recipiantur in eo formae immaterialiter. Sed ex hoc ipso aliqua forma est intelligibilis in actu quod est immaterialis. Ergo nulla necessitas est ponere intellectum agentem ad hoc quod faciat species intelligibiles in actu (I, q. LXXIX, a. 3, obj. 3).

(2) Supposito agente, bene contingit diversimode recipi ejus similitudinem in diversis, propter eorum dispositionem diversam. Sed, si agens non praeexistit, nihil ad hoc faciet dispositio recipientis. Intelligibile autem in actu non est aliquid existens in

peut bien arriver que sa similitude soit reçue diversement en des sujets divers, à cause de leur disposition diverse. Mais si l'agent ne préexiste point, la disposition du sujet recevant ne fera rien pour cela. Or, l'intelligible en acte n'est pas une réalité existante dans la nature des choses quant à la nature des choses sensibles, lesquelles ne subsistent pas en dehors de la matière. Et voilà pourquoi l'immatérialité de l'*intellect possible* ne suffirait pas pour penser, s'il n'y avait un *intellect agent* pour faire des intelligibles en acte, par le moyen de l'abstraction ».

Il est donc bien certain que, pour saint Thomas, l'*intellect possible* est purement réceptif à l'origine ; il n'y a d'innées, en lui, que la faculté de recevoir les formes intelligibles et l'inclination naturelle à concevoir par elles les notions et les vérités premières : cette inclination est une détermination origi-

rerum natura quantum ad naturam rerum sensibilium, quæ non subsistunt præter materiam. Et ideo ad intelligendum non sufficeret immaterialitas intellectus possibilis, nisi adesset intellectus agens, qui faceret intelligibilia in actu per modum abstractionis (I, q. LXXIX, a. 3, ad 3).

nelle de la puissance réceptive de l'entendement, comme il existe en toute puissance quelconque, de par la nature même, une inclination intime vers son objet. Cette inclination naturelle de l'*intellect possible* est la part qu'il apporte, de son chef, dans la constitution de la possession habituelle des principes ; l'imagination, de son côté, y apporte les données fournies par les sens et élaborées par le travail interne de la connaissance sensitive. C'est ce que paraît vouloir exprimer saint Thomas, quand il parle d'une naturelle disposition habituelle comme commencement de disposition.

A la nature spécifique s'ajoute la nature individuelle, pour commencer dans l'homme une disposition à penser de telle manière. Et ainsi, comme le dit saint Thomas (1), « dans

---

(1) In apprehensivis enim potentiis potest esse habitus naturalis secundum inchoationem, et secundum naturam speciei et secundum naturam individui. Secundum quidem naturam speciei ex parte ipsius animæ, sicut intellectus principiorum dicitur esse habitus naturalis : ex ipsa enim natura animæ intellectualis convenit homini quod, statim cognito quid est totum et quid est pars, cognoscat quod omne

les puissances faites pour saisir les choses par la connaissance, il peut y avoir une naturelle disposition habituelle comme commencement de disposition, et selon la nature de l'espèce et selon la nature de l'individu. Selon la nature de l'espèce, c'est du côté de l'âme elle-même, comme l'intelligence des principes est appelée une naturelle disposition habituelle : en effet, par la nature même de l'âme intelligente, il convient à l'homme que, dès qu'il connaît ce qu'est le tout et ce qu'est la partie, il connaisse que toujours le tout est plus grand que sa partie ; et il en est de même pour tous les autres principes. Mais ce qu'est le tout et ce qu'est la partie, il ne peut le con-

totum est majus sua parte ; et simile est in cæteris. Sed quid sit totum et quid sit pars cognoscere non potest nisi per species intelligibiles a phantasmatibus acceptas. Et propter hoc Philosophus, in fine *Posteriorum*, ostendit quod cognitio principiorum provenit nobis ex sensu. Secundum vero naturam individui est aliquis habitus cognoscitivus secundum inchoationem naturalem, inquantum unus homo ex dispositione organorum est magis aptus ad bene intelligendum quam alius, inquantum ad operationem intellectus indigemus virtutibus sensitivis (I-II, q. LI, a. 1).

naître que par des formes intelligibles reçues des représentations imaginatives. C'est par là qu'Aristote, à la fin de ses *Derniers Analytiques*, montre que la connaissance des principes nous provient de la sensation. Selon la nature de l'individu, il y a une certaine disposition habituelle à la connaissance comme commencement naturel, en tant qu'un homme, par la disposition de ses organes, est plus apte à bien penser qu'un autre, dans la mesure où, pour l'opération de l'intelligence, nous avons besoin des puissances sensitives ».

On le voit, la nature spécifique donne, à côté de l'entendement actif toujours en éveil et toujours approprié à l'exercice de son pouvoir générateur, l'entendement réceptif préparé, par son essence même, à prendre possession des formes qui vont devenir intelligibles par l'action du premier entendement sur les données positives présentées par l'imagination, l'entendement réceptif étant incliné ausssi naturellement, comme toute faculté, à remplir son rôle, incliné à concevoir, au moyen des notions premières, les principes rationnels d'où dérive le cours de la pensée, et à s'en pénétrer à l'état habituel.

La nature individuelle vient modifier la nature spécifique : tandis que celle-ci ne peut disposer qu'à ce qui convient à elle-même, et pour cela dispose tous les sujets pareillement, celle-là peut préparer tel sujet à agir mieux ou moins bien que tel autre. Et c'est avec raison que saint Thomas, toujours attentif à noter l'influence du corps sur l'âme, affirme que les dispositions corporelles, apportées par chacun en naissant, rendent l'individu apte à penser, soit mieux, soit moins bien qu'un autre homme, à cause de la nécessité instrumentale de l'organisme pour les opérations de l'intelligence.

Il y a plus : telle organisation native du cerveau peut disposer à avoir des pensées de telle espèce plutôt que de telle autre, par exemple peut communiquer à l'intelligence une tournure mathématique ou géométrique ou expérimentalement scientifique ou littéraire ou philosophique. Par là, l'hérédité individuelle marque de son empreinte l'intelligence humaine.

Nous savons, d'ailleurs, que, d'après une vue profonde de saint Thomas, la prédisposition de la matière organique, dans la génération humaine, modifie le degré de perfection que prend la puissance même de l'intelligence, au moment de l'incorporation de l'âme dans cette matière, parce que la perfection même intellectuelle de l'âme, forme du corps, doit naturellement être proportionnée à la capacité de la matière faite pour recevoir cette âme *intellective* comme son principe de constitution substantielle et d'animation (1).

Pour tous ces motifs, l'homme individuel a, dès sa naissance, un commencement de disposition à penser, par lequel il se distingue des autres hommes.

Dans la volonté, la contribution de la nature spécifique est moindre que dans l'entendement, pour former un commencement de disposition habituelle. La raison qu'en donne saint Thomas confirme notre interprétation de ce qu'il a dit sur l'intelligence. Le commencement de disposition habituelle, en ce qui concerne la substance même de la disposition, est l'inclination vers l'objet propre de la puissance. Or, dans la volonté, cette inclination vers son objet propre ne se rapporte pas à

(1) *La Nature humaine*, p. 364.

GÉNÉRATION DES DISPOSIT. HARITUELLES   235

l'habitude de tel ou tel acte volontaire, mais simplement à l'amour fondamental du bien universel : la faculté de vouloir, à l'état de nature, ne tend qu'à ce bien indéterminé, et ce n'est pas en elle que se forment les principes plus précis qui devront régler les mouvements de cette tendance première (1). Dans l'entendement réceptif, c'est aussi une inclination à l'objet propre de la puissance qui est le commencement naturel de disposition habituelle ; mais cette inclination porte la faculté de penser à s'imprégner elle-même des notions et des principes qui mettront en marche le développement positif de l'esprit. L'inclination naturelle de la puissance peut donc être nommée, pour cet entendement, un commencement de disposition habituelle, puisque c'est une disposition initiale à prendre posses-

(1) In appetitivis autem potentiis non est aliquis habitus naturalis secundum inchoationem ex parte ipsius animæ quantum ad ipsam substantiam habitus, sed solum quantum ad principia quædam ipsius, sicut principia juris communis dicuntur esse *seminalia virtutum*. Et hoc ideo quia inclinatio ad objecta propria, quæ videtur esse inchoatio habitus, non pertinet ad habitum, sed magis pertinet ad ipsam rationem potentiarum (I-II, q. LI, a. 1).

sion des éléments habituels de la pensée. Mais, pour la volonté comme pour l'entendement actif, l'inclination de la nature ne prédispose à acquérir aucune qualité habituelle, puisque ni l'une ni l'autre de ces puissances n'ont besoin de pareille qualité pour agir comme il convient à leur nature même : l'une et l'autre ont dans leur essence tout ce qu'il faut pour se porter à leur fin.

C'est près de la volonté et au-dessus d'elle qu'existe une disposition naturelle de l'âme humaine aux principes directeurs du vouloir proprement humain : cette disposition est dans l'entendement et dans son pouvoir réceptif, qui est capable de concevoir les principes de la raison pratique, appelés par une ancienne métaphore *semences des vertus* (1). Par ces

(1) Sicut ratio speculativa ratiocinatur de speculativis, ita ratio practica ratiocinatur de operabilibus. Oportet igitur naturaliter nobis esse indita, sicut principia speculabilium, ita et principia operabilium... Principia operabilium nobis naturaliter indita non pertinent ad specialem potentiam, sed ad specialem habitum naturalem, quem dicimus synderesim... Hujusmodi incommutabiles rationes sunt prima principia operabilium, circa quæ non contingit errare ; et attribuuntur rationi sicut po-

principes résidant habituellement dans la raison se constitue ce que nous pouvons appeler la conscience morale, qualité habituelle et permanente, conforme à la nature de la puissance rationnelle et à sa naturelle inclination (1).

Dans les appétits sensitifs, la nature spécifique apporte l'inclination générale vers le bien, essentielle à toute puissance d'appétition, avec le germe des diverses passions, plutôt qu'une disposition à tel ou tel acte particulier : ici le bien vers lequel tend l'appétit est le bien sensible, tandis que, pour la volonté, c'est le bien rationnel. Il faut, cependant, noter des instincts naturels qui poussent l'être, dès son origine, à l'accomplissement des fonctions nécessaires à sa conversation et à un certain développement de sa vie sensible : l'enfant,

---

tentiæ, et synderesi sicut habitui : unde et utroque, scilicet ratione et synderesi, naturaliter judicamus (I, q. LXXIX, a. 12, corp. et ad 3).

(1) Conscientia, proprie loquendo, non est potentia, sed actus... Quia tamen habitus est principium actus, quandoque nomen conscientiæ attribuitur primo habitui naturali, scilicet synderesi (I, q. LXXX, a. 13).

par exemple, sait, en venant au monde, sucer le lait maternel et le savoure avec une instinctive et bienfaisante avidité.

Mais c'est surtout par sa nature individuelle qu'un homme a dans sa volonté et dans ses passions une disposition initiale à telle espèce d'action volontaire plutôt qu'à telle autre. Et ce sont encore les dispositions de l'organisme qui communiquent à l'âme elle-même une aptitude marquée pour telle œuvre ou tel mouvement d'appétit (1). Là est la source de l'influence héréditaire sur la prédisposition native à telle vertu ou à tel vice, à la chasteté, à la douceur, ou à l'intempérance, à la colère, et même, comme l'avait observé Aristote, à la justice ou à l'injustice, par une inclination originelle à aimer autrui comme il faut ou à s'aimer trop soi-même aux dépens d'autrui (2).

(1) Sed ex parte corporis secundum naturam individui sunt aliqui habitus appetitivi secundum inchoationes naturales : sunt enim quidam dispositi ex propria corporis complexione ad castitatem vel mansuetudinem, vel ad aliquid hujusmodi (I-II, q. LI, a. 1).

(2) Πᾶσι γὰρ δοκεῖ ἕκαστα τῶν ἠθῶν ὑπάρχειν φύσει

II. — Après la nature, le principe de génération des dispositions habituelles est dans la répétition d'actes semblables.

Cette cause est en opposition avec la première. Par nature, nous avons entendu la constitution initiale, spécifique ou individuelle, de l'être, notamment de l'homme. Maintenant il s'agit d'une activité qui répète les mêmes actes : grâce à ce procédé, le sujet ne restera plus limité à son fonds originel de disposition ; il va augmenter son patrimoine intellectuel et moral par l'acquisition d'habitudes additionnelles, et pourra changer lui-même la valeur de son capital primitif, soit en bien, soit en mal.

Aristote avait déjà opposé cette génération d'habitudes, par accumulation successive d'opérations pareilles, à la fixité des caractères naturels des choses purement physiques (1). « Rien de ce qui est par nature physique, disait-

πως· καὶ γὰρ δίκαιο ..αὶ σωφρονικοὶ καὶ ἀνδρεῖοι καὶ τἆλλα ἔχομεν εὐθὺς ἐκγενετῆς ('Ηθικ. Νικομ., VI, XIII (1), F. D.).

(1) Οὐδὲν γὰρ τῶν φύσει ὄντων ἄλλως ἐθίζεται, οἷον ὁ λίθος φύσει κάτω φερόμενος οὐκ ἂν ἐθισθείη ἄνω φέρεσθαι, οὐδ'ἂν μυριάκις αὐτὸν ἐθίζῃ τις ἄνω ῥίπτων

il, ne change par l'habitude : ainsi la pierre, qui par nature se porte en bas, ne saurait prendre l'habitude de se porter en haut, lors même qu'on tenterait de l'y accoutumer en la jetant en haut dix mille fois ; de même pour le feu qui se dirige en haut ; de même aussi, aucune autre chose physique ne peut prendre par l'habitude une autre disposition que celle que la nature lui a donnée ».

Saint Thomas explique que, dans ces choses exclusivement naturelles, il n'existe pas un principe actif qui agisse sur un principe passif en elles-mêmes (1): voilà pourquoi leur action ne peut produire en elles une modification qui change, par l'habitude, leur disposition native.

Au contraire, dans les agents qui ont en eux un principe actif et un élément passif de leur

οὐδὲ τὸ πῦρ κάτω, οὐδ'ἄλλο οὐδὲν τῶν ἄλλως πεφυκότων ἄλλως ἂν ἐθισθείη ('Ηθικ. Νικομ., II, ι (2), F. D.).

(1) In agente quandoque est solum activum principium sui actus, sicut in igne est solum principium activum calefaciendi : et in tali agente non potest sui aliquis habitus causari ex proprio actu. Et inde est quod res naturales *non possunt aliquid consuescere vel dissuescere*, ut dicitur in II *Ethic.*, in princ. (I-II, q. LI, a. 2).

opération, la répétition de l'acte accumule l'effet de l'activité sur la passivité dans le même être, et, par là, se crée une habitude, une disposition habituelle, une nouvelle qualité conformant le sujet (1).

Dans l'homme, la raison, en présentant aux puissances appétitives l'objet à aimer, à vouloir, joue à leur égard le rôle de principe actif ; la volonté et les passions en reçoivent une certaine impression et sont ainsi comme des éléments passifs, susceptibles de modification. De son côté, la raison se meut, dans son développement logique vers les conclusions, par

(1) Invenitur autem aliquod agens in quo est principium activum et passivum sui actus, sicut patet in actibus humanis : nam actus appetitivæ virtutis procedunt a vi appetitiva secundum quod movetur a vi apprehensiva repræsentante objectum ; et ulterius vis intellectiva, secundum quod ratiocinatur de conclusionibus, habet sicut principium activum propositionem per se notam... Unde ex multiplicatis actibus generatur quædam qualitas in potentia passiva et mota, quæ nominatur habitus ; sicut habitus virtutum moralium causantur in appetitivis potentiis, secundum quod moventur a ratione ; et habitus scientiarum causantur in intellectu, secundum quod movetur a primis propositionibus (I-II, q. LI, a. 2).

l'influence active des vérités premières, évidentes par elles-mêmes : elle est donc, sous ce rapport, comme un mobile qui subit une impulsion et y obéit.

La répétition de l'impression reçue de la raison par la volonté ou la passion crée une habitude morale ; celle de la motion que les principes rationnels exercent sur l'intelligence raisonnante produit une habitude scientifique.

Mais, pour qu'une habitude se forme ainsi, il faut que le principe actif domine entièrement la passivité ou réceptivité voisine. Aussi, dans l'influence de la raison sur la volonté et les passions, est-il nécessaire que le même acte soit répété plusieurs fois, et même d'ordinaire un grand nombre de fois, pour qu'une habitude morale se consolide (1).

(1) Ad hoc autem quod aliqua qualitas causetur in passivo, oportet quod activum totaliter vincat passivum... Manifestum est autem quod principium activum, quod est ratio, non totaliter potest supervincere appetitivam potentiam in uno actu, eo quod appetitiva potentia se habet diversimode et ad multa. Judicatur autem per rationem in actu uno aliquid appetendum secundum determinatas rationes et circumstantias. Unde ex hoc non totaliter

C'est qu'en effet l'inclination de l'homme est apte, par nature, à tendre vers des objets particuliers très divers. Or, dans un seul acte volontaire n'intervient qu'un jugement sur un point particulier, déterminé assez étroitement par ses conditions et ses circonstances : la volonté reste avec sa tendance possible vers une multitude d'autres directions. Pour que cette appétition variable se transforme en une sorte de fixité, semblable, dans une certaine mesure, à la direction unique d'une inclination physique, la volonté ou les passions qu'elle domine ont besoin de prendre un pli particulier par la répétition d'une même impression. Un seul acte volontaire ne suffit donc pas pour engendrer une habitude morale.

L'intelligence n'est pas aussi rigoureusement soumise à la même loi. Si une proposition évidente par elle-même conduit très clairement à une conclusion certaine, il peut se faire qu'un seul acte de raisonnement produise une

vincitur appetitiva potentia, ut feratur in idem ut in pluribus per modum naturæ ; quod pertinet ad habitum virtutis. Et ideo habitus virtutis non potest causari per unum actum, sed per multos (I-II, q. LI, a. 3).

habitude intellectuelle et forme une conviction très ferme.

Mais, si le raisonnement ne fonde qu'une opinion probable, un seul acte ne sera pas suffisant pour créer l'habitude de cette opinion (1) ; il faudra, pour la constituer, répéter ce même raisonnement, au moins d'une manière implicite.

Ajoutons que dans les sens internes, notamment dans la mémoire, plusieurs actes semblables sont ordinairement nécessaires pour donner naissance à une disposition habituelle, en faisant une impression durable (2). On peut,

(1) In apprehensivis autem potentiis considerandum est quod duplex est passivum... Respectu igitur primi passivi potest esse aliquod activum quod uno actu totaliter vincit potentiam sui passivi, sicut una propositio per se nota convincit intellectum ad assentiendum firmiter conclusioni ; quod quidem non facit propositio probabilis. Unde ex multis actibus rationis oportet causari habitum opinativum, etiam ex parte intellectus possibilis. Habitum autem scientiæ possibile est causari ex uno rationis actu, quantum ad intellectum possibilem (I-II, q. LI, a. 3).

(2) Sed quantum ad inferiores vires apprehensivas, necessarium est eosdem actus pluries reiterari, ut aliquid firmiter memoriæ imprimatur (I-II, q. LI, a. 3).

cependant, supposer un cerveau assez bien organisé, une mémoire assez bien douée, pour conserver, même peut-être après un seul acte, le souvenir habituel d'une représentation sensible, surtout si le fait a vivement frappé.

Quant aux dispositions physiques, généralement si le principe actif qui impressionne est relativement très puissant, un seul acte peut faire une disposition nouvelle. « Ainsi, dit saint Thomas, une médecine énergique peut quelquefois guérir d'un seul coup » (1).

Dans les facultés de l'âme, à tout prendre, on ne peut guère compter sur de puissantes habitudes qu'en renouvelant à plusieurs reprises l'action destinée à modifier le sujet.

(1) Habitus autem corporales possibile est causari ex uno actu, si activum fuerit magnæ virtutis, sicut quandoque medicina fortis statim inducit sanitatem (I-II, q. LI, a. 3).

II

ÉVOLUTION DES DISPOSITIONS HABITUELLES

I. — Augmentation des dispositions habituelles : elles grandissent en s'approchant de leur perfection. Augmentation extensive en elles-mêmes, et croissance en intensité dans le sujet. — La répétition d'actes ne tend à augmenter une disposition habituelle, que si elle est faite avec une intensité proportionnellement égale ou supérieure à celle de la disposition.

II. — Les dispositions habituelles décroissent, si les actes sont répétés avec une intensité inférieure à celle des dispositions, et par cessation complète et prolongée de l'action. Elles périssent entièrement, soit par l'effet d'un principe contraire, soit par corruption du sujet : toute cause d'anéantissement, pour elles, est cause de simple dépérissement, si elle n'est pas assez accentuée ou assez répétée pour les détruire. Le non-usage les amoindrit ou même les anéantit, parce qu'il laisse agir contre elles des causes internes ou extérieures de changement.

I. — Les dispositions habituelles ne sont pas immuables : elles peuvent être augmentées ou diminuées, et même périr entièrement. Cette évolution mérite une particulière attention.

L'augmentation, l'agrandissement, au sens propre, s'applique à la quantité corporelle, susceptible de plus et de moins de grandeur, parce qu'elle est étendue. C'est par une métaphore que même les qualités ou formes incorporelles sont dites augmentées, agrandies. Cette métaphore, ce transport du corporel à l'incorporel, se fait dans notre esprit et, par suite, dans notre langage, parce que notre intelligence, à cause de la composition à la fois matérielle et spirituelle de notre être, a une naturelle relation avec les choses corporelles, par l'intermédiaire de l'imagination et des autres sens internes (1).

Quel est le trait d'union qui rapproche le spirituel du matériel, au point de vue de la

(1) Augmentum, sicut et alia ad quantitatem pertinentia, a quantitatibus corporalibus ad res spirituales et intellectuales transferuntur, propter connaturalitatem intellectus nostri ad res corporales, quæ sub imaginatione cadunt (I-II, q. LII, a. 1).

grandeur ou de la petitesse ? C'est la notion de perfection ou d'imperfection.

« Dans les quantités corporelles, fait observer saint Thomas, on dit grand ce qui est arrivé à la perfection de quantité qui lui est due: aussi une quantité est-elle réputée grande dans l'homme, qui n'est pas réputée grande chez l'éléphant. De là vient que, dans les formes, nous appelons grand ce qui est parfait » (1).

Or, la perfection d'une qualité, forme d'être, peut être envisagée, soit dans cette qualité même prise d'une manière abstraite, soit dans un sujet concret qui en est doué. Dans la première acception, on dit, par exemple, une santé, une science, grande ou petite ; dans la seconde, un sujet plus ou moins sain, plus ou moins savant.

Remarquons bien que cette distinction ne signifie pas que la qualité ait une existence

---

(1) Dicitur autem in quantitatibus corporeis aliquid magnum secundum quod ad debitam perfectionem quantitatis perducitur; unde aliqua quantitas reputatur magna in homine, quæ non reputatur magna in elephante. Unde et in formis dicimus aliquid magnum ex hoc quod est perfectum (I-II, q. LII, a. 1).

réelle en dehors de tout sujet qui en soit doué, comme aurait pu dire Platon ; mais seulement que la considération de notre esprit se porte tantôt sur la nature spécifique de la qualité, tantôt sur son existence concrète dans un sujet (1).

Comment les dispositions habituelles peuvent-elles être plus ou moins grandes, et comment un sujet peut-il les posséder plus ou moins ?

C'est qu'elles sont ordonnées à un terme auquel elles tendent comme à l'apogée de leur perfectionnement, et qu'elles enveloppent une multiplicité d'applications dans leur direction vers ce terme : comme un mobile va vers son but avec une direction déterminée qui est la forme de son mouvement, mais en parcourant une multiplicité de lieux intermédiaires avec une vitesse qui peut varier.

(1) Perfectio autem formæ dupliciter potest considerari : uno modo, secundum ipsam ; alio modo, secundum quod subjectum participat formam... Non autem ista distinctio procedit secundum hoc quod forma habeat esse præter materiam aut subjectum ; sed quia alia est consideratio ejus secundum rationem speciei suæ, et alia secundum quod participatur in subjecto (I-II, q. LII, a. 1).

Par suite, une science peut avoir, en elle-même, tel degré de grandeur, selon qu'elle embrasse telle quantité de connaissances. Nous verrons qu'il n'en est pas de même pour les vertus morales : une telle vertu, étant une perfection déterminée, comprend, dans sa nature abstraite, une quantité invariable d'applications morales.

D'autre part, un homme peut être plus ou moins savant, plus ou moins vertueux qu'un autre, suivant que, par ses dispositions personnelles, il possède mieux ou moins bien les connaissances que comprend tel degré de science déterminé, plus ou moins parfaitement et rigoureusement la mesure précise de moralité qu'une vertu exprime, dans sa définition. Une science égale en elle-même peut ainsi être possédée plus ou moins par tel ou tel esprit ; une vertu égale en elle-même peut exister plus ou moins dans telle ou telle volonté, dans tel ou tel appétit passionnel (1).

(1) Sic igitur patet quod, quum habitus et dispositiones dicantur secundum ordinem ad aliquid, ut dicitur in VII *Physic.*, dupliciter potest intensio et remissio in habitibus et dispositionibus considerari : uno modo, secundum se, prout dicitur major vel

Ces sortes de qualités, en effet, que nous avons appelées dispositions habituelles, n'ont pas, dans leur nature, une indivisibilité absolue ; et, en outre, ce n'est pas une spécification immuable qu'elles confèrent à un sujet : elles ne le constituent pas dans son espèce d'être ; elles le qualifient seulement en modifiant plus ou moins son être déjà constitué.

Saint Thomas fait au développement des dispositions habituelles de l'âme une application de l'affinité constante entre les modifications du corps et celle de l'esprit. « De même, dit-il, que l'altération physique de chaleur ou de froid entraîne, dans l'animal, une sorte d'altération quant à la santé ou la maladie ; de même, une altération, à la fois physique et animale, dans l'appétit sensitif ou dans les

minor sanitas, vel major vel minor scientia, quæ ad plura vel pauciora se extendit ; alio modo, secundum participationem subjecti, prout scilicet æqualis scientia vel sanitas magis recipitur in uno quam in alio, secundum diversam aptitudinem vel ex natura vel ex consuetudine. Non enim habitus et dispositio dat speciem subjecto; neque iterum in sui ratione includit indivisibilitatem. Quomodo autem circa virtutem se habeat, infra dicetur, q. LXVI, a. 1 et 2 (I-II, q. LII, a. 1).

puissances de connaissance sensible peut avoir pour conséquence une sorte d'altération dans la science ou la vertu » (1). Ce n'est, sans doute, que par analogie que l'on peut donner le nom d'altération à l'augmentation ou à la diminution d'une qualité de l'intelligence ou de la volonté ; mais la liaison analogique existe, et elle est à noter : l'habitude intellectuelle ou volontaire grandit ou décroît, par suite de la croissance ou de la diminution des qualités physiques, et du développement ou de l'affaiblissement des dispositions sensitives et passionnelles qui accompagnent les changements de grandeur dans les énergies du corps. Aussi, après avoir, par une fine analyse, clairement établi la différence entre l'altération physique et la modification d'habitude psychique, Aristote avait-il eu soin de signaler l'enchaînement des deux ordres de qualités. Chez les

---

(1) Facta enim alteratione secundum calidum et frigidum, sequitur animal alterari secundum sanum et ægrum ; et similiter, facta alteratione secundum passiones appetitus sensitivi vel secundum vires sensitivas apprehensivas, sequitur alteratio secundum scientiam et virtutes, ut dicitur in VII *Physic.* (I-II, q. LII, a. 1, ad 3).

enfants, par exemple, l'intelligence et la sûreté d'appréciation sont moins grandes que chez les personnes plus âgées, à cause de l'agitation et du mouvement de l'enfance. Or, le calme et la tranquillité de l'âme, qui facilitent l'acquisition de la prudence et de la science, varient avec les variations physiques; ainsi, l'éveil et la vigueur du corps entraînent l'éveil et l'attention de l'esprit. « Il est donc évident, concluait Aristote, que l'altération se fait dans les choses sensibles et dans la partie sensitive de l'âme, et que partout ailleurs elle n'est que d'une manière accessoire » (1).

Il importe de bien voir que, lorsque l'intensité d'une habitude individuelle s'accroît, cette augmentation subjective de la disposition ne se produit pas par une addition de forme, de qualité, au degré de qualité précédent, comme si chaque acte nouveau apportait une dose supplémentaire par-dessus ce que le sujet avait déjà; c'est plutôt un développement interne du sujet, celui-ci acquérant une perfec-

---

(1) Φανερὸν οὖν ἐκ τῶν εἰρημένων, ὅτι τὸ ἀλλοιοῦσθαι καὶ ἡ ἀλλοίωσις ἔν τε τοῖς αἰσθητοῖς γίνεται καὶ ἐν τῷ αἰσθητικῷ μέρει τῆς ψυχῆς, ἐν ἄλλῳ δ'οὐδενὶ πλὴν κατὰ συμβεβηκός (Φυσικ. ἀκροάσ., VII, III (7), F. D.).

tion plus grande dans sa participation à la qualité dont il s'agit, une aptitude plus accentuée dans la disposition habituelle qui le déterminait (1).

Même pour les dispositions qui peuvent s'augmenter en elles-mêmes par une sorte d'addition, comme la science géométrique devient plus grande au fur et à mesure qu'un plus grand nombre de théorèmes sont démontrés, la croissance de l'habitude dans le sujet est le résultat de plus de vigueur subjective : soit parce qu'il faut plus de force d'application et de mémoire pour apprendre plus de choses, soit parce qu'une supérieure aptitude à la science est nécessaire pour savoir mieux ce que l'on sait. On peut, toutefois, devenir plus instruit en géométrie en apprenant plus de théorèmes, sans que cette augmentation de savoir soit précisément une augmentation de cette disposition qu'on pourrait appeler la capacité scientifique, la qualité qui fait le sa-

(1) Hujusmodi augmentum habituum et aliarum formarum non fit per additionem formæ ad formam; sed fit per hoc quod subjectum magis vel minus perfecte participat unam et eamdem formam (I-II, q. LII, a. 2).

vant plus ou moins parfait. Mais, à ce dernier point de vue, telle disposition scientifique est plus grande qu'une autre, si, dans un cas, se manifeste une vue plus facile et plus claire que dans l'autre, de la même démonstration, de la même conclusion. On ferait une distinction semblable entre un mouvement dans lequel la durée et le chemin parcouru s'accroissent seulement, et un autre dont la vitesse et la facilité s'augmentent par une meilleure disposition du mobile (1).

(1) Sed, quia quædam accidentia augentur secundum seipsa, ut supra dictum est, art. præced., in quibusdam eorum fieri potest augmentum per additionem. Augetur enim motus per hoc quod ei aliquid additur, vel secundum tempus in quo est, vel secundum viam per quam est ; et tamen manet eadem species propter unitatem termini. Augetur etiam nihilominus motus per intensionem secundum participationem subjecti, inquantum scilicet idem motus potest magis vel minus expedite aut prompte fieri. Similiter etiam et scientia potest augeri secundum seipsam per additionem ; sicut quum aliquis plures conclusiones geometriæ addiscit, augetur in eo habitus ejusdem scientiæ secundum speciem. Augetur nihilominus scientia in aliquo secundum participationem subjecti per intensionem, prout scilicet expeditius et clarius unus homo se habet

Ce qui précède aidera à comprendre pourquoi il ne suffirait pas de répéter un acte avec une intensité quelconque pour faire grandir la disposition habituelle correspondante à cette espèce d'action.

Si l'intensité de l'acte est proportionnellement égale ou supérieure à celle de la disposition interne, la répétition augmente ou du moins tend à augmenter, par développement de force, la disposition habituelle. Si, au contraire, l'acte est répété avec une intensité proportionnellement moindre que l'intensité de la disposition, la répétition tend à amoindrir l'habitude, parce qu'elle prépare le sujet à agir encore avec cette intensité inférieure d'énergie (1).

Mais, dira-t-on, il semble que, si l'on sup-

---

alio in eisdem conclusionibus considerandis (I-II, q. LII, a. 2).

(1) Si igitur intensio actus proportionaliter æquetur intensioni habitus, vel etiam superexcedat, quilibet actus vel auget habitum, vel disponit ad augmentum ipsius... Si vero intensio actus proportionaliter deficiat ab intensione habitus, talis actus non disponit ad augmentum habitus, sed magis ad diminutionem ipsius (I-II, q. LII, a. 3).

pose une habitude préexistante, les actes qui en naissent doivent toujours avoir une intensité proportionnée à celle de cette habitude. Ce serait une erreur de le penser. Il est possible qu'un sujet habituellement disposé n'use pas de sa disposition, ou même agisse en sens contraire ; c'est certainement ce que peut faire l'homme par sa volonté. De même, on peut supposer que le sujet agisse avec moins d'intensité qu'il n'agirait, s'il usait entièrement de sa disposition habituelle (1). L'habitude ne détruit pas la liberté de l'action dans l'agent libre ; elle met au service de la liberté une facilité particulière d'agir, dont l'agent peut user ou ne pas user, ou user dans une proportion que son libre arbitre détermine.

II. — L'accroissement des dispositions habituelles est une sorte de génération conti-

---

(1) Quia vero usus habituum in voluntate hominis consistit, ut ex supra dictis patet, q. XLIX, a. 3, et q. L, a. 5, sicut contingit quod aliquis habens habitum non utitur illo, vel etiam agit actum contrarium, ita etiam potest contingere quod utitur habitu secundum actum non respondentem proportionaliter intensioni habitus (I-II, q. LII, a. 3).

nuée ; inversement, la décroissance est, pour elle, un acheminement vers la mort (1). C'est la loi générale de la vie.

Ces dispositions grandissent par la répétition d'actes semblables avec une intensité égale ou supérieure : c'est une application du principe individuel de leur génération.

Nous venons de dire qu'elles décroissent par affaiblissement naturel, si l'opération qui vient d'elles est répétée avec trop peu d'intensité. Elles peuvent diminuer aussi par cessation complète et prolongée de l'opération.

Mais, pour mieux saisir comment elles diminuent, voyons comment elles périssent entièrement, puisque la décroissance est un dépérissement, un commencement de mort.

Comme toute forme d'être, elles peuvent mourir par deux causes générales : soit par l'effet d'un principe directement contraire à ce qu'est la forme ou qualité en elle-même, soit par la corruption du sujet où celle-ci existe.

(1) Diminutio habitus est quædam via ad corruptionem, sicut e converso generatio habitus est quoddam fundamentum augmenti ipsius (I-II, q. LIII, a. 2).

Ces causes ne sont pas toutes deux applicables à toutes les dispositions (1).

Pour les dispositions du corps, santé, maladie, par exemple, il est dans la nature un principe contraire, c'est l'action opposée des forces physico-chimiques, qui peut amoindrir ou annuler l'exercice des fonctions vitales. Ces dispositions peuvent donc être directement anéanties. Elles peuvent l'être indirectement aussi, lorsque le corps, leur sujet, vient à être détruit ou gravement modifié dans son organisation matérielle, par exemple par un accident violent ou une opération chirurgicale.

Les dispositions des facultés spirituelles, intelligence et volonté, ne peuvent périr par corruption de leur sujet, puisque ces puis-

---

(1) Secundum se dicitur aliqua forma corrumpi per contrarium suum, per accidens autem per corruptionem sui subjecti. Si igitur fuerit aliquis habitus cujus subjectum est corruptibile et cujus causa habet contrarium, utroque modo corrumpi poterit, sicut patet de habitibus corporalibus, scilicet sanitate et ægritudine. Illi vero habitus quorum subjectum est incorruptibile, non possunt corrumpi per accidens (I-II, p. LIII, a. 1).

sances de l'âme sont immuables. Cependant, comme les facultés de connaissance sensitive, qui sont liées au corps, peuvent perdre indirectement leurs dispositions par suite d'un changement physique dans les organes qui les portent, si les dispositions des sens, externes et internes, viennent ainsi à mourir, les facultés spirituelles pourront perdre, indirectement aussi, l'usage des leurs, puisque cet usage exige le concours des facultés sensitives (1).

Mais en elles-mêmes, les dispositions de l'intelligence et de la volonté peuvent-elles être directement détruites ? — Oui, si un principe contraire peut les attaquer et les ruiner, soit dans leur existence, soit dans leurs

(1) Sunt tamen habitus quidam qui, etsi principaliter sint in subjecto incorruptibili, secundario tamen sunt in subjecto corruptibili ; sicut habitus scientiæ, qui principaliter quidem est in intellectu possibili, secundario autem in viribus apprehensivis sensitivis, ut supra dictum est, q. L, a. 3, ad 3; et ideo ex parte intellectus possibilis habitus scientiæ non potest corrumpi per accidens, sed solum ex parte inferiorum virium sensitivarum (I-II, q. LIII, a. 1).

causes. Mais non, si un tel principe contraire est inadmissible (1).

Or, les formes intelligibles simples que fait naître, dans l'entendement réceptif, l'action première de la lumière intellectuelle, n'ont pas de contraires ; c'est-à-dire que les choses qu'elles représentent intelligiblement, ne peuvent pas être représentées autrement que par elles.

D'autre part, la lumière intellectuelle, imitation de Dieu même, n'a pas de contraire possible : elle est invariable comme l'essence divine, dont elle est l'image.

En conséquence, les premiers principes qui se forment dans l'entendement réceptif, sous l'action de la lumière intellectuelle et au moyen des premières notions desquelles ils dérivent, sont immuables, et la disposition habituelle à la conception de ces principes ne peut pas être directement détruite en elle-même (2).

(1) Si igitur fuerit aliquis habitus qui habeat aliquod contrarium, vel ex parte sua, vel ex parte suæ causæ, poterit per se corrumpi ; si vero non habet contrarium, non poterit per se corrumpi (I-II, q. LIII, a. 1).

(2) Si aliquis habitus sit in intellectu possibili

Il s'agit ici aussi bien des principes de la raison pratique, qui dirigent la conduite, que de ceux de la raison spéculative.

Les *premières* vérités, dans l'ordre spéculatif comme dans l'ordre de l'action, sont donc impérissables dans chaque esprit d'homme.

Mais nous ne parlons à présent que des vérités tout à fait premières, de celles qui sont évidentes par elles-mêmes, sans le secours d'aucun raisonnement. Car, dès que le raisonnement intervient, avec lui s'insinuent deux causes de corruption par les contraires. D'une part, l'intelligence peut former des propositions opposées ; d'ailleurs, elle peut enchaîner bien ou mal les propositions, de manière à en tirer des conclusions vraies ou fausses (1).

---

immediate ab intellectu agente causatus, talis habitus est incorruptibilis et per se et per accidens. Hujusmodi autem sunt habitus primorum principiorum, tam speculabilium quam practicorum, quia nulla oblivione vel deceptione corrumpi possunt, sicut Philosophus dicit, in VI *Ethic.*, cap. v in fine, de prudentia, quod *non perditur per oblivionem* (I-II, q. LIII, a. 1).

(1) Aliquis vero habitus est in intellectu possibili ex ratione causatus, scilicet habitus conclusionum,

Par cette double cause, une habitude relative à la science peut être corrompue en une habitude contraire, une opinion fausse être substituée à une conviction exacte, ou inversement.

Toutes les dispositions habituelles qui résident dans l'intelligence raisonnante, et non dans l'intelligence des premiers principes, sont aussi susceptibles de périr.

Or, la volonté suit la raison, et les appétits inférieurs sont gouvernés par la volonté.

Donc, par la variation des habitudes de la raison en habitudes contraires, peuvent aussi varier les inclinations habituelles et de la volonté et des appétits sensibles ; telles inclinations peuvent ainsi périr, pour être remplacées par des dispositions opposées (1).

qui dicitur scientia ; cujus causæ dupliciter potest aliquid contrarium esse : uno modo ex parte ipsarum propositionum, ex quibus ratio procedit;... alio modo quantum ad ipsum processum rationis, prout syllogismus sophisticus opponitur syllogismo dialectico vel demonstrativo. Sic igitur patet quod per falsam rationem potest corrumpi habitus veræ opinionis aut etiam scientiæ (I-II, q. LIII, a. 1).

(1) Habitus autem appetitivæ partis causantur

Les habitudes des facultés sensitives de connaissance peuvent aussi être changées en contraires habitudes, par une répétition d'actes opposés aux premiers, sous l'influence de l'intelligence et de la volonté.

Par les causes d'anéantissement qui atteignent les habitudes de l'esprit et de la volonté en elles-mêmes, c'est la racine même des dispositions habituelles qui est détruite, tandis que par un changement dans l'organisation physique des parties du corps qui servent d'instruments à l'exercice des facultés spirituelles, les dispositions de ces puissances ne sont modifiées que dans leur usage (1) : le

per hoc quod ratio nata est appetitivam partem movere. Unde per judicium rationis in corruptionem moventis quocumque modo, scilicet sive ex ignorantia, sive ex passione, vel etiam ex electione, corrumpitur habitus virtutis et vitii (I-II, q. LIII, a. 1).

(1) Scientia non removetur per motum corporalem quantum ad ipsam radicem habitus, sed solum quantum ad impedimentum actus, inquantum intellectus indiget in suo actu viribus sensitivis, quibus impedimentum affertur per corporalem transmutationem. Sed per intelligibilem motum rationis potest corrumpi habitus scientiæ etiam

résultat apparent peut être le même, si faute d'instrument l'habitude ne peut plus entrer en opération ; mais le fond est différent.

Il est maintenant plus aisé d'entendre comment les dispositions habituelles peuvent dépérir, s'affaiblir, avant de périr entièrement.

Toute cause de mort, pour elles, sera seulement cause d'affaiblissement si elle n'est pas assez accentuée ou assez répétée pour les anéantir. Et, de même que les dispositions grandissent, soit dans leur extension, soit dans la perfection avec laquelle elles sont possédées par leur sujet, de même elles peuvent diminuer à ce double point de vue (1) ; ainsi, l'on peut, par habitude, savoir moins de choses ou savoir moins bien les mêmes vérités.

Mais, même dans la diminution en extension, l'habitude n'est amoindrie dans son fonds que

---

quantum ad ipsam radicem habitus ; et similiter etiam potest corrumpi habitus virtutis (I-II, q. LIII, a. 1, ad 3).

(1) Habitus dupliciter diminuuntur, sicut et augentur, ut ex supra dictis patet, q. LII, a. 1. Et, sicut ex eadem causa augentur ex qua generantur, ita ex eadem causa diminuuntur ex qua corrumpuntur (I-II, q. LIII, a. 2).

par suite d'un affaiblissement d'énergie dans le sujet qui la possède. L'habitude, en effet, est une qualité simple, dans son essence ; elle ne peut croître ou décroître dans sa substance par addition ou soustraction de parties ; mais elle a plus ou moins d'extension, selon que le sujet est capable d'aller plus ou moins loin dans le champ ouvert naturellement à telle disposition habituelle (1).

Une cause grave de décroissance et même d'anéantissement pour les dispositions habituelles, c'est la simple cessation d'usage. Par exemple, ne pas faire d'acte d'intelligence ou de volonté peut affaiblir ou annuler tout à fait telle disposition pour le vrai ou pour le bien.

Comment la seule inaction peut-elle avoir un pareil effet ? Ne semble-t-il pas qu'une habitude acquise ne doive pas périr, dans un sujet qui reste intact, tant qu'un principe con-

---

(1) Habitus secundum se consideratus est forma simplex ; et secundum hoc non accidit ei diminutio, sed secundum diversum modum participandi, qui provenit ex indeterminatione potentiæ ipsius participantis, quæ scilicet diversimode potest unam formam participare, vel quæ potest ad plura vel pauciora extendi (I-II, q. LIII, a. 2, ad 1).

traire n'y porte pas atteinte ? Le simple non-usage n'a qu'un caractère négatif : n'est-il pas impuissant à détruire une qualité positivement imprimée dans le sujet ?

Voici l'explication (1). L'homme porte en lui constamment des principes latents de variation pour ses manières d'être, et de plus il est constamment soumis aux influences extérieures qui tendent à le changer. L'usage de ses dispositions habituelles est un principe d'opposition à ces causes constantes de changement ; le non-usage laisse celles-ci libres d'agir, de susciter un commencement de qualités contraires, et ainsi d'affaiblir les premières habitudes.

Sans doute, en elle-même, la partie intellec-

(1) Cessatio ab actu causat corruptionem vel diminutionem habituum, inquantum scilicet removetur actus qui prohibebat causas corrumpentes vel diminuentes habitum. Dictum est enim, art. præced., quod habitus per se corrumpuntur vel diminuuntur ex contrario agente. Unde quorumcumque habituum contraria succrescunt per temporis tractum, quæ oportet subtrahi per actum ab habitu procedentem, hujusmodi habitus diminuuntur vel etiam tolluntur totaliter per diuturnam cessationem ab actu, ut patet etiam in scientia et virtute (I-II; q. LIII, a. 3).

tuelle de l'âme est au-dessus du temps et, par conséquent, par elle-même ne perd pas ce qu'elle possède, par un simple prolongement de durée sans opération. Mais, au-dessous des facultés intellectuelles, entendement et volonté, est la région sensible, qui, elle, est soumise au temps et, par ses variations successives, soit dans ses facultés de connaissance, soit dans ses appétits, peut prédisposer l'homme, par une influence extrinsèque, à agir contrairement aux dispositions internes de son intelligence ou de sa puissance de vouloir (1).

Il convient donc de ne pas rester trop longtemps sans exprimer en action positive ses dispositions internes, si l'on veut les conserver intactes ; ou bien de ne pas porter ses habitudes à l'action, si l'on veut les atténuer et les perdre.

Si, du moins, on n'agit qu'avec une inten-

---

(1) Pars intellectiva animæ secundum se est supra tempus, sed pars sensitiva subjacet tempori, et ideo per temporis cursum transmutatur quantum ad passiones appetitivæ partis, et etiam quantum ad vires apprehensivas. Unde Philosophus dicit, in IV *Physic.*, quod *tempus est causa oblivionis* (I-II, q. LIII, a. 3, ad 3).

sité proportionnellement inférieure à celle de la disposition interne, on a chance de voir la disposition s'affaiblir, non seulement parce qu'ainsi peut se créer une habitude d'agir avec moins de force, mais encore parce que les causes étrangères qui peuvent s'opposer à la disposition ont plus de puissance relative pour en modifier l'énergie.

VI

NATURE ET SUJETS

DES VERTUS

NATURE ET SUJETS
DES VERTUS

Introduction

L'étude du volontaire, de la bonté des actes humains, des dispositions habituelles en général, a préparé l'étude des vertus : il faut maintenant envisager celles-ci d'une manière spéciale, et d'abord dans leur nature et dans leurs sujets.

Dans les leçons qui précèdent, nous avons déjà traité implicitement des vertus : du moins, nous en avons préparé l'étude spéciale, en décrivant le milieu où elles s'établissent et agissent, en caractérisant les actions qu'elles sont appelées à accomplir, et la famille à laquelle elles appartiennent.

Nous savons en quoi consiste et comment se modifie le *volontaire,* qui est la note dominante de la région où se produit la vertu proprement dite ; nous savons aussi ce qui fait la bonté des actes humains dignes d'être appelés bons, et tels sont les actes de véritable vertu ; enfin, nous avons vu ce que sont en général les dispositions habituelles, dont les vertus sont des espèces, comment naissent et se développent ces dispositions.

Nous pouvons maintenant regarder les vertus en face : nous les comprendrons mieux ; nous nous rendrons mieux compte de leur essence, de leur siège, des traits qui les distinguent les unes des autres, de leur valeur et de leur portée.

Dès à présent, considérons la nature des vertus et les sujets où elles se posent.

Nous aurons à nous rappeler plusieurs des notions déjà présentées dans les leçons qui ont servi de préliminaires à celle-ci.

1

NATURE DES VERTUS

I. — Définition de la vertu : c'est une bonne disposition habituelle qui prépare à bien agir. La volonté reste libre d'user ou de ne pas user de cette bonne disposition.

II. — Distinction entre les vertus naturelles et les vertus surnaturelles : celles-ci, d'après saint Thomas, sont seules des vertus complètes, parce qu'elles préparent l'homme à atteindre le bonheur surnaturel qui est sa fin dernière. Mais les vertus naturelles ont une valeur particulière, un mode spécial de formation, et peuvent exister en dehors de la vie surnaturelle.

I. — Vertu signifie perfection dans une certaine capacité, qualité qui prépare convenablement une puissance à donner naissance à son acte (1).

(1) Virtus nominat quamdam potentiæ perfectionem... Potentia dicitur esse perfecta secundum quod determinatur ad suum actum (I-II, q. LV, a.1).

Or, certaines puissances sont préparées par la nature même à enfanter leur acte ; ce sont les énergies, soit physiques, soit intellectuelles ou morales, qui sont déterminées à leur action par cela même qu'elles existent : elles sont vertus par elles-mêmes, peut-on dire, plutôt que d'être susceptibles d'acquérir des vertus. Sont vertus ainsi toutes les forces physiques, l'entendement humain dans sa lumière essentiellement active, l'*intellect agent*, comme l'appelle saint Thomas, et la volonté dans son inclination première et nécessaire vers le bien.

Mais celles des puissances de l'homme qui sont indéterminées par leur nature, par exemple l'entendement réceptif ou *intellect possible*, la volonté dans sa capacité de choisir les biens particuliers, sont susceptibles de perfectionnements qui leur donnent certaines déterminations préparatoires à leurs actes, c'est-à-dire de vertus.

Les vertus, dans ces puissances, sont des dispositions intermédiaires entre la capacité vide et l'acte positif, des qualités possédées intimement et avec une certaine constance, des dispositions habituelles, ou, si l'on veut, des habitudes, en traduisant ainsi le mot *habitus* de saint Thomas, traduction déjà du mot d'Aristote, ἕξις, dérivé du verbe ἔχειν, avoir (1).

Une vertu est ainsi une qualité d'avoir, en germe latent, ce qu'il faut à l'action pour naître.

Au sens d'Aristote, la vertu, ἀρετή, est d'abord une perfection dans une capacité d'être : « la vertu, dit-il, est une perfection : car, lorsqu'une chose a acquis sa vertu, c'est alors qu'elle est dite parfaite » (2).

Mais cette perfection, surtout dans l'âme humaine, est une disposition à l'action (3), et, puisqu'elle est perfection, elle ne peut que disposer à une action conforme à la nature de l'être, c'est-à-dire à une action bonne.

(1) Potentiæ autem rationales, quæ sunt propriæ hominis, non sunt determinatæ ad unum, sed se habent indeterminate ad multa ; determinantur autem ad actus per habitus, sicut ex supra dictis patet, q. XLIX, a. 3 ; et ideo virtutes humanæ habitus sunt (I-II, q. LV, a. 1).

(2) Ἡ ἀρετή τελείωσίς τις · ὅταν γὰρ λάβῃ τὴν ἑαυτοῦ ἀρετήν, τότε λέγεται τέλειον ἕκαστον (Φυσικ. ἀκροάσ., VII, III, (4), F. D.).

(3) De ratione virtutis humanæ est quod sit habitus operativus (I-II, q. LV, a. 2).

Ainsi, de même que la santé et la beauté sont des qualités qui perfectionnent le corps en de bonnes proportions, de même la vertu humaine ordonne avec quelque perfection les puissances de l'âme les unes par rapport aux autres et, en outre, à l'égard des êtres extérieurs; et, comme notre âme est éminemment née pour agir, sa vertu la dispose à bien agir, plus encore que la santé et la beauté ne prédisposent le corps à l'exercice de son activité propre (1).

Nous pouvons donc adopter cette maxime d'Aristote : « Il faut dire que toute vertu rend

---

(1) Modus actionis sequitur dispositionem agentis; unumquodque enim quale est, talia operatur. Et ideo, quum virtus sit principium aliqualis operationis, oportet quod in operante præexistat secundum virtutem aliqua conformis dispositio. Facit autem virtus operationem ordinatam; et ideo ipsa virtus est quædam dispositio ordinat   animæ, secundum scilicet quod propriæ po   animæ ordinantur aliqualiter ad invicem et ad id quod est extra. Et ideo virtus, inquantum est conveniens dispositio animæ, assimilatur sanitati et pulchritudini, quæ sunt debitæ dispositiones corporis. Sed per hoc non excluditur quin virtus etiam sit operationis principium (I-II, q. LV, n. 2, ad 1).

bon et perfectionne le sujet dont elle est vertu, et rend bonne aussi l'œuvre de ce sujet » (1).

Saint Thomas appuie souvent ses démonstrations sur cette maxime, qu'il rapproche de cette affirmation de saint Augustin : « Personne ne doutera que la vertu ne fasse l'âme très bonne » (2).

Ainsi, toute vertu humaine est une bonne disposition habituelle qui prépare l'âme à bien agir.

Il n'en saurait être autrement ; car vertu, perfection d'une puissance capable d'agir, signifie énergie latente tendant à porter une telle puissance à son maximum d'action, et ce maximum est bon, tout autant du moins qu'il s'harmonise avec le bien total de l'être qui pos-

---

(1) Ῥητέον οὖν ὅτι πᾶσα ἀρετή, οὗ ἂν ἦ ἀρετή, αὐτό τε εὖ ἔχον ἀποτελεῖ καὶ τὸ ἔργον αὐτοῦ εὖ ἀποδίδωσι (Ἠθικ. Νικομ., II, vi (2), F. D.).

(2) Augustinus dicit, in lib. *de Moribus Ecclesiæ*, cap. vi in princ. : *Nemo dubitabit quod virtus animam facit optimam*; et Philosophus dicit, in II *Ethic.*, cap. vi, *quod virtus est quæ bonum facit habentem et opus ejus bonum reddit* (I-II, q. LV, a. 3).

sède cette puissance, puisque la bonté est la perfection même de la nature vraie, comme le mal est un défaut au regard de cette perfection naturelle (1).

Certes, le développement maximum d'une puissance de l'homme peut être un grand mal moral, si ce développement est fait contrairement à l'ordre rationnel, par exemple un acte des sens poussé à l'extrême et de façon désordonnée. Mais c'est qu'une puissance appartenant à un être doué de raison ne doit point, dans son expansion, s'écarter de la direction que réclame la nature raisonnable de cet être, ni dépasser la mesure qu'exige la perfection de cette nature : l'épanouissement intégral d'une faculté humaine n'est vraiment bon pour l'homme que s'il est conforme aux lois de

---

(1) Virtus importat perfectionem potentiæ. Unde virtus cujuslibet rei determinatur ad ultimum in quod res potest, ut dicitur in I de Cœlo. Ultimum autem in quod unaquæque potentia potest, oportet quod sit bonum ; nam omne malum defectum quemdam importat... Et propter hoc oportet quod virtus cujuslibet rei dicatur in ordine ad bonum. Unde virtus humana, quæ est habitus operativus, est bonus habitus et boni operativus (I-II, q. LV, a. 3).

proportion que dicte la raison, sa faculté maîtresse (1).

D'autre part, les infirmités corporelles peuvent servir à révéler une excellente vertu de notre âme, si notre volonté s'emploie excellemment à dominer ces faiblesses du corps et à faire resplendir en nous la force lumineuse de la raison : la simple patience qui fait supporter le mal physique avec une virile résignation, est vertu, parce qu'elle établit en nous l'indépendance raisonnable de nos énergies supérieures, malgré l'impuissance accidentelle de notre vie d'en-bas (2).

La vertu est donc essentiellement ordonnée

(1) Malum ebrietatis et nimiæ potationis consistit in defectu ordinis rationis. Contingit autem cum defectu rationis esse aliquam potentiam inferiorem perfectam ad id quod est sui generis, etiam cum repugnantia vel defectu rationis. Perfectio autem talis potentiæ, quum sit cum defectu rationis, non posset dici virtus humana (I-II, q. LV, a. 3, ad 2).

(2) Tanto ratio perfectior esse ostenditur, quanto infirmitates corporis et inferiorum partium magis potest vincere seu tolerare. Et ideo virtus humana, quæ rationi attribuitur, in infirmitate perfici dicitur, non quidem rationis, sed in infirmitate corporis et inferiorum partium (I-II, q. LV, a. 3, ad 3).

au bien : l'usage en est toujours bon ; c'est une qualité qui ne peut pas servir au mal, à la différence de l'opinion, par exemple, qui peut s'appliquer au vrai ou au faux, et du vice, qui est toujours mauvais (1).

Un acte de vertu, volontairement accompli, n'est autre chose que le bon usage de notre libre arbitre (2). La liberté humaine n'est pas simplement le pouvoir de choisir entre plusieurs vrais biens, elle peut aussi préférer un acte qui n'a que l'apparence du bien, qui est mauvais par cela même, au bien véritable : or, le rôle de la vertu est de prédisposer notre liberté, sans l'enchaîner toutefois, à ne se porter qu'aux vrais biens, à n'appliquer son choix positif qu'à des objets qui en sont dignes.

Voilà donc la vertu mise à sa place dans le

---

(1) Finis autem virtutis, quum sit habitus operativus, est ipsa operatio. Sed notandum quod habituum operativorum aliqui sunt semper ad malum, sicut habitus vitiosi ; aliqui vero quandoque ad bonum et quandoque ad malum, sicut opinio se habet ad verum et falsum. Virtus autem est habitus semper se habens ad bonum (I-II, q. LV, a. 4).

(2) Nihil est enim aliud actus virtutis quam bonus usus liberi arbitrii (I-II, q. LV, a. 1, ad 2).

genre des dispositions habituelles, et nous pouvons, avec saint Thomas, adopter cette définition empruntée à saint Augustin : « La vertu est une bonne qualité de l'âme, par laquelle l'homme vit bien, et dont nul ne fait mauvais usage »(1).

Ce n'est pas à dire qu'un homme vertueux ne puisse pas mal faire ; mais, en faisant mal, ce n'est pas de sa vertu que cet homme fait usage, mais de son libre arbitre, que la vertu ne détruit pas, et qui peut être employé au bien ou au mal.

II. — Malgré mon intention de ne pas sortir du domaine de la philosophie naturelle, je suis obligé de déclarer, ici, que saint Thomas, théologien en même temps que philosophe, distingue pour l'homme un double bien : un bien naturel et un bien surnaturel, le premier proportionné à sa nature, le second qui la dépasse et élève l'homme au-dessus de son humanité même (2).

(1) *Virtus est bona qualitas mentis, qua recte vivitur, qua nullus male utitur* (I-II, q. LV, a. 4).

(2) *Considerandum est autem quod est duplex hominis bonum : unum quidem quod est proportio-*

D'après cette doctrine, il y a ceci de merveilleux dans cette créature intelligente et libre, que sa destinée purement naturelle ne répond pas pleinement aux aspirations de sa raison et de sa volonté : l'homme, en face des phénomènes, cherche les causes et des causes secondes tend à remonter jusqu'à la cause première, des êtres contingents jusqu'à l'Être nécessaire, des êtres imparfaits jusqu'à l'Être parfait ; et, comme tout ce qui est imparfait et contingent est incapable de satisfaire entièrement ses désirs, ce n'est qu'en Dieu, nécessaire et parfait, qu'il peut trouver son repos complet, sa félicité intégrale (1).

natum suæ naturæ ; aliud autem quod suæ naturæ facultatem excedit (Q. disp. *de Virtutibus in communi*, a. 10).

(1) Homo non est perfecte beatus quamdiu restat ei aliquid desiderandum et quærendum... Si igitur intellectus humanus, cognoscens essentiam alicujus effectus creati, non cognoscat de Deo nisi an est, nondum perfectio ejus attingit simpliciter ad causam primam, sed remanet ei adhuc naturale desiderium inquirendi causam : unde nondum est perfecte beatus. Ad perfectam igitur beatitudinem requiritur quod intellectus pertingat ad ipsam essentiam primæ causæ. Et sic perfectionem suam ha-

Or, Dieu infini ne peut être connu ni possédé en lui-même par un esprit borné comme celui de l'homme, s'il ne donne à cet esprit, par faveur, par grâce, un agrandissement, une surélévation de ses facultés natives.

En d'autres termes, si les vertus naturelles sont adaptées à la destinée naturelle de l'homme, pour atteindre le terme de sa destinée surnaturelle, c'est-à-dire sa véritable fin dernière, puisque là seulement peut se trouver sa béatitude parfaite, il lui faut des vertus surnaturelles, des qualités d'âme d'un ordre supérieur à la simple nature (1).

bebit per unionem ad Deum sicut ad objectum, in quo solo beatitudo hominis consistit, ut supra dictum est, art præc. et art. 1 hujus quæst. (I-II, q. III, a. 8).

(1) Per virtutem perficitur homo ad actus quibus in beatitudinem ordinatur... Est autem duplex hominis beatitudo, sive felicitas... Una quidem proportionata humanæ naturæ, ad quam scilicet homo pervenire potest per principia suæ naturæ. Alia autem est beatitudo naturam hominis excedens, ad quam sola divina virtute pervenire potest secundum quamdam Divinitatis participationem... Unde oportet quod superaddantur homini divinitus aliqua principia, per quæ ita ordinetur ad beatitudinem super-

Et, s'il est vrai que c'est seulement dans la possession de son bien surnaturel que l'homme peut avoir sa complète perfection, il faut reconnaître que les vertus surnaturelles sont seules vertus complètes, et que les vertus naturelles ne sont vertus qu'en un sens restreint, dans la mesure limitée où elles perfectionnent la nature humaine (1).

Si l'on s'étonne, que l'intervention d'un élément supérieur à la simple nature soit nécessaire pour que l'homme puisse obtenir la per-

---

naturalem, sicut per principia naturalia ordinatur ad finem connaturalem ; non tamen absque adjutorio divino : et hujusmodi principia virtutes dicuntur theologicæ (I-II, q. LXII, a. 1). — Virtutes theologicæ sufficienter nos ordinant in finem supernaturalem, secundum quamdam inchoationem, quantum scilicet ad ipsum Deum immediate ; sed oportet quod per alias virtutes infusas perficiatur anima circa alias res, in ordine tamen ad Deum (I-II, q. LXIII, a. 3, ad 3).

(1) Solæ virtutes infusæ sunt perfectæ et simpliciter dicendæ virtutes, quia bene ordinant hominem ad finem ultimum simpliciter ; aliæ vero virtutes, scilicet acquisitæ, sunt secundum quid virtutes, non autem simpliciter ; ordinant enim hominem bene respectu finis ultimi in aliquo genere, non autem respectu finis ultimi simpliciter (I-II, q. LXV, a. 2).

fection intégrale que sa nature même paraît souhaiter, demander, par l'appétit originel de ses puissances intellectuelles, que l'on se rappelle que cet être complexe est posé aux confins de deux mondes, celui des corps, où les sujets naissent, se développent et se reproduisent par l'évolution des forces purement naturelles, et celui des esprits, où chaque sujet tient directement de Dieu tout ce qu'il lui faut essentiellement pour vivre en lui-même et rayonner au dehors. De même donc que l'excellence de l'âme humaine rend indispensable l'action directe du Créateur pour donner la première existence à cette âme, de même ses tendances spirituelles appellent une seconde intervention du même Dieu pour la préparer et la conduire à une vie définitive, où elle puisse s'épanouir entièrement et jouir à fond du bonheur qui lui convient. C'est parce qu'elle vient directement de Dieu que notre âme, par ses facultés proprement humaines, dépasse la région de la matière où elle est faite pour s'incorporer ; et c'est parce que Dieu répand en elle des vertus surnaturelles qu'elle peut parvenir à une béatitude qui excède la portée de la nature humaine, et qui est cependant le couronnement harmonieux de cette nature (1).

Voici donc comment saint Thomas décrit les divers degrés de perfection que présente ce sujet que nous sommes, dans sa multiple beauté : « Selon sa première perfection, dit-il, l'homme est parfait doublement : d'une première manière, par la vie de nutrition et de sensibilité, qui ne dépasse point la capacité de la matière corporelle ; d'une autre façon, par la vie intellective, qui excède la sphère physique et corporelle ; et c'est par cette vie su-

(1) Sicut autem homo suam primam perfectionem, scilicet animam, acquirit ex actione Dei ; ita et ultimam suam perfectionem, quæ est perfecta hominis felicitas, immediate habet a Deo, et in ipso quiescit... Oportet igitur quod, sicut prima perfectio hominis, quæ est anima rationalis, excedit facultatem materiæ corporalis, ita ultima perfectio ad quam homo potest pervenire, quæ est beatitudo vitæ æternæ, excedat facultatem totius humanæ naturæ. Et, quia unumquodque ordinatur ad finem per operationem aliquam et ea quæ sunt ad finem oportet esse aliqualiter fini proportionata, necessarium est esse aliquas hominis perfectiones quibus ordinetur ad finem supernaturalem, quæ excedant facultatem principiorum naturalium hominis (Q. disput. *de Virtutibus in communi*, a. 10).

périeure que l'homme est parfait absolument ; de la première manière, il ne l'est que sous certain rapport. De même, du côté de la fin, l'homme peut être doublement parfait : d'abord, selon la capacité de sa nature ; secondement, par une perfection surnaturelle ; et sous ce dernier mode, l'homme est parfait absolument, tandis que, sous le premier, il ne l'est que d'une manière relative. De là, pour l'homme, la convenance de deux sortes de vertus : l'une qui répond à la première perfection, et qui n'est pas vertu complète ; l'autre qui répond à sa perfection dernière, et celle-ci est la vraie et parfaite vertu de l'homme » (1).

(1) Sicut secundum primam perfectionem homo est perfectus dupliciter ; uno modo secundum nutritivam et sensitivam, quæ quidem perfectio non excedit capacitatem materiæ corporalis ; alio modo secundum partem intellectivam, quæ naturalem et corporalem excedit ; et secundum hanc simpliciter est homo perfectus, primo autem modo secundum quid ; ita et quantum ad perfectionem finis, dupliciter homo potest esse perfectus ; uno modo secundum capacitatem suæ naturæ, alio modo secundum quamdam supernaturalem perfectionem ; et sic dicitur homo perfectus esse simpliciter, primo autem modo secundum quid. Unde duplex competit virtus

Ces deux familles de vertus sont pour vivre ensemble, pour se prêter un mutuel concours ; mais elles appartiennent à deux ordres différents ; elles ne sont pas de la même espèce. Sans doute, ce sont toujours les mêmes puissances que ces deux genres de qualités perfectionnent ; car c'est toujours le même homme qui est appelé à agir par une double vertu. Mais, par la vertu naturelle, ce même sujet est ordonné à une fin inférieure, au bonheur purement humain, réglé par la raison ; par la vertu surnaturelle, il est dirigé vers une fin divine, préparé à la vue directe et à la jouissance intime de l'Être infini. Aussi, la vertu seulement humaine a-t-elle moins d'exigence dans son objet que la vertu surhumaine qui descend de Dieu par une *infusion* de grâce : la tempérance naturelle, par exemple, se contente d'une modération raisonnable dans les plaisirs sensibles, qui ne suffit pas à la vertu de *mortification* chrétienne ; parce que celle-

---

homini ; una quæ respondet primæ perfectioni, quæ non est completa virtus ; alia quæ respondet suæ perfectioni ultimæ ; et hæc est vera et perfecta hominis virtus (Q. disput. *de Virtutibus in communi*, a. 10, ad 1).

ci tend à détacher souverainement l'esprit des délectations corporelles, tandis que celle-là ne cherche qu'à éviter les excès nuisibles à la santé du corps et de l'âme (1).

La vertu surnaturelle, cependant, ne saurait être en contradiction avec la vertu naturelle, et ce que celle-ci demande ne doit point être négligé ni dédaigné par celle-là ; car, dans le plan du Créateur, la nature est destinée à ser-

(1) Temperantiæ objectum est bonum delectabilium in concupiscentiis tactûs... Manifestum est autem quod alterius rationis est modus qui imponitur in hujusmodi concupiscentiis secundum regulam rationis humanæ, et secundum regulam divinam : puta in sumptione ciborum ratione humana modus statuitur ut non noceat valetûdini corporis nec impediat rationis actum, secundum autem regulam legis divinæ requiritur quod homo castiget corpus suum et in servitutem redigat per abstinentiam cibi et potus et aliorum hujusmodi. Unde manifestum est quod temperantia infusa et acquisita differunt specie ; et eadem ratio est de aliis virtutibus. Alio modo habitus distinguuntur specie secundum ea ad quæ ordinantur.... Et per hunc etiam modum different specie virtutes morales infusæ, per quas homines bene se habent in ordine ad hoc quòd sint cives sanctorum et domestici Dei, et aliæ virtutes acquisitæ, secundum quas homo se bene habet in ordine ad res humanas (I-II, q. LXIII, a. 4).

vir d'instrument et de préparation au perfectionnement surnaturel de l'homme, et non point à être détruite ni supplantée entièrement par la grâce.

En fait, d'ailleurs, les tendances naturelles que la vertu inférieure a pour mission de soumettre habituellement à la mesure posée par la raison, conservent une certaine indépendance à l'égard de l'influence surnaturelle et ne sont pas ordinairement ramenées à la proportion raisonnable sans l'emploi des moyens que comporte la simple nature.

Saint Thomas reconnaît, par exemple, que les vertus *infuses* par grâce peuvent rencontrer une difficulté à l'œuvre qui est de leur compétence, parce que des dispositions contraires, qui existaient précédemment, persistent encore et résistent à la domination surnaturelle ; tandis que, pour assouplir ces inclinations rebelles, l'acquisition des vertus naturelles a un pouvoir spécial, parce que celles-ci naissent et se développent par un exercice réitéré, qui peut amortir les dispositions opposées et les remplacer par des habitudes nouvelles (1).

(1) Habitus moralium virtutum infusarum patiun-

Si la vertu surnaturelle est éminemment puissante pour faire éviter les fautes, elle ne suffit pas toujours pour empêcher que l'on ne sente la tentation de les commettre ; mais, de son côté, la répétition d'actes qui crée la vertu naturelle, peu à peu modère les impulsions déréglées et les transforme, au moins dans une certaine mesure, en tendances raisonnables, qui substituent de bons désirs aux mauvais (1).

La vertu naturelle a donc son domaine pro-

tur interdum difficultatem in operando propter aliquas dispositiones contrarias ex præcedentibus actibus relictas ; quæ quidem difficultas non ita accidit in virtutibus moralibus acquisitis, quia per exercitium actuum, quo acquiruntur, tolluntur etiam contrariæ dispositiones (I-II, q. LXV, a. 3, ad 2).

(1) Passiones ad malum inclinantes non totaliter tolluntur neque per virtutem acquisitam neque per virtutem infusam, nisi forte miraculose... Sed tam per virtutem acquisitam quam infusam hujusmodi passiones modificantur, ut ab his homo non effrenate moveatur. Sed quantum ad aliquid prævalet in hoc virtus acquisita, et quantum ad aliquid virtus infusa. Virtus enim acquisita prævalet quantum ad hoc quod talis impugnatio minus sentitur... Sed prævalet virtus infusa quantum ad hoc quod facit quod hujusmodi passiones, etsi sentiantur, nullo tamen modo

pre : la grâce, sans doute, s'y introduit pour faire tourner au bien surnaturel les mouvements de la nature; mais, même sans elle, peuvent se constituer des vertus qui, d'une manière habituelle, éloignent du mal et portent au bien, selon les règles de la raison. Ces vertus, une foi bien établies dans l'âme, ne sont pas détruites par une seule faute, même grave; il faudrait des habitudes contraires pour les anéantir (1).

Saint Thomas affirme nettement que l'amour surnaturel de Dieu, vertu théologale appelée

dominentur (Q. disput. *de Virtutibus in communi*, a. 10, ad 14).

(1) Virtus humanitus acquisita potest secum compati aliquem actum peccati, etiam mortalis, quia usus habitus in nobis est nostræ voluntati subjectus, ut supra dictum est, q. XLIX, a. 3. Non autem per unum actum peccati corrumpitur habitus virtutis acquisitæ ; habitui enim non contrariatur directe actus, sed habitus. Et ideo, licet sine gratia homo non possit peccatum mortale vitare ita quod nunquam peccet mortaliter, non tamen impeditur quin possit habitum virtutis acquirere, per quam a malis operibus abstineat ut in pluribus, et præcipue ab his quæ sunt valde rationi contraria (I-II, q. LXIII, a. 2, ad 2).

charité, source profonde de la perfection surnaturelle de l'âme, n'est pas indispensable pour la formation des vertus morales d'ordre naturel. « Les vertus morales, dit-il, en tant qu'elles sont capables de faire le bien en vue de la fin qui n'excède pas le pouvoir naturel de l'homme, peuvent être acquises au moyen d'œuvres humaines ; et, ainsi acquises, elles peuvent exister sans la charité, comme elles furent en beaucoup de païens » (1).

Ainsi sont bien définies la sphère des vertus naturelles et la portée de leur action ; elles ont leur originalité et leur valeur particulière, à côté et même en dehors des vertus plus divines qui échappent aux investigations de la pure philosophie.

(1) Virtutes morales, prout sunt operativæ boni in ordine ad finem qui non excedit facultatem naturalem hominis, possunt per opera humana acquiri, et sic acquisitæ sine charitate esse possunt, sicut fuerunt in multis gentilibus (I-II, q. LXV, a. 2).

II

SUJETS DES VERTUS

I. — Le sujet de la vertu humaine est une puissance de l'âme. — A des titres divers, la même vertu peut être dans plusieurs puissances. — Les bonnes dispositions habituelles de l'intelligence seule ne sont vertus que dans un sens restreint : les vertus proprement dites sont dans la volonté ou dans les puissances qu'elle met en mouvement.

II. — En tant que mue par la volonté, l'intelligence, soit spéculative, soit pratique, est le sujet de vertus proprement dites. — De même, les appétits sensitifs, sous la motion de la volonté, sont sujets de véritables vertus. — La volonté n'a pas besoin de vertu, en elle-même, pour soumettre les passions à la raison, dans la vie individuelle : il lui suffit, pour cela, de sa nature inclinée au bien rationnel. Mais elle a besoin d'acquérir la vertu de justice pour les devoirs de la vie sociale et de la religion naturelle.

I. — La vertu humaine a évidemment pour sujet quelque puissance de notre âme. Perfection d'une puissance naturelle, elle doit être dans cette puissance ; disposition habituelle à l'action, elle doit exister dans la faculté qu'elle prépare à l'œuvre ; bonne qualité ordonnée au maximum de bien que peut produire son sujet, elle doit se trouver dans un pouvoir capable d'accomplir ce bien (1).

On peut dire, néanmoins, que la vertu est dans l'âme elle-même ; mais elle y est par l'intermédiaire d'une puissance, qui est son sujet immédiat, et dont la substance de l'âme est le support fondamental (2).

Mais une même vertu ne peut-elle pas être, à la fois, dans plusieurs puissances ? — Au même titre, certainement non ; car une qualité reste attachée au pouvoir qu'elle qualifie : la diversité des puissances entraîne la diversité de leurs dispositions respectives ; les

(1) Virtutem pertinere ad potentiam animæ ex tribus potest esse manifestum... Unde virtus humana est in potentia animæ sicut in subjecto (I-II, q. LVI, a. 1).

(2) Accidens dicitur esse in alio sicut in subjecto, non quia accidens per seipsum possit sustentare aliud accidens, sed quia unum accidens inhæret substantiæ mediante alio accidente ;... et eo modo potentia animæ dicitur esse subjectum virtutis (I-II, q. LVI, a. 1, ad 3).

objets d'une puissance sont formellement différents des objets d'une autre ; les dispositions habituelles à l'égard de ces objets ne peuvent qu'être aussi formellement différentes, et, par conséquent, la vertu d'une faculté ne saurait être la vertu d'une autre.

Toutefois, comme les puissances de l'âme sont liées entre elles par un rapport hiérarchique et par une certaine communication de vie, il peut y avoir épanchement de la vertu de l'une sur la capacité d'une autre puissance, influence d'énergie d'un pouvoir moteur sur une faculté mobile, et même influence, par prédisposition habituelle, de la vertu d'une puissance inférieure sur une plus haute (1). En somme, un acte humain peut, à des titres

---

(1) Aliquid esse in duobus contingit dupliciter. Uno modo sic quod ex æquo sit in utroque; et sic impossibile est unam virtutem esse in duabus potentiis... Alio modo potest esse aliquid in duobus vel pluribus, non ex æquo, sed ordine quodam : et sic una virtus pertinere potest ad plures potentias ; ita quod in una sit principaliter, et se extendat ad alias per modum diffusionis, vel per modum dispositionis, secundum quod una potentia movetur ab alia, et secundum quod una potentia accipit ab alia (I-II, q. LVI, a 2).

divers et dans une certaine proportion, émaner de diverses puissances : par la même raison, une vertu peut, à divers titres et dans un ordre déterminé, préparer plusieurs puissances à agir de concert.

Mais dans quelles puissances la vertu humaine peut-elle résider ? Peut-elle être dans toutes les facultés de l'âme ?

Et d'abord, est-il exact de dire, avec Aristote, qu'il y a des vertus de l'entendement, de l'intelligence ? Ne vaut-il pas mieux réserver le nom de vertus aux dispositions habituelles de la volonté, puisque c'est par la volonté que l'homme agit comme il convient à sa nature d'homme ?

Sans doute, les vertus de l'intelligence seule ne sont pas vertus tout à fait au même sens que les vertus de la volonté ; mais, à un certain point de vue, elles méritent le nom de vertus.

Dans l'intelligence peuvent être des dispositions à produire des actes intellectuels bien ordonnés ; mais, par elles-mêmes, ces dispositions ne font pas bien agir l'esprit, si la volonté ne s'en sert comme il faut. Pour prendre l'exemple donné par saint Thomas, disons qu'un grammairien, même bien instruit des règles de la grammaire, peut, s'il n'applique pas son attention volontaire à se les rappeler à propos, faire des solécismes et même des barbarismes (1).

Les bonnes dispositions de l'intelligence ne sont donc pas, par elles-mêmes, vertus humaines dans l'acception absolue du terme : ce n'est pas elles qui rendent l'action de l'homme vraiment bonne, puisque, pour se traduire en actes convenables, elles ont besoin que l'activité d'une autre puissance, de la volonté, les applique convenablement à l'opération et leur fasse ainsi accomplir l'œuvre appropriée à la nature humaine. Au surplus, elles ne rendent pas l'homme simplement bon en tant qu'homme. Le langage usuel est conforme à cette distinction. Un homme qui sait bien la grammaire, peut être dit bon grammairien ; il n'est pas, pour cela, appelé un homme

---

(1) Per habitum grammaticæ habet homo facultatem recte loquendi ; non tamen grammatica facit ut homo semper recte loquatur : potest enim grammaticus barbarizare aut solecismum facere ; et eadem ratio est in aliis scientiis et artibus. (I-II, q. LVI, a. 3).

bon, un homme de bien. Il en est de même d'un savant en une science quelconque : un bon mathématicien, un bon physicien peuvent n'être pas dignes de ce beau titre formulé en latin par l'expression *vir bonus*, homme vraiment bon (1).

Néahmoins, au sens restreint de dispositions normales, excellentes même, mais insuffisantes sans la volonté à faire agir comme il faut, les bonnes qualités habituelles de l'esprit tout seul peuvent être appelées vertus intellectuelles : la raison spéculative et la raison pratique peuvent avoir l'une et l'autre de telles vertus (2).

(1) Primi vero habitus non simpliciter dicuntur virtutes, quia non reddunt bonum opus, nisi in quadam facultate, nec simpliciter faciunt bonum habentem : non enim dicitur simpliciter aliquis homo bonus ex hoc quod est sciens vel artifex, sed dicitur bonus solum secundum quid, puta bonus grammaticus aut bonus faber (I-II, q, LVI, a. 3).

(2) Subjectum igitur habitus qui secundum quid dicitur virtus, potest esse intellectus, non solum practicus, sed etiam speculativus absque omni ordine ad voluntatem : sic enim Philosophus, in VI *Ethic.*, cap. III, scientiam, sapientiam, et intellectum, et etiam artem ponit esse intellectuales virtutes (I-II, q. LVI, a. 3).

Quant aux vertus proprement dites, à celles qui méritent absolument ce nom, parce qu'elles disposent à bien agir et, en outre, font bien agir, elles ne peuvent résider que dans la volonté ou dans quelque puissance mise en mouvement par la volonté ; car nous savons que la volonté, non seulement produit par elle-même des actes humains, mais encore en fait produire à d'autres puissances qu'elle gouverne : celles-ci, sous l'empire de la volonté rationnelle, deviennent en quelque façon rationnelles, si elles ne l'étaient déjà par leur propre nature (1).

II. — L'entendement peut être mis en mouvement par la volonté comme les autres puissances de l'âme ; nous réfléchissons, nous raisonnons, nous considérons la vérité quand nous le voulons et parce que nous le voulons.

(1) Subjectum vero habitus qui simpliciter dicitur virtus, non potest esse nisi voluntas, vel aliqua potentia secundum quod est mota a voluntate : cujus ratio est, quia voluntas movet omnes alias potentias, quæ aliqualiter sunt rationales, ad suos actus, ut supra habitum est, q. IX, a. 1 ; et ideo quod homo actu bene agat, contingit ex hoc quod homo habet bonam voluntatem (I-II, q. LVI, a. 3).

Par là, l'intelligence peut être le sujet de vertus plus complètes ; et il en est ainsi de l'intelligence spéculative et de l'intelligence pratique (1).

Pour rester sur le terrain purement philosophique, je dirai, par exemple, que la science métaphysique sera une vertu de l'homme spirituel tout entier, si la volonté, éprise d'une affection haute et profonde pour la vérité sur la nature même des choses, pousse l'intelligence à la recherche et à la découverte de ce qu'il y a de plus fondamental en tout être et de ce que l'esprit humain peut saisir sur l'essence de l'Être premier, principe et modèle de tout ce qui est. Alors, en effet, c'est l'énergie intégrale des facultés proprement humaines, c'est la connaissance et l'amour à la fois, dans la région supérieure de l'âme, qui embrasseront l'objet le plus parfait qui puisse les captiver ; et, si c'est par une noble habitude que l'homme

---

(1) Contingit autem intellectum a voluntate moveri, sicut et alias potentias : considerat enim aliquis aliquid actu, eo quod vult. Et ideo intellectus, secundum quod habet ordinem ad voluntatem, potest esse subjectum virtutis simpliciter dictæ (I-II, q. LVI, a. 3).

consacre ainsi tout ce qu'il a de meilleur à ce qui convient le mieux à sa nature intellectuelle, on peut affirmer qu'il possède une vertu vraiment humaine, dans l'ordre du moins dans sa destinée naturelle.

Je substitue à dessein cet exemple à celui de la foi surnaturelle invoqué ici par saint Thomas, parce que je veux me tenir, autant que possible, en dehors de la théologie.

L'intelligence pratique acquiert, sous l'empire de la volonté, la vertu de prudence, qui est vertu proprement dite. Comme la lumière de l'entendement actif fait luire dans l'entendement réceptif les principes rationnels qui dirigent la spéculation, de même la volonté droite incline vers le bien véritable, qu'elle aime, la raison pratique et l'enrichit de la vertu de prudence, qui est l'habitude de savoir et de prescrire à soi-même et aux autres ce qu'il est raisonnable de faire, comme la science est l'habitude de connaître la vérité spéculative (1).

---

(1) Intellectus vero practicus est subjectum prudentiæ. Quum enim prudentia sit recta ratio agibilium, requiritur ad prudentiam quod homo se bene habeat ad principia hujus rationis agen-

C'est en ce sens que saint Thomas approuve ce mot de saint Augustin : « toute vertu est amour ». L'amour est la première affection de la volonté : toute vertu proprement dite, étant sous l'influence de la volonté, est, par cela même imprégnée d'amour (1).

Les puissances d'appétition sensible sont aussi gouvernées par la faculté de vouloir: elles peuvent, à ce titre, avoir de véritables vertus, bien que, par elles-mêmes, elles soient étrangères à l'ordre rationnel et, par conséquent, à la vertu humaine.

dorum, quæ sunt fines, ad quos bene se habet homo per rectitudinem voluntatis, sicut ad principia speculabilium per naturale lumen intellectus agentis. Et ideo, sicut subjectum scientiæ, quæ est ratio recta speculabilium, est intellectus speculativus in ordine ad intellectum agentem, ita subjectum prudentiæ est intellectus practicus in ordine ad voluntatem rectam (I-II, q. LVI, a. 3).

(1) Verbum Augustini (*omnis virtus est amor*, in lib. *de Moribus Ecclesiæ*, cap. XV in princ.) intelligendum est de virtute simpliciter dicta; non quod omnis talis virtus sit simpliciter amor; sed quia dependet aliqualiter ab amore, inquantum dependet a voluntate, cujus prima affectio est amor, ut supra dictum est, q. XXV, a. 2 (I-II, q. LVI, a. 3, ad 1).

Lorsqu'elles obéissent à la volonté, ces puissances appétitives sont comme des instruments, sous la motion de la puissance volontaire Or, pour qu'un ouvrage soit bien fait, il faut que, non seulement l'agent qui meut, mais encore l'instrument lui-même soit bien disposé pour le travail qu'il s'agit d'accomplir. Afin que l'action totale, à la fois de volonté et d'appétit sensitif, soit parfaite, il convient donc que, non seulement la volonté dirigeante, mais aussi l'appétit dirigé ait une disposition proportionnée à l'opération ; et l'unité de l'œuvre à exécuter exige que la disposition de l'appétit inférieur soit en conformité avec celle de l'appétit supérieur et, partant, avec la raison qui éclaire la direction de la volonté. « Ainsi, conclut saint Thomas, la vertu qui est dans les appétits d'irascibilité et de concupiscence n'est autre chose qu'une certaine conformité habituelle de ces puissances à la raison » (1).

(1) Actus enim qui progreditur ab una potentia, secundum quod est ab alia mota, non potest esse perfectus, nisi utraque potentia sit bene disposita ad actum : sicut actus artificis non potest esse congruus, nisi etiam artifex sit bene dispositus ad agendum,

SUJETS DES VERTUS 307

Les appétits de sensibilité ont d'autant plus besoin d'être bien disposés par la vertu, qu'ils ont une certaine indépendance de vie qui leur permet de résister à la volonté rationnelle et même de l'entraîner elle-même à suivre leurs affections; ce ne sont pas des esclaves toujours soumis, toujours obéissants, mais des subordonnés remuants et passionnés qu'il faut, par une ferme autorité, assouplir et discipliner (1).

et etiam ipsum instrumentum. In his igitur circa quæ operatur irascibilis et concupiscibilis, secundum quod sunt a ratione motæ, necesse est ut aliquis habitus perficiens ad bene agendum sit non solum in ratione, sed etiam in irascibili et concupiscibili. Et quia bona dispositio potentiæ moventis motæ attenditur secundum conformitatem ad potentiam moventem, ideo virtus quæ est in irascibili et concupiscibili nihil aliud est quam quædam habitualis conformitas istarum potentiarum ad rationem (I-II, q. LVI, a. 4).

(1) Irascibilis et concupiscibilis non obediunt ad nutum rationi ; sed habent proprios motus suos, quibus interdum rationi repugnant: unde (in I *Polit.*, cap. III) Philosophus dicit quod ratio regit irascibilem et concupiscibilem principatu politico, quo scilicet reguntur liberi, qui habent in aliquibus propriam voluntatem. Et propter hoc etiam oportet in irascibili et concupiscibili esse aliquas

La vertu, dans les appétits sensibles, vient de la volonté et de la raison ; mais, en définitive, elle réside dans ces appétits et les dispose à tendre au véritable bien de l'homme ; par cette inclination raisonnable, elle tourne l'action humaine vers ses fins légitimes, et la prudence intervient alors pour faire choisir les moyens appropriés aux fins qu'il convient d'atteindre. La prudence est dans la raison mue par la volonté ; la vertu humaine qui modère les passions sensibles et les adapte au bien, est dans les appétits de concupiscence et d'irascibilité, sous l'influence de la volonté maîtresse et de l'intelligence qui montre le but de la vie (1).

Dans cette théorie sur le sujet des vertus, il

virtutes, quibus bene disponantur ad actum (I-II, q. LVI, a. 4, ad 3).

(1) In electione duo sunt; scilicet : intentio finis, quæ pertinet ad virtutem moralem ; et præacceptio ejus quod est ad finem, quod pertinet ad prudentiam, ut dicitur in VI *Ethic.*, cap. II et V. Quod autem habeat rectam intentionem finis circa passiones animæ, hoc contingit ex bona dispositione irascibilis et concupiscibilis. Et ideo virtutes morales circa passiones sunt in irascibili et concupiscibili ; sed prudentia est in ratione (I-II, q LVI, a. 4, ad 4).

est à remarquer que saint Thomas place la vertu dans la puissance qui, en définitive, consomme la bonne œuvre. Lorsqu'il existe entre deux puissances une certaine hiérarchie de moteur à mobile, la même vertu peut être, à la fois, dans la faculté motrice et dans la faculté mise en mouvement, mais à des titres divers, dans la première comme dans sa cause et dans la seconde comme dans le sujet prochain de l'action effective. De même que la prudence a son siège dans la raison soumise à la motion de la volonté, de même la force et la tempérance demeurent dans les appétits d'irascibilité et de concupiscence sous le gouvernement de la volonté rationnelle. Le sujet positif de la vertu est la puissance dernière qui est de plus près disposée habituellement à l'action, lors même que l'on peut dire que, sans une puissance première et motrice, cette vertu n'existerait pas.

S'il en est ainsi quand l'influence de la puissance première est une véritable expansion d'activité, à plus forte raison faudra-t-il l'affirmer lorsque cette influence n'est qu'une préparation, une appropriation antécédente.

Par exemple, les facultés sensitives de connaissance ont besoin d'être bien disposées pour que les opérations intellectuelles s'accomplissent convenablement, avec promptitude, avec facilité : la mémoire et l'imagination doivent être accoutumées à faire bien leur service, si l'on veut penser aisément et sûrement. Mais ces prédispositions de ces puissances inférieures sont extrinsèques à la génération de la pensée proprement dite : l'intelligence, qui trouve en elles de précieux auxiliaires, peut, cependant, s'en servir mal et, avec une mémoire et une imagination excellentes, penser sans justesse et sans profondeur. Ce danger montre bien que ce n'est pas dans les puissances de connaissance sensible qu'est proprement la vertu intellectuelle; car la vertu ne peut être employée qu'à bien faire. Toute vertu de l'intelligence est dans l'intelligence elle-même comme dans son véritable sujet (1).

(1) Virtus enim est habitus perfectus, quo non contingit nisi bonum operari : unde oportet quod virtus sit in illa potentia quæ est consummativa boni operis. Cognitio autem veri non consummatur in viribus sensitivis apprehensivis ; sed hujusmodi vires sunt quasi præparatoriæ ad cognitionem intellectivam. Et ideo in hujusmodi viribus non sunt

Mais pourquoi la volonté, qui met toutes les autres puissances en branle, n'aurait-elle pas, elle aussi, ses vertus propres, dont elle serait le sujet positif? Si la vertu est une perfection et une cause d'acte parfait, la volonté, moteur éminent dans l'ordre de l'action, ne doit-elle pas, plus que toute autre puissance, être douée de cette perfection habituelle?

Oui, la volonté peut avoir et elle a des vertus. Mais n'oublions pas qu'il est encore plus parfait de pouvoir faire vite et bien par sa propre nature, que d'avoir besoin d'une habitude surajoutée pour produire promptement une bonne opération. C'est ainsi qu'une disposition habituelle n'est pas nécessaire à la volonté pour qu'elle tende constamment au bien rationnel; sa nature, à elle seule, l'incline vers ce but : ce bien est, en effet, son objet propre ; elle y est ajustée par son essence même d'appétit intellectuel (1).

virtutes quibus cognoscitur verum, sed magis in intellectu vel ratione (I-II, q. LVI, a. 5).

(1) Quum per habitum perficiatur potentia ad agendum, ibi indiget potentia habitu perficiente ad bene agendum, qui quidem habitus est virtus, ubi ad hoc non sufficit propria ratio potentiæ. Omnis

Saint Thomas estime que, pour être disposée à donner aux passions sensibles des habitudes réglées sur les prescriptions de la raison, la volonté n'a pas besoin d'acquérir en elle-même une vertu : pour ce travail, sa nature inclinée au bien raisonnable la prépare suffisamment (1).

Cette solution, qui étonnera peut-être au premier abord, s'appuie sur la dignité essentielle de la volonté, amoureuse, par son fond même et originellement, de ce qui convient à l'homme spirituel, et, par là, portée à désirer la soumission, en lui, du sensible au rationnel

---

autem potentiæ ratio attenditur in ordine ab objectum. Unde, quum, sicut dictum est, q. 1, a. 2, ad 3, et q. xiii, a. 5, ad 2, objectum voluntatis sit bonum rationis voluntati proportionatum, quantum ad hoc non indiget voluntas virtute perficiente (I-II, q. LVI, a. 6).

(1) Quædam virtutes ordinantur ad bonum passionis moderatæ, quod est proprium hujus vel illius hominis ; et in talibus non est necessarium quod sit aliqua virtus in voluntate, quum ad hoc sufficiat natura potentiæ, ut dictum est, in corp. art. ; sed hoc solum necessarium est in illis virtutibus quæ ordinantur ad aliquod bonum extrinsecum (I-II, q. LVI, a. 6, ad 3).

et à s'y complaire. Sans doute, les passions d'en bas peuvent la séduire et l'entraîner vers leurs objets contrairement à l'ordre et à la mesure réclamés par la raison. Mais il suffit de dégager son instinct, sous la lumière de l'intelligence, pour que la puissance de vouloir trouve en elle-même la liberté de maîtriser, de régler les mouvements passionnels, ou du moins de ne pas consentir à leurs écarts. On reconnait ici le culte philosophique de saint Thomas pour le libre arbitre, qui n'est autre chose que la volonté même (1). Si la liberté est entamée et tournée au désordre, dans la vie individuelle, par les appétits inférieurs, c'est qu'ils sont inintelligents par nature et souvent mal disposés par hérédité ou par habitude. C'est en eux que les vertus de tempérance et de force doivent s'implanter, pour y établir la modération et la vigueur proportionnées au bien moral. Quant à la volonté, elle est, par essence, vertu assez droite et assez robuste pour que l'homme, par elle, si elle est sans entraves, préfère aux excès des passions ani-

---

(1) Voluntas et liberum arbitrium non sunt duæ potentiæ, sed una (I, q. LXXXIII, a. 4).

males l'harmonie rationnelle de ses facultés (1). Il est vrai que, d'une manière générale, la volonté libre est susceptible d'habitudes bonnes ou mauvaises; mais ce n'est pas pour avoir une affection permanente à l'égard du bon ordre dans l'homme individuel, qu'une habitude lui est nécessaire : qu'on la préserve ou qu'on la débarrasse des influences malsaines de la passion, qu'elle soit laissée ou rendue à la pureté de sa tendance native, et elle aimera sans peine, au moins ordinairement, la subordination des désirs sensibles à la raison.

Mais c'est au bien personnel de l'individu humain dont elle est une puissance, que la volonté est ainsi conformée par sa nature même. Elle est appétit de notre propre bonheur, tout en cherchant d'instinct le bonheur raisonnable (2). Aussi, lui faut-il quelque vertu

(1) Ad imperandum sufficit voluntati judicium rationis : nam voluntas appetit naturaliter quod est bonum secundum rationem, sicut concupiscibilis quod est delectabile secundum sensum (Q. disput. de Virtut. in comm., a. 5, ad 1).

(2) Inclinatio naturalis voluntatis non solum est in ultimum finem, sed in id bonum quod sibi a ratione demonstratur. Nam bonum intellectum est objectum voluntatis, ad quod naturaliter ordinatur

supplémentaire pour se porter promptement et facilement à des œuvres qui assurent le bien d'autrui.

La justice, qui dispose habituellement à l'action équitablement ordonnée dans les relations sociales, sera donc une vertu qui demeure, comme une perfection, dans la volonté (1), sans exclure toutefois le concours que peuvent lui apporter les dispositions généreuses des appétits passionnels, originelles, héréditaires ou acquises.

La volonté se complétera de même par la vertu de religion (2), annexée à la justice, et

voluntas, sicut et quælibet potentia in suum objectum, dummodo hoc sit proprium bonum, ut supra, in corp. art., dictum est. Tamen circa hoc aliquis peccat, in quantum judicium rationis intercipitur passione (Q. disp· *de Virtut. in comm.*, a. 5, ad 2).

(1) Voluntatem perficit justitia, et omnes virtutes in aliud tendentes, ut liberalitas et alia hujusmodi : nam justitia est alterius bonum, ut Philosophus dicit, in V *Ethic.*, cap. I (Q. disp. *de Virtut. in comm.*, a. 5).

(2) Si quod bonum immineat homini volendum quod excedat proportionem volentis,...... ibi voluntas indiget virtute: et ideo hujusmodi virtutes quæ ordinant affectum hominis in Deum vel in proximum,

justice elle-même à certain point de vue, puisqu'elle fait rendre à Dieu ce qui lui est dû, bien qu'elle ne puisse pas établir, entre l'homme et Dieu, l'égalité que la justice proprement dite établit entre l'homme et l'homme (1).

Peut-être objectera-t-on que la volonté humaine est, par nature, faite pour aimer Dieu par-dessus toutes choses, pour aspirer à Dieu, pour se reposer en lui, puisqu'elle cherche le bien et qu'aucun bien créé ne peut la contenter entièrement; et peut-être en tirera-t-on cette conséquence, que la volonté semble pouvoir par elle-même, sans vertu surajoutée, se consacrer aisément aux actes de religion naturelle.

On peut répondre que ce noble instinct de la

sunt in voluntate sicut in subjecto, ut charitas, justitia et hujusmodi (I-II, q. LVI, a. 6).

(1) Religio non est virtus theologica, neque intellectualis, sed moralis, quum sit pars justitiæ, et medium in ipsa accipiatur; non quidem inter passiones, sed secundum quamdam æqualitatem inter operationes quæ sunt ad Deum. Dico autem æqualitatem non absolute, quia Deo non potest tantum exhibere quantum ei debetur, sed secundum quamdam considerationem humanæ facultatis et divinæ acceptionis (II-II, q. LXXXI, a. 5).

volonté vers l'absolu parfait n'est pas, par essence, assez précis pour qu'une vertu de religion ne soit pas nécessaire. Notre appétit primitif du divin est vague et indécis ; il se tourne trop facilement vers des objets qui n'ont qu'une analogie très lointaine avec la beauté et la bonté de Dieu même : sans l'aide d'une vertu religieuse, formée selon la raison, nous ne pourrions remplir envers la Divinité, d'une manière habituelle, même les devoirs élémentaires que nous impose notre état de créature en présence du Créateur.

On peut répondre encore que la volonté aspire, par nature, au bien de l'homme individuel par la possession de la perfection absolue, plutôt qu'au culte religieux qui consiste à rendre à Dieu ce qui lui est dû : il faut donc qu'une vertu naturelle de religion vienne nous faire vouloir habituellement la justice envers Dieu, comme une vertu d'équité nous dispose à vouloir la justice envers les hommes.

VII

VERTUS INTELLECTUELLES

ET

VERTUS MORALES

VERTUS INTELLECTUELLES
ET VERTUS MORALES

INTRODUCTION

Les sujets des vertus humaines étant connus, il convient d'examiner plus intimement et les vertus intellectuelles et les vertus morales, et de déterminer les rapports qui lient les secondes aux premières, dans l'harmonie totale de l'homme moral.

Nous nous sommes attaché à distinguer les sujets des vertus, c'est-à-dire les diverses puissances humaines qui peuvent être douées de ces qualités habituelles. Nous avons reconnu des vertus dans l'intelligence et des vertus dans les puissances appétitives, volonté et appétits sensibles.

Celles de l'intelligence portent naturellement le nom de vertus intellectuelles ; les autres sont appelées vertus morales.

Nous devons, maintenant, pénétrer davantage dans l'étude des unes et des autres,

Nous aurons, d'abord, à bien examiner la

nature de chacune des vertus intellectuelles, en distinguant celles de l'entendement spéculatif et celles de l'intelligence pratique.

Puis, nous comparerons les vertus morales aux vertus intellectuelles, et, après avoir vu de près les rapports qui lient celles-là à celles-ci, nous considérerons les relations que les vertus morales ont avec les passions, c'est-à-dire avec les mouvements d'appétition qui s'agitent dans la région animale de la nature humaine.

Nous avancerons ainsi dans la description de l'harmonie que les vertus établissent dans l'homme tout entier, en associant son esprit, sa volonté et ses inclinations sensibles à l'habitude des œuvres bonnes, capables de le conduire au bonheur final.

I

VERTUS INTELLECTUELLES

I. — Vertus de l'entendement spéculatif : intelligence des principes, science, sagesse. La coopération de la volonté donne à ces dispositions habituelles un caractère plus complet de vertus. — Supériorité de la sagesse.

II. — Vertus de l'entendement pratique : art, prudence. — La bonne volonté peut moraliser l'art. — La prudence suppose la rectitude de la volonté. Elle profite des vertus de conseil, de jugement, de discernement.

I. — Il peut y avoir, il y a, dans l'entendement spéculatif, des dispositions habituelles, que l'on peut, en ce sens, appeler vertus, puisqu'elles donnent à cette puissance la capacité prochaine de bien agir intellectuellement, à condition, toutefois, que la volonté intervienne pour les mettre en œuvre, pour faire un bon usage de ces bonnes dispositions.

La bonne action de l'entendement, pris en

lui-même, c'est la connaissance actuelle de la vérité dans sa clarté propre et isolée : les vertus spéculatives le forment à cette excellente opération, et la lui rendront prompte et facile, si la volonté veut bien appliquer l'esprit à la considération de quelque vérité. C'est donc à la volonté qu'appartient le rôle décisif de convertir en action vraiment humaine la simple aptitude habituelle à la spéculation ; pour jouer ce rôle, elle peut se servir de quelque vertu qui réside en elle, et user, à la fois, de ses dispositions et de celles de l'intelligence dans une intention morale (1).

Au moyen de cette coopération motrice de la volonté, les vertus spéculatives de l'entendement peuvent acheminer l'homme au bonheur auquel il est destiné, au moins dans l'ordre naturel ; car le moyen d'y parvenir ne

(1) Ex hoc enim quod aliquis habet habitum scientiæ speculativæ, non inclinatur ad utendum, sed fit potens speculari verum in his quorum habet scientiam. Sed quod utatur scientia habita, hoc est movente voluntate : et ideo virtus quæ perficit voluntatem, ut charitas et justitia, facit etiam bene uti hujusmodi speculativis habitibus (I-II, q. LVII, a. 1).

peut être que le bon emploi des facultés humaines. Au surplus, la spéculation intellectuelle est l'acte le plus élevé de notre entendement, qui est lui-même la plus haute puissance de notre âme, *intellective* par essence ; et la contemplation du vrai, surtout si c'est le vrai divin, dans la mesure où l'esprit humain peut le concevoir par ses propres forces (1), est, en quelque sorte, une préparation lointaine à la contemplation directe de Dieu lui-même, qui seule peut constituer le fond de la béatitude entière et finale de l'homme (2).

(1) Quum dicitur quod nulla natura potest supra seipsam, non est intelligendum quod non possit ferri in aliquod objectum quod est supra se : manifestum est enim quod intellectus noster naturali cognitione potest aliqua cognoscere quæ sunt supra seipsum, ut patet in naturali cognitione Dei (I-II, q. cix, a. 3, ad 2).

(2) Virtus est aliquorum dupliciter. Uno modo, sicut objectorum : et sic hujusmodi virtutes speculativæ non sunt eorum per quæ homo fit beatus ; nisi forte secundum quod ly *per* dicit causam efficientem, vel objectum completæ beatitudinis, quod est Deus, quod est summum speculabile. Alio modo dicitur esse virtus aliquorum sicut actuum : et hoc modo virtutes intellectuales sunt eorum per quæ homo fit beatus, tum quia actus harum virtutum

Aristote a énuméré et nettement distingué les vertus de l'entendement ou vertus intellectuelles, aussi bien celles de l'ordre spéculatif que celles de l'ordre pratique.

« Les vertus, dit-il, par lesquelles l'âme dit la vérité, soit en affirmant, soit en niant, sont au nombre de cinq : *art, science, prudence, sagesse, intelligence* » (1).

De ces cinq vertus, selon Aristote, deux s'appliquent aux choses qui peuvent être autrement : ce sont l'*art* et la *prudence*. Les trois autres, la *science*, la *sagesse*, et l'*intelligence*, ont pour objets les vérités immuables, celles qui concernent les choses qui ne peuvent être autrement : ces trois vertus sont les vertus spéculatives.

Suivant son habitude, saint Thomas analyse

possunt esse meritorii, sicut dictum est, in corp. art., tunc etiam quia sunt quaedam inchoatio perfectae beatitudinis quae in contemplatione veri consistit, sicut supra dictum, q. III, a. 8 (I-II, q. LVII, a. 1, ad 2).

(1) Ἔστω δὴ οἷς ἀληθεύει ἡ ψυχὴ τῷ καταφάναι ἢ ἀποφάναι πέντε τὸν ἀριθμόν· ταῦτα δ' ἐστί τέχνη, ἐπιστήμη, φρόνησις, σοφία, νοῦς (Ἠθ. Νικ., VI, III (1), F. D.).

avec soin ces vertus spéculatives, pour en bien marquer la liaison et la hiérarchie.

Dans la génération de la connaissance du vrai, ce qui est connu immédiatement et *par soi*, a la première place ; ce qui est connu par autre chose, vient naturellement après.

Or, ce qui est connu d'abord, immédiatement, *par soi*, sert de principe générateur à la connaissance des vérités connues par autre chose, c'est-à-dire au moyen d'autres vérités.

Les vérités premières aperçues par l'entendement avec une évidence immédiate sont donc à bon droit appelées principes ; et la vertu, la disposition habituelle, par laquelle l'esprit est apte à les considérer, s'appelle justement habitude des principes, *intelligence des principes*, ou simplement *intelligence*, comme la source même des actes intellectuels (1) ; c'est, en effet, le premier fonds habituel de l'entendement, sa première confor-

---

(1) Quod autem est per se notum, se habet ut principium, et percipitur statim ab intellectu ; et ideo habitus perficiens intellectum ad hujusmodi veri considerationem vocatur intellectus, qui est habitus principiorum (I-II, q. LVII, a. 2).

mation intime à la vérité absolue, nécessaire, immuable.

L'*intelligence des principes* est donc l'origine des vertus spéculatives, et même de toutes les vertus intellectuelles, puisque la raison pratique n'est que l'application de la raison spéculative à la vie pratique.

Les vérités premières conduisent l'esprit à la connaissance des vérités secondes, par le mouvement logique de la raison : ces vérités dérivées sont le terme de ce mouvement.

Ce terme peut être au bout des lignes diverses où s'engage la raison spéculative dans sa recherche des vérités : ces diverses directions sont les routes que suivent les diverses sciences. Il y aura donc, après l'*intelligence des principes*, après la vertu d'*intelligence*, une vertu de *science*, ou plutôt diverses vertus de *science*, plusieurs dispositions habituelles à connaître le vrai par science démonstrative (1) ; car, d'après l'enseignement d'Aris-

---

(1).Verum autem quod est per aliud notum, non statim percipitur ab intellectu, sed per inquisitionem rationis, et se habet in ratione termini. Quod quidem potest esse dupliciter : uno modo, ut sit ultimum in aliquo genere ; alio modo, ut sit ultimum

tote, toute science digne de ce nom doit donner démonstration de vérités absolues, nécessaires : et c'est pour cela que la connaissance des principes absolus, qui ne peuvent pas ne pas être, est le point de départ de toute science (1).

Il faut reconnaître, toutefois, que les vérités auxquelles aboutissent certaines sciences, les sciences expérimentales, ne sont nécessaires qu'hypothétiquement, c'est-à-dire étant supposées les lois qui régissent les phénomènes ; néanmoins, elles visent une certaine nécessité démontrable dans l'application régulière et mathématique de ces lois, et aussi l'affirmation de ces lois mêmes, à titre de faits généraux fondés sur la nature des choses et invariables tant que durera la constitution présente de l'univers.

Mais il est un autre terme auquel tend la

respectu totius cognitionis humanæ... Ad id vero quod est ultimum in hoc vel in illo genere cognoscibilium, perficit intellectum scientia (I-II, q. LVII, a. 2).

(1) Ἐπιστήμη μὲν μετ' ἀποδείξεως, ὧν δ'αἱ ἀρχαὶ ἐνδέχονται ἄλλως ἔχειν, τούτων μή ἐστιν ἀπόδειξις (Ἠθ. Νιχ., VI, v (3), F. D.).

connaissance spéculative de la vérité au moyen des premiers principes : c'est le point final par rapport à toute la connaissance humaine, le domaine des causes les plus universelles et les plus profondes de tout ce qui est et de tout ce qui peut être. L'esprit humain n'atteint cette région que par une investigation déductive, en partant des principes premiers et immédiats de l'entendement. Cependant, lorsqu'il y est arrivé, il reconnait que là est la source ontologiquement première de toute réalité, de toute possibilité, par conséquent de tout objet de connaissance et de science.

La disposition habituelle, la vertu intellectuelle, qui adapte l'entendement à la connaissance de ces causes les plus hautes a été magnifiquement appelée par Aristote et par saint Thomas *sagesse*, σοφία, *sapientia* (1). On pourrait lui donner le nom de vertu métaphysique,

(1) Et quia ea quae sunt posterius nota quoad nos, sunt priora et magis nota secundum naturam, ut dicitur in I *Physic.*, ideo id quod est ultimum respectu totius cognitionis humanae, est id quod est primum et maxime cognoscibile secundum naturam. Et circa hujusmodi est sapientia, quae considerat altissimas causas, ut dicitur in I *Metaph.* (I-II. q. LVII, a. 2).

si toutefois il ne vaut pas mieux lui conserver le beau nom de *sagesse*, vertu philosophique par excellence, le philosophe étant ou devant être, par définition même, amoureux de la sagesse, φιλόσοφος.

On voit que la *sagesse* est, à la fois, une science, puisqu'elle démontre des vérités comme conclusions des principes élémentaires, et une vertu intellectuelle dominant toutes les autres sciences, disposant l'esprit à exercer sa juridiction sur les axiomes mêmes et sur les conclusions des sciences particulières : car les causes les plus universelles ont le droit de juger et de régler les causes inférieures, plus limitées, et, par suite, les conséquences qui pourraient, plus ou moins exactement, en être déduites.

Il n'y a donc qu'une *sagesse*, et elle est née pour commander, de sa royale autorité, à toutes les autres sciences (1). Aucune propo-

(1) Unde convenienter judicat et ordinat de omnibus : quia judicium perfectum et universale haberi non potest nisi per resolutionem ad primas causas... Secundum diversa genera scibilium sunt diversi habitus principiorum, quum tamen sapientia non sit nisi una (I-II, q. LVII, a. 2).

sition scientifique, aucun prétendu axiome, aucune hypothèse même n'est légitimement admissible par la raison, si la sagesse, la philosophie première, n'y voit un accord réel ou possible avec les réalités fondamentales qui sont comme les assises substantielles et nécessaires de tout l'édifice auquel l'homme applique sa spéculation.

Aristote a fait un éloge superbe de cette vertu supérieure de l'entendement. « Il est évident, dit-il, que la plus accomplie des sciences est la *sagesse*. Il faut donc que le sage, non seulement sache ce qui découle des principes, mais encore connaisse la vérité sur les principes mêmes. Ainsi, la sagesse est intelligence et science ; elle tient la tête comme science des plus hautes vérités. Il n'est pas raisonnable de penser que la politique ou la prudence soit la plus estimable des vertus, si l'homme n'est pas ce qu'il y a de meilleur dans le monde.... Et il ne sert de rien de dire que l'homme est le plus parfait de tous les animaux ; car il y a beaucoup d'autres choses plus divines, par nature, que l'homme, comme les choses les plus manifestes dont le monde est composé. De ce que nous venons de dire il ressort que la *sagesse* est, à la fois, science et intelligence de ce qui a le plus de valeur par nature. Voilà pourquoi et Thalès et leurs pareils sont appelés sages, et non point prudents : on les voit, en effet, ignorer leurs propres intérêts, et savoir des choses excellentes, admirables, difficiles, divines, mais non pratiquement utiles, parce qu'ils ne poursuivent pas les biens humains (1) ».

II. — Il reste à examiner les deux vertus intellectuelles qui s'appliquent aux choses qui peuvent être autrement, l'*art* et la *prudence* : ce sont des vertus, non pas de la raison spéculative, mais de la raison pratique.

L'*art* n'est pas une vertu de l'entendement spéculatif ; car il a en vue, non pas des vérités qui ne peuvent pas être autrement, mais des œuvres, des ouvrages, des choses à faire, dont le principe est plutôt dans celui qui les fait que dans ces choses elles-mêmes, et dont la facture est variable et individuelle comme le talent et la fantaisie de leur auteur (2).

Les œuvres d'art doivent, cependant, être

(1) 'ΙΙΘ. Νικ., VI, vii (2) (3) (4) (5), F. D.
(2) 'ΙΙΘ. Νικ., VI, iv (4), F. D.

faites d'après certaines règles que l'intelligence aperçoit et juge ; mais la composition est personnelle (1) : l'*art* est libre en face de son objet, bien que sa liberté ne doive pas être licence sans frein ni mesure.

Nous avons dit que l'*art* est une vertu, une disposition habituelle, de la raison pratique ; mais il faudrait plutôt dire: de la raison appliquée au *faire*, suivant la distinction très fine d'Aristote. L'action de faire, ποίησις, est différente de l'opération pratique, πρᾶξις (2). La première a pour objet direct un ouvrage matériellement produit au dehors ; la seconde est essentiellement une opération de l'homme émanée simplement de son activité personnelle et volontaire.

(1) Ars nihil aliud est quam ratio recta aliquorum operum faciendorum... Sic igitur ars, proprie loquendo, habitus operativus est. Et tamen in aliquo convenit cum habitibus speculativis, quia etiam ad ipsos habitus speculativos pertinet qualiter se habeat res quam considerat, non autem qualiter se habeat appetitus humanus ad illam (I-II, q. LVII, a. 3).

(2) Ἐπεὶ δὲ ποίησις καὶ πρᾶξις ἕτερον, ἀνάγκη τὴν τέχνην ποιήσεως ἀλλ'οὐ πράξεως εἶναι ('ΗΘ. Νικ., VI, IV, (5) F. D).

Comme le définit Aristote, « l'*art* est donc une disposition habituelle à faire un ouvrage avec une raison vraie, et le défaut d'art, au contraire, est une disposition à faire un ouvrage avec une raison fausse, toujours en ce qui peut être autrement » (1).

Saint Thomas constate, toutefois, que, dans les opérations spéculatives de l'intelligence, il y a souvent un certain *faire*, une certaine production d'ouvrage, non pas matériel, mais, néanmoins, en quelque sorte extérieur à la pure contemplation de la vérité : par exemple, construction de syllogisme, discours bien ordonné, combinaison de nombres et de quantités mesurables. Par là, certaines sciences spéculatives touchent à l'*art* et méritent le nom d'*arts libéraux*, qui leur est donné par analogie (2).

(1) Ἡ μὲν οὖν τέχνη,... ἕξις τις μετὰ λόγου ἀληθοῦς ποιητική ἐστιν, ἡ δ' ἀτεχνία τοὐναντίον μετὰ λόγου ψευδοῦς ποιητικὴ ἕξις, περὶ τὸ ἐνδεχόμενον ἄλλως ἔχειν (Eth. Nic., VI, IV (6), F. D.).

(2) Etiam in ipsis speculabilibus est aliquid per modum cujusdam operis, puta constructio syllogismi aut orationis congruæ aut opus numerandi vel mensurandi. Et ideo quicumque ad hujusmodi opera rationis habitus speculativi ordinantur, dicun-

À peine est-il besoin de faire observer, à ce propos, que le mot *poésie* vient de la ποίησις d'Aristote, et que l'art d'écrire en vers s'appelle *art poétique*, traduction littérale de l'expression τέχνη ποιητική, qu'Aristote applique à tout art quelconque, même à celui qui distingue *l'artisan* plutôt que *l'artiste*.

L'art, au point de vue de la vertu, se rapproche plus du genre des vertus spéculatives que de celui des vertus morales, précisément parce qu'il a pour objet la production d'un ouvrage avec les qualités qui conviennent à celui-ci considéré en lui-même, plutôt qu'une action de l'homme avec les qualités que demande notre nature, à la fois intelligente et volontaire. Peu importe qu'un artisan ou un artiste agisse avec bonne ou mauvaise volonté, à l'égard du but principal de la vie humaine : il n'en sera pas moins excellent artisan ou artiste, comme tel, s'il a toutes les habiletés et toutes les dispositions spéciales qui se rapportent à son art (1).

Mais il y a, comme dit Aristote, une « vertu

tur per quamdam similitudinem artes, scilicet liberales (I-II, q. LVII, a. 3, ad 3).

(1) Non enim pertinet ad laudem artificis, inquan-

de l'*art* » (1), c'est-à-dire qu'une vertu morale peut ajouter ce qui manque à l'art en lui-même et faire accomplir par bonne volonté, par une intention bien réglée au regard de la morale, ce que l'art tout seul ne ferait produire que conformément aux règles de la bonne facture de l'ouvrage. Un artiste, un artisan même peut ainsi élever son travail à la dignité d'une bonne action (2).

Enfin vient la dernière vertu intellectuelle, la *prudence* : elle est la dernière en ce sens qu'elle est le trait d'union entre les vertus intellectuelles et les vertus morales; vertu morale elle-même, à un certain point de vue, en même temps que vertu intellectuelle.

tum artifex est, qua voluntate opus faciat, sed quale sit opus quod facit (I-II, q. LVII, a. 3).

(1) Ἀλλὰ μὴν τέχνης μὲν ἐστὶν ἀρετή ('Hθ. Νικ., VI, v (7), F. D.).

(2) Ad hoc ut homo bene utatur arte quam habet, requiritur bona voluntas, quæ perficitur per virtutem moralem : ideo Philosophus dicit quod *artis est virtus*, scilicet moralis, inquantum ad bonum usum ejus aliqua virtus moralis requiritur. Manifestum est enim quod artifex per justitiam, quæ facit voluntatem rectam, inclinatur ut opus fidele faciat (I-II, q. LVII, a. 3, ad 2).

Tandis que l'*art* ne dispose qu'à produire un ouvrage bien fait, la prudence prépare à agir pour le perfectionnement de l'homme total ; c'est une vertu essentiellement *pratique*, πρακτική, au sens d'Aristote, qui la définit : « une disposition habituelle à pratiquer la vérité sous la direction de la raison en ce qui concerne les choses bonnes ou mauvaises pour l'homme » (1).

La *prudence* se rapproche de l'*art* en ce qu'elle a, comme lui, pour objet ce qui peut ne pas être, ce qui n'est que si l'on veut que ce soit et qui peut être autrement, et pour sujet l'intelligence qui se forme une opinion raisonnable, plutôt que la raison rigoureusement démonstrative (2). Mais, comme vertu,

---

(1) Λείπεται ἄρα αὐτὴν (φρόνησιν) εἶναι ἕξιν ἀληθῆ, μετὰ λόγου πρακτικὴν περὶ τὰ ἀνθρώπῳ ἀγαθὰ καὶ κακά ('Ηθ. Νικ., VI, v (4), F. D.).

(2) Prudentia magis convenit cum arte quam habitus speculativi, quantum ad subjectum et materiam : utrumque enim est in opinativa parte animæ et circa contingens aliter se habere. Sed ars magis convenit cum habitibus speculativis in ratione virtutis quam cum prudentia, ut ex dictis patet, art. præced. (I-II, q. LVII, a. 4, ad 2).

la *prudence* se sépare de l'*art* et a plus de valeur que lui : elle implique, en effet, une certaine perfection de la volonté et de l'intelligence, à la fois, pour l'accomplissement d'une bonne vie dans son intégralité naturelle, tandis que l'*art* n'est qu'une qualité de l'esprit dans laquelle n'est pas comprise la bonne volonté (1).

C'est précisément parce que la *prudence* enveloppe la bonté de tout ce qui est proprement humain, la pensée et le vouloir ensemble, que, pour caractériser un homme qui a de la prudence, il suffit de dire simplement qu'il est prudent. Au contraire, l'*art* ayant seulement en vue tels ou tels ouvrages à faire, pour donner une idée nette de l'art qui distingue un homme, on dit : cet homme est habile dans tel art, dans l'art de la guerre, de la navigation, de la peinture, de la sculpture, par exemple. De telles habiletés sont, si l'on veut, des sortes de prudences, mais des prudences toutes relati-

(1) Ars autem facit solum facultatem boni operis, quia non respicit appetitum. Prudentia autem non solum facit boni operis facultatem, sed etiam usum : respicit enim appetitum, tanquam præsupponens rectitudinem appetitus (I-II, q. LVII, a. 4).

ves ; la *prudence* proprement dite a en vue le but général de la vie humaine (1).

Il n'y a pas de *prudence* sans une vertu morale qui adapte et proportionne au bien véritable les tendances de notre nature ; et cependant, la prudence est une vertu intellectuelle, parce qu'elle dispose l'intelligence à savoir et à dire comment il faut agir pour atteindre le vrai but de la vie.

Saint Thomas applique encore ici la comparaison chère à Aristote entre les principes de l'entendement et les fins de la volonté. Les fins de l'appétition volontaire sont à la puissance de vouloir ce que les principes intellectuels sont à l'entendement ; ce sont, de part et d'autre, les points fixes qui causent et motivent le mouvement, pour les fins le mouvement

---

(1) Prudentia est bene consiliativa de his quæ pertinent ad totam vitam hominis et ad ultimum finem vitæ humanæ ; sed in artibus aliquibus est consilium de his quæ pertinent ad fines proprios illarum artium : unde aliqui, inquantum sunt bene consiliativi in rebus bellicis vel nauticis, dicuntur prudentes duces vel gubernatores, non autem prudentes simpliciter, sed illi solum qui bene consiliantur de his quæ conferunt ad totam vitam (I-II, q. LVII, a. 4, ad 3).

actif de la volonté, pour les principes le mouvement logique de l'intelligence. Comme le raisonnement lie la pensée aux principes, de même l'élection, le choix volontaire, lie le vouloir à la fin. Or, le choix est fait par la raison, sous la motion de la volonté. Il conviendra donc qu'il y ait dans la raison une disposition habituelle à bien choisir les moyens de parvenir à la fin vers laquelle la volonté sera tournée elle-même par une bonne direction de son inclination naturelle : par cet accord, la *prudence* sera complète (1). Pour bien vivre, l'homme aura, tout ensemble, une vertu intellectuelle par laquelle il verra aisément où et comment il faut appliquer sa liberté de choisir et de se déterminer, et quelque vertu morale qui portera son appétition volontaire vers la

(1) Perfectio autem et rectitudo rationis in speculativis dependet ex principiis, ex quibus ratio syllogizat... In humanis autem actibus se habent fines sicut principia in speculativis, ut dicitur in VII *Ethic.*, cap. VIII : et ideo ad prudentiam, quæ est recta ratio agibilium, requiritur quod homo sit bene dispositus circa fines ; quod quidem est per appetitum rectum. Et ideo ad prudentiam requiritur moralis virtus, per quam fit appetitus rectus (I-II, q. LVII, a. 4).

perfection que sa vie doit avoir et, par là, dirigera vers le but normal la raison elle-même. C'est ainsi que la rectitude de la volonté est contenue dans la vertu de *prudence*.

Aristote résume la différence entre la *prudence* et *l'art* dans cette remarque exacte : « Celui qui volontairement fait une faute est préférable, s'il s'agit d'*art*, mais moins bon, s'il s'agit de *prudence*, comme il arrive pour les vertus. Il est donc évident que la *prudence* est une vertu, et non pas un art » (1). Et en effet, celui qui volontairement est fautif, dans un ouvrage d'art, laisse par là supposer qu'il ne manque pas d'habileté artistique, mais que seulement il lui a plu accidentellement de ne pas suivre les règles de l'art ; tandis que celui qui est volontairement imprudent donne à penser qu'il a quelque défaut de prudence en son âme, la vertu ici comprenant la volonté de bien agir (2).

(1) Καὶ ἐν μὲν τέχνῃ ὁ ἑκὼν ἁμαρτάνων αἱρετώτερος, περὶ δὲ φρόνησιν ἧττον, ὥσπερ καὶ περὶ τὰς ἀρετάς. Δῆλον οὖν ὅτι ἀρετή τίς ἐστι καὶ οὐ τέχνη (Eth. Nic., VI, v (7), F. D.).

(2) Ars non præsupponit appetitum rectum. Et inde est quod magis laudatur artifex qui volens-

Ajoutons, avec saint Thomas, que celui qui n'agit prudemment que par le conseil d'autrui, et non par un jugement de sa propre raison, n'a qu'une prudence empruntée (1). Tout au moins faut-il, pour être vraiment prudent, s'être approprié le conseil d'autrui par une adhésion personnelle d'intelligence et de volonté.

La *prudence* appelle le concours de plusieurs autres vertus dérivées de l'entendement spéculatif, qui sont intimement liées à elle par une coopération où se montre clairement l'union de la raison pure et de la raison pratique dans la même lumière intellectuelle.

peccat, quam qui peccat nolens ; magis autem contra prudentiam est, quod aliquis peccat volens, quam nolens ; quia rectitudo voluntatis est de ratione prudentiæ, non autem de ratione artis. Sic igitur patet quod prudentia est virtus distincta ab arte (I-II, q. LVII, a. 4).

(1) Dum homo bonum operatur non secundum propriam rationem, sed motus ex consilio alterius, nondum est omnino perfecta operatio ipsius, quantum ad rationem dirigentem et quantum ad appetitum moventem : unde, si bonum operatur, non tamen simpliciter bene, quod est bene vivere (I-II, q. LVII, a. 5, ad 2).

Sans doute, c'est la *prudence* elle-même, vertu de la raison pratique, qui commande ce qu'il convient de faire pour que l'action humaine soit, dans sa réalité singulière, bien ordonnée à la véritable fin que la volonté doit aimer en telle circonstance. Mais, pour prononcer ce commandement, cet impératif, la *prudence* a besoin d'y voir clair, de savoir comment il faut se conduire. Or, pour acquérir cette connaissance, elle profite de la vertu de *conseil*, qui dispose à rechercher les moyens raisonnables d'atteindre la fin, et de la vertu de *jugement*, qui rend apte à décider quels sont les moyens vraiment raisonnables. Ces deux vertus ont en elles-mêmes un caractère relativement spéculatif, parce qu'elles sont faites pour voir la vérité, et non pas proprement pour commander l'action ; elles sont, cependant, au service de la vertu pratique de *prudence*, qui les applique à la conduite de la vie (1) ; car, au point de vue de la morale,

(1) Circa agibilia autem humana tres actus rationis inveniuntur, quorum primus est consiliari, secundus judicare, tertius est præcipere. Primi autem duo respondent actibus intellectus speculativi, qui sunt : inquirere et judicare : nam consi-

c'est-à-dire de la perfection de l'action humaine, la vertu qui a le commandement effectif joue un rôle principal, par rapport aux vertus qui seulement indiquent, en éclairant la route, comment on arrivera au but.

Ce qui montre bien cette prépondérance de la vertu pratique de *prudence* proprement dite, c'est qu'il n'est pas très rare de voir des hommes de bon conseil et de bon jugement qui, en fait, agissent mal, parce que leur raison ne va pas jusqu'à commander positivement ce qu'elle a vu comme en théorie (1).

Le bon conseil et le bon jugement sont, si l'on veut, déjà de la prudence, mais en ce sens que la *prudence* délibère et juge par l'in-

lium inquisitio quædam est. Sed tertius actus est proprie practici intellectus, inquantum est operativus : non enim ratio habet præcipere ea quæ per hominem fieri non possunt ; manifestum est autem quod, in his quæ per hominem fiunt, principalis actus est præcipere, ad quem alii ordinantur (I-II, q. LVII, a. 6).

(1) Judicium in agendis ad aliquid ulterius ordinatur : contingit enim aliquem bene judicare de aliquo agendo, et tamen non recte exequi ; sed ultimum complementum est, quando ratio jam bene præcepit de agendis (I-II, q. LVII, a. 6, ad 2).

termédiaire de deux autres vertus intellectuelles, qui lui sont annexées et soumises (1). La *prudence*, toutefois, n'est vraiment entière que lorsqu'elle a l'énergie suffisante pour accomplir son acte propre, qui est le commandement moral.

Aristote considérait comme note caractéristique de la *prudence* la capacité de bon conseil, de bonne délibération (2) ; il appelait la vertu de *conseil* εὐβουλία. Quant à la vertu de *jugement*, il la subdivisait en deux, l'une qu'il nommait σύνεσις, simple *jugement*, et l'autre, γνώμη, que l'on peut traduire par vertu de *discernement* (3). Il définissait la γνώμη : « le jugement droit de ce qui est modéré ; droit, c'est-à-dire conforme à la vérité » (4). De γνώμη vient συγγνώμη, indulgence.

(1) Prudentia est bene consiliativa, non quasi bene consiliari sit immediate actus ejus, sed quia hunc actum perficit mediante virtute sibi subjecta, quæ est *eubulia* (I-II, q. LVII, a. 6, ad 1).
(2) Ὥστε καὶ ὅλως ἂν εἴη φρόνιμος ὁ βουλευτικός ('HΘ. Νικ., VI, v (2), F. D.).
(3) 'HΘ. Νικ., VI, IX, X, XI, F. D.
(4) Ἡ δὲ καλουμένη γνώμη... ἡ τοῦ ἐπιεικοῦς ἐστι κρίσις ὀρθή... Ὀρθὴ δ'ἡ τοῦ ἀληθοῦς ('HΘ. Νικ., VI, XI (1), F. D.).

Saint Thomas a conservé, en les latinisant, les noms qu'Aristote donnait aux trois vertus de *conseil*, de *jugement* et de *discernement* : il appelle ces vertus *eubulia, synesis, gnome* (1). Et il explique que le simple jugement juge d'après la loi commune, dans les circonstances ordinaires, tandis que le discernement ou la perspicacité juge d'après une règle supérieure, dans les circonstances extraordinaires où la loi commune ne s'applique plus (2).

Cette distinction est à retenir ; car c'est vraiment l'effet particulier d'une vertu éminente que de savoir discerner, dans des cas extraordinaires, une raison légitime d'agir qui est, en apparence, opposée aux règles communes, parce qu'elle les domine par un règle plus élevée. Celui qui a cette perspicacité est

(1) Et ideo virtuti quæ est bene præceptiva, scilicet prudentiæ, tanquam principaliori adjunguntur tanquam secundariæ *eubulia*, quæ est bene consiliativa, et *synesis* et *gnome*, quæ sunt partes judicativæ (I-II, q. LVII, a. 6).

(2) *Synesis* est judicativa de agendis secundum communem legem, *gnome* autem secundum ipsam rationem naturalem in his in quibus deficit lex communis (I-II, q. LVII, a. 6, ad 3).

indulgent, lorsque d'autres, moins pénétrants, condamnent : et telle paraît être la pensée d'Aristote.

II

VERTUS MORALES

I. — Les vertus morales sont des perfections habituelles des puissances appétitives, volonté ou appétits sensitifs ; elles disposent à choisir le bien raisonnable. — Toute vertu est ou intellectuelle ou morale. La continence, qui lutte contre les passions, et la persévérance, malgré l'excès de tristesse, sont des perfections relatives de la volonté, plutôt que des vertus proprement dites.

I. — C'est très justement qu'Aristote fonde la division des vertus humaines en intellectuelles et morales sur la division radicale des puissances de l'âme en puissances douées de raison en elles-mêmes et puissances rationnelles seulement par participation (1).

Mais, après avoir posé franchement cette distinction, il semble donner occasion de con-

(1) 'Ηθ. Νιϰ., I, xiii (19) (20), F. D.

fondre ces deux genres de vertus, en rattachant le mot ἦθος, mœurs, d'où dérive le qualificatif ἠθικός, moral, au mot ἔθος, coutume. Il le fait pour montrer que les vertus morales s'acquièrent par répétition d'actes (1). Mais ce mode d'acquisition est générateur aussi de vertus intellectuelles : donc, par là, les deux sortes de vertus se ressemblent.

Saint Thomas remarque que le mot latin *mos* a deux sens, et qu'il signifie : *coutume*, et *inclination naturelle ou comme naturelle à une certaine action* ; tandis qu'en grec ces deux sens sont marqués par la différence de forme entre ἔθος et ἦθος.

Comme on entend par *moral* ce qui concerne une inclination à agir de telle manière, il convient de reconnaître des vertus proprement morales et de les attribuer aux puissances appétitives, à qui appartient spécialement l'inclination et qui ont la capacité et la mission de mettre en mouvement toutes les facultés de l'âme.

Ce n'est pas à dire que le rapprochement fait par Aristote entre ἦθος et ἔθος soit arbitraire.

(1) 110. Niz., II, 1 (1) (2), F. D.

Mœurs et *coutume* ont vraiment une similitude, la coutume faisant, comme on dit, de l'habitude une seconde nature, et ainsi assimilant à une inclination naturelle l'inclination acquise par actes réitérés (1).

En somme, les vertus morales sont perfections des puissances appétitives, volonté ou appétits sensitifs, et les vertus intellectuelles qualités de l'entendement.

L'auteur de l'*Ethique à Nicomaque* donne de la vertu morale la définition suivante : « Je parle, dit-il, de la vertu morale... Cette vertu est une habitude élective, existant dans un milieu, dans celui qui se rapporte à nous, selon la détermination de la raison et aussi

(1) Dicitur autem virtus moralis a *more*, secundum quod *mos* significat quamdam inclinationem naturalem vel quasi naturalem ad aliquid agendum. Et huic significationi moris propinqua est alia significatio, quæ significat consuetudinem ; nam consuetudo quodammodo vertitur in naturam et facit inclinationem similem naturali. Manifestum est autem quod inclinatio ad actum proprie convenit appetitivæ virtuti, cujus est movere omnes potentias ad agendum, ut ex supra dictis patet, q. IX, a. 1. Et ideo non omnis virtus dicitur moralis, sed solum illa quæ est in vi appetitiva (I-II, q. LVIII, a. 1).

selon la détermination que fixe l'homme prudent » (1).

Il faut entendre l'expression « habitude élective » non pas seulement en ce sens que les actes de vertu morale peuvent être faits sous l'empire d'un choix libre de la volonté ; car même les actes des vertus intellectuelles peuvent ainsi être voulus et accomplis quand il plaît à notre liberté d'y appliquer, en fait, notre intelligence. Ces mots signifient que la vertu morale, et elle seule, dispose l'appétit à à faire un choix conforme à la raison (2). Nous savons, en effet, que c'est la volonté qui décide l'élection : la disposition élective doit donc résider dans la volonté ou dans les appétits

(1) Λέγω δὲ τὴν ἠθικήν... Ἔστιν ἄρα ἡ ἀρετὴ ἕξις προαιρετική, ἐν μεσότητι οὖσα τῇ πρὸς ἡμᾶς, ὡρισμένη λόγῳ καὶ ὡς ἂν ὁ φρόνιμος ὁρίσειεν (Eth. Nic., II, vi (15), F. D.).

(2) Omnis actus virtutis potest ex electione agi ; sed electionem rectam agit sola virtus quæ est in appetitiva parte animæ. Dictum est enim supra, q. xiii, a. 1, quod eligere est actus appetitivæ virtutis. Unde *habitus electivus*, qui scilicet est electionis principium, est solum ille qui perficit vim appetitivam ; quamvis etiam aliorum habituum actus sub electione cadere possint (I-II, q. LVIII, a. 1, ad 2).

dont les inclinations sont influencées par elle et l'influencent à leur tour. Le principe actif de l'élection est dans la partie appétitive de l'âme, parce que, dans tous les cas où il y a lieu de choisir, les objets proposés par la connaissance sont insuffisants, par eux-mêmes, à déterminer nécessairement l'application de l'énergie humaine en leur faveur : il faut que l'âme porte elle-même son énergie sur tel ou tel objet, par une initiative qui vient de sa faculté propre de se mouvoir.

La vertu morale est nécessaire à l'homme précisément parce qu'il ne suffit pas à son intelligence de voir le vrai pour que son appétit se porte au bien pratiquement, particulièrement, avec cette singularité positive qui doit être dans tout acte volontaire. Nous l'avons dit, Socrate se trompait quand il plaçait toute la vertu dans l'intelligence et supposait que l'ignorance seule est cause de l'imperfection ou de la méchanceté du vouloir (1). L'ap-

(1) Hæc fuit opinio Socratis, qui dixit *omnes virtutes esse prudentias*, ut dicitur in VI *Ethic.*, cap. ult. Unde ponebat quod homo, scientia in eo existente, peccare non poterat; sed quicumque peccabat, peccabat propter ignorantiam. Hoc autem pro-

pétition sensible et la volonté même peuvent produire des actions singulières opposées à ce que voit la raison universelle. Donc, les vertus intellectuelles risquent fort d'être stériles, s'il n'y a dans la partie appétitive de l'âme des vertus morales, qui conforment les inclinations passionnelles et les tendances de la volonté aux bonnes dispositions de l'esprit, et exercent leur influence sur la raison elle-même, pour l'amener à bien juger sur les points particuliers de la vie pratique (1).

Lorsqu'Aristote dit que la vertu morale est « selon la détermination fixée par l'homme prudent », cela ne signifie point que la prudence, en tant que vertu intellectuelle, fasse partie de l'essence même de toute vertu morale, mais plutôt que cette disposition habituelle de l'esprit, une fois formée, est destinée à diriger toutes les vertus des appétits humains.

cedit ex suppositione falsi; pars enim appetitiva obedit rationi non omnino ad nutum, sed cum aliqua contradictione (I-II, q. LVIII, a. 2).

(1) Sic igitur, ad hoc quod homo bene agat, requiritur quod non solum ratio sit bene disposita per habitum virtutis intellectualis, sed etiam quod vis appetitiva sit bene disposita per habitum virtutis moralis (I-II, q. LVIII, a. 2).

c'est-à-dire toutes les vertus morales, et à les imprégner, à son tour, de son influence (1).

Si l'on compte la *prudence* au nombre des vertus morales, c'est qu'elle a le même objet que ces vertus, puisqu'elle s'applique à l'action, pour en déterminer le mode et la mesure, et la commander à l'homme tout entier. Néanmoins, dans son essence, c'est une vertu de l'entendement (2).

Cette division en intellectuelles et morales comprend toutes nos vertus naturelles : en effet, connaissance et appétition sont les deux genres d'actes qui embrassent toute l'activité proprement humaine dans l'ordre naturel (3

---

(1) Recta ratio, quae est secundum prudentiam, ponitur in definitione virtutis moralis, non tanquam pars essentiae ejus, sed sicut quiddam participatum in omnibus virtutibus moralibus, inquantum prudentia dirigit omnes virtutes morales (I-II, q. LVIII, a. 2, ad 4).

(2) Prudentia secundum essentiam suam est intellectualis virtus, sed secundum materiam convenit cum virtutibus moralibus ; est enim *recta ratio agibilium*, ut supra dictum est, q. LVII, a. 4, et secundum hoc virtutibus moralibus connumeratur (I-II, q. LVIII, a. 3, ad 1).

(3) Virtus humana est quidam habitus perficiens

Ne semble-t-il pas, cependant, qu'il y ait quelque vertu intermédiaire entre les vertus intellectuelles et les vertus morales ?

Nous avons placé les vertus modératrices des passions, force et tempérance, dans les appétits sensitifs comme en leur sujet : bien que la volonté soit le principe actif générateur de ces vertus, elle n'a pas besoin de dispositions habituelles ajoutées à sa nature, pour les produire ; son inclination et sa liberté essentielles suffisent à ce travail. Mais où mettrons-nous la continence, par exemple, si c'est vraiment une vertu ? Par elle, l'homme résiste aux passions sensuelles soulevées contre la loi rationnelle : ce n'est donc pas dans l'appétit passionnel qu'elle demeure, si elle est vertu, c'est-à-dire habitude conforme à la raison. Mais elle n'est pas, non plus, dans la volonté, si c'est une vertu proprement dite, puisque la volonté ne demande pas une telle vertu pour résister elle-même aux passions déréglées. Elle n'est

hominem ad bene operandum. Principium autem humanorum actuum in homine non est nisi duplex, scilicet intellectus sive ratio, et appetitus... Unde relinquitur quod omnis virtus humana vel est intellectualis vel moralis (I-II, q. LVIII, a. 3).

pas davantage dans la raison comme en son sujet précis, puisqu'il s'agit manifestement d'une énergie active.

Quelle est donc la nature et quel est le siège d'une telle vertu, qui ne paraît être ni vertu intellectuelle ni vertu morale? Serait-ce que la continence n'est pas une vertu ?

En effet, ce n'est pas une vertu au sens strict, mais seulement en un sens large, comme cause intime d'acte humain digne d'éloge (1). A vrai dire, la continence n'est qu'un développement de la volonté seule, relatif et limité, qui ne va pas jusqu'à assouplir et soumettre

---

(1) Hoc autem modo continentia habet aliquid de ratione virtutis, inquantum scilicet ratio firmata est contra passiones ne ab eis deducatur; non tamen attingit ad perfectam rationem virtutis moralis, secundum quam etiam appetitus sensitivus subditur rationi sic ut in eo non insurgant vehementes passiones rationi contrariæ. Et ideo Philosophus dicit, in IV *Ethic.*, cap. ult., quod *continentia non est virtus, sed quædam mixta*, inquantum scilicet habet aliquid de virtute et in aliquo deficit a virtute. Largius tamen accipiendo nomen virtutis pro quolibet principio laudabilium operum, possumus dicere continentiam esse virtutem (II-II, q. CLV, a. 1).

entièrement à l'empire rationnel les passions auxquelles on résiste. Elle n'est pas une disposition habituelle qui s'ajoute à la nature de la puissance de vouloir: elle est la volonté elle-même se possédant mieux, plus dégagée des influences qui ont pu ou pourraient l'affaiblir, et, par suite, plus fortement inclinée au bien raisonnable, qui est sa fin et sa raison d'être (1).

Résister à la passion n'est qu'un acte de vertu imparfaite, si l'on veut l'appeler acte de vertu. La vertu intégrale, ce serait la tempérance, qui modère et règle la passion au point de la rendre docile aux lois du devoir, et la tempérance a pour sujet l'appétit sensitif qu'elle perfectionne.

La persévérance volontaire dans le bien, malgré l'excès de tristesse sensible qu'on éprouve à l'accomplir, est de même genre que

(1) Continens, quamvis patiatur vehementes concupiscentias, tamen eligit non sequi eas propter rationem ; incontinens autem eligit sequi eas, non obstante contradictione rationis. Et ideo oportet quod continentia sit sicut in subjecto in illa vi animæ cujus actus est electio : et hæc est voluntas, ut supra habitum est, I-II, q. XIII, a. 1 (II-II, q. CLV, a. 3).

la continence : ce n'est pas une vertu achevée, mais simplement une perfection relative de la volonté (1). Certes, elle peut être louable et méritoire ; mais la vertu totale suppose plus d'accord entre les facultés rationnelles et la sensibilité, née pour leur obéir et se plier à leur direction.

11. — Distinctes l'une de l'autre, la vertu intellectuelle et la vertu morale sont étroitement associées ensemble, si bien que la vertu morale ne peut exister sans quelque vertu intellectuelle, et que l'une au moins des vertus intellectuelles exige la collaboration de la vertu morale.

Sans doute, les vertus intellectuelles de *sagesse*, de *science* et d'*art* ne sont pas indispensables à la vertu morale, bien que la *sagesse* lui soit fort utile (2) ; cette vertu de *sagesse* ne

---

(1) Et propter hoc continentia a delectationibus et perseverantia in tristitiis non sunt virtutes, sed aliquid minus virtute, ut Philosophus dicit, in VII *Ethic.*, cap. I et IX (I-II, q. LVIII, a. 3, ad 2).

(2) Virtus moralis potest quidem esse sine quibusdam intellectualibus virtutibus, sicut sine sapientia, scientia et arte (I-II, q. LVIII, a. 4).

lui est pas absolument nécessaire, parce que l'on peut, à la rigueur, être moralement vertueux sans avoir une habitude d'esprit tournée vers les profondeurs métaphysiques; s'il n'en était ainsi, trop d'âmes seraient exclues de la moralité habituelle. Encore plus manifestement, peut-on avoir de la vertu morale sans être savant de science particulière ni artiste ou artisan habile.

Mais nul n'est vertueux moralement, s'il n'a la *prudence* (1); car, pour être habituellement disposé à choisir le bien moral, il ne suffit pas d'avoir de bonnes inclinations dirigées vers un bien final; il faut encore être préparé intimement à bien délibérer, à bien juger, à se bien commander à soi-même, ce qui est le

---

(1) Sine prudentia quidem esse non potest moralis virtus, quia moralis virtus est *habitus electivus*, id est faciens bonam electionem. Ad hoc autem quod electio sit bona duo requiruntur: primo ut sit debita intentio finis, et hoc fit per virtutem moralem...; secundo ut homo recte accipiat ea quæ sunt ad finem, et hoc non potest esse nisi per rationem recte consiliantem, judicantem et præcipientem; quod pertinet ad prudentiam et ad virtutes ei annexas, ut supra dictum est, q. LVII, a. 4, 5 et 6 (I-II, q. LVIII, a. 4).

propre de la *prudence* et des vertus qui l'accompagnent.

Par cela même, l'*intelligence* habituelle *des principes* est nécessaire à la vertu morale (1) ; en effet, cette vertu d'intelligence s'applique, non seulement aux principes de la spéculation proprement dite, mais encore à ceux de l'action pratique. Notons encore ici que la raison spéculative et la raison pratique ont pour sujet la même puissance d'entendement et ne sont que des branches de la même intelligence fondamentale (2).

Mais, heureusement, les âmes simples, sans science, peuvent avoir cette *intelligence des principes* de la conduite ainsi que la *prudence*, et souvent les ont à un degré plus haut que les plus grands savants. Ce qu'il faut, avant tout, pour être homme de bien, c'est la constante droiture d'intention, la soumission des appétits à la raison et la justesse de vue pratique.

(1) Unde virtus moralis sine prudentia esse non potest ; et per consequens nec sine intellectu ; per intellectum enim cognoscuntur principia naturaliter nota tam in speculativis quam in operativis (I-II, q. LVIII, a. 4).

(2) *La Connaissance*, p. 221.

Ce serait, d'ailleurs, une grave erreur de croire que de bonnes tendances natives de la volonté et des inclinations sensibles suffisent pour être moralement vertueux. Loin de là, sans la *prudence* et sans l'*intelligence des principes*, ces tendances peuvent être dangereuses, parce qu'elles peuvent entraîner aux extrêmes sans jugement et sans règle (1); par exemple, à trop d'ardeur ou à trop de froideur, à trop de vivacité ou à trop de mollesse, à donner sans proportion et sans mesure ou à trop garder de son bien.

Saint Thomas enseigne, à ce propos, avec Aristote, que la vertu morale n'est pas seulement la droite raison, comme disait Socrate, ni seulement *selon* la droite raison, comme disaient les Platoniciens, mais *avec* la droite raison (2); il faut que la raison pratique, elle-même, conduise et modère l'action.

---

(1) Hujusmodi enim inclinatio quanto est perfectior, tanto potest esse periculosior, nisi recta ratio adjungatur, per quam fit recta electio eorum quæ conveniunt ad debitum finem (I-II, q. LVIII, a. 4, ad 3).

(2) Et ideo, etsi virtus moralis non sit ratio recta, ut Socrates dicebat, non tamen solum est secundum

D'autre part, d'après ce que nous avons dit, il est certain que *sagesse, intelligence, science, art* peuvent exister sans vertu morale ; car l'esprit peut connaître la vérité théorique ou les conditions d'un bel et bon ouvrage, sans que la volonté ni l'appétit passionnel soient disposés à bien agir.

Mais, ne craignons pas d'y insister, la *prudence,* pour être une solide disposition habituelle, a besoin absolument de vertu morale (1). Son objet est de commander en fait l'action humaine par application singulière des vrais principes de conduite. Or, si la volonté n'est

rationem rectam, inquantum inclinat ad id quod est secundum rationem rectam, ut Platonici posuerunt; sed etiam oportet quod sit cum ratione recta, ut Aristoteles dicit, in VI *Ethic.*, cap. ult. (I-II, q. LVIII, a. 4, ad 3. — 'ΗΘ. Νιχ., VI, xiii (5), F. D.

(1) Aliæ virtutes intellectuales sine virtute morali esse possunt; sed prudentia sine virtute morali esse non potest... Sicut homo disponitur ad recte se habendum circa principia universalia per intellectum naturalem vel per habitum scientiæ, ita ad hoc quod recte se habeat circa principia particularia agibilium, quæ sunt fines, oportet quod perficiatur per aliquos habitus secundum quos fiat quodammodo homini connaturale recte judicare de fine ; et hoc fit per virtutem moralem (I-II, q. LVIII, a. 5).

pas droite dans ses tendances et si la passion porte au mal, la vue du bien véritable sera facilement troublée, le jugement de fait, en ce qui concerne la conduite, pourra être déformé, l'ordre d'agir pourra être donné de travers, et il en sera le plus souvent ainsi. La vertu morale est donc nécessaire pour être prudent, puisque c'est elle qui est destinée à rectifier les inclinations humaines.

Aristote avait donc raison de conclure : « Ce que nous avons dit montre clairement qu'il n'est pas possible d'être vraiment homme de bien sans *prudence*, ni prudent sans la vertu morale » (1).

III. — Pour achever de caractériser la nature des vertus morales, comparons-les avec les passions.

D'abord, la vertu morale n'est pas une passion. Suivant son habitude d'analyse, saint Thomas en donne les raisons suivantes (2).

---

(1) Δῆλον οὖν ἐκ τῶν εἰρημένων, ὅτι οὐχ οἷόν τε ἀγαθὸν εἶναι κυρίως ἄνευ φρονήσεως, οὐδὲ φρόνιμον ἄνευ τῆς ἠθικῆς ἀρετῆς ('Ηθ. Νικ., VI, xiii (6), F. D.).

(2) Virtus moralis non potest esse passio. Et hoc patet triplici ratione. Primo quidem quia passio est

La passion est un mouvement d'appétit sensitif. La vertu morale n'est pas un mouvement, mais plutôt un principe de mouvement d'appétit, une disposition habituelle à tendre à un but par l'action.

Observons, à cet égard, que cette différence ne paraît pas se trouver dans la première passion fondamentale, l'amour, si l'on considère cette passion à l'état de principe secret et permanent de mouvement passionnel, plutôt que comme impression actuellement produite dans

---

motus quidam appetitus sensitivi, ut supra dictum est, q. XXII, a. 3. Virtus autem moralis non est motus aliquis, sed magis principium appetitivi motus, habitus quidam existens. Secundo quia passiones ex seipsis non habent rationem boni vel mali... Nihil autem tale potest esse virtus, quum virtus solum ab bonum se habeat, ut supra dictum est, q. LV, a. 3. Tertio quia, dato quod aliqua passio se habeat ad bonum solum vel ad malum solum, secundum aliquem modum, tamen motus passionis, inquantum passio est, principium habet in ipso appetitu et terminum in ratione, in cujus conformitatem appetitus tendit. Motus autem virtutis est e converso principium habens in ratione et terminum in appetitu, secundum quod a ratione movetur (I-II, q. LIX, a. 1).

l'appétit sensitif par la connaissance actuelle du bien sensible. Source constante de vie, l'amour a de l'analogie avec la vertu.

D'autre part, la passion, par elle-même, n'est ni bonne ni mauvaise. La vertu, au contraire, est toujours bonne, elle est essentiellement bonne, parce qu'elle est, par essence, une disposition à bien faire. L'homme vertueux peut accidentellement mal agir, parce qu'il reste libre ; mais, en agissant mal, il ne fait pas acte de vertu.

Au surplus, une passion qui d'elle-même se conformerait à la raison, en tant que passion, prendrait l'origine de son mouvement dans l'appétit et aurait son terme dans la raison à laquelle elle tendrait à se conformer. Inversement, dans la vertu, le mouvement de l'âme part de la raison comme de son principe et tend à l'appétit comme à son terme ; car c'est la raison qui détermine le point où doit se tenir l'habitude vertueuse de l'appétit et qui lui commande de s'y tenir.

La vertu morale n'est donc pas simplement une passion moyenne entre deux extrêmes : mais elle fixe la vie dans le milieu raisonnable entre les passions immodérées en plus ou en moins (1). On peut avoir quelque passion modérée, sans être pour cela vertueux, si ce n'est pas précisément par raison que l'on garde la mesure convenable dans la passion. Mais la vertu digne de ce nom s'applique à imposer à toutes les passions la règle du devoir et à les maintenir raisonnables entre tous les excès.

Les Stoïciens, nous l'avons vu, prétendaient, en outre, que la vertu morale ne peut pas coexister avec la passion voulue ou acceptée délibérément. Mais saint Thomas, avec saint Augustin, se range à l'avis d'Aristote, selon lequel les passions délibérément désordonnées sont les seules qui ne puissent pas se trouver avec la vertu morale, tandis que les passions bien ordonnées par la raison et la volonté libre sont naturellement dans l'homme vertueux et peuvent être pour lui d'utiles instruments (2).

(1) Virtus secundum suam essentiam non est medium inter passiones, sed secundum suum effectum, quia scilicet inter passiones medium constituit (I-II, q. LIX, a. 1, ad 1).
(2) Si igitur passiones dicantur inordinatæ affectiones, non possunt esse in virtuoso, ita quod post

Cette doctrine est très respectueuse de la nature humaine : si nous sommes esprits par l'intelligence et par la volonté, nous sommes aussi âmes sensibles et impressionnables. L'ordre moral ne consiste pas nécessairement à annuler en nous la sensibilité, l'émotion passionnelle, ou à y demeurer indifférents dans la partie supérieure de nous-mêmes ; il est dans la rationnelle ordonnance de toutes nos facultés, chacune pouvant collaborer, pour sa part et en son rang, à l'œuvre normale de la vie.

Parmi les passions, il en est une particulièrement que les Stoïciens regardaient comme incompatible avec la vertu : c'est la tristesse. D'abord, selon leur philosophie, la vertu est le seul vrai bien de l'homme, les biens du corps ne doivent être comptés pour rien : le seul vrai mal à l'égard duquel la tristesse soit raisonnable, est donc le mal moral ; et, ce mal ne pouvant exister dans l'homme

deliberationem eis consentiatur, ut Stoici posuerunt. Si vero passiones dicantur quicumque motus appetitivi sensitivi, sic possunt esse in virtuoso, secundum quod sunt a ratione ordinatæ (I-II, q. LIX, a. 2).

vertueux, la tristesse ne peut accompagner la vertu. De plus, cette passion a pour cause déterminante une sorte de victoire du mal actuel sur l'âme : or, l'âme vertueuse est trop indépendante et trop forte pour se laisser ainsi dominer par le mal ; donc, la vertu s'affranchit de toute tristesse.

Saint Thomas réfute ces exagérations.

Sans doute, si la tristesse est immodérée, elle n'a pas le droit d'habiter avec la vertu ; mais, si elle est raisonnablement mesurée, elle ne mérite pas d'être exclue rigoureusement (1).

(1) Sed hoc irrationabiliter dicitur. Quum enim homo sit ex anima et corpore compositus, id quod confert ad vitam corporis conservandam, aliquod bonum hominis est ; non tamen maximum, quia eo potest homo male uti : unde et malum huic bono contrarium in sapiente esse potest et tristitiam moderatam inducere. Praeterea, etsi virtuosus sine gravi peccato esse possit, nullus tamen invenitur qui absque levibus peccatis vitam ducat... Tertio quia virtuosus, etsi peccatum non habeat, forte quandoque habuit ; et de hoc laudabiliter dolet... Quarto quia potest etiam dolere laudabiliter de peccato alterius. Unde, eo modo quo virtus moralis compatitur alias passiones ratione moderatas, compatitur etiam tristitiam (I-II, q. LIX, a. 3).

En effet, les maux du corps sont de vrais maux, comme les biens du corps sont de vrais biens, en cette vie ; quoique ceux-ci ne soient pas notre bien le plus grand, car nous pouvons en mal user. Il est donc légitime que nous ayons quelque tristesse, lorsqu'il nous manque ce qui est nécessaire à la vie mixte de corps et d'âme. L'homme vertueux peut aussi s'attrister de ses fautes légères actuelles, car il n'est pas impeccable, de ses fautes passées peut-être plus graves, et, en tout cas, des fautes d'autrui : pareille tristesse est très louable, et peu sincère serait celui qui ne s'avouerait pas coupable de quelque faute, présente ou passée, si vertueux qu'il fût. D'ailleurs, être triste avec mesure, ce n'est pas se laisser vaincre par le mal de façon déraisonnable (1) ; c'est

(1).Est enim aliquod malum quod potest esse virtuoso praesens, ut dictum est art. praec., quod quidem malum ratio detestatur. Unde appetitus sensitivus in hoc sequitur detestationem rationis quod de hujusmodi malo tristatur, moderate tamen secundum rationis judicium. Hoc autem pertinet ad virtutem ut appetitus sensitivus rationi conformetur, ut dictum est a. 1 et 2 hujus quæst. Unde ad virtutem pertinet quod tristetur moderate in quibus tristandum est, sicut etiam Philosophus dicit,

éprouver, non seulement dans la volonté, mais dans la région sensible de l'âme, une émotion conforme et proportionnée au jugement rationnel qui déclare que le mal ne doit pas être approuvé ni vu avec indifférence, puisqu'il est contraire à la saine nature. Au surplus, une tristesse ainsi modérée, en face d'un mal véritable, est d'un fort utile secours pour fuir ce mal et le combattre.

La vertu ne doit donc pas être triste de ce qui lui convient, de ce qui lui appartient en propre : elle doit être joyeuse de faire le bien et de le voir faire autour de soi. Mais il est bon qu'elle s'attriste, sans excès, de ce qui répugne à la vertu même ou à la perfection naturelle de l'homme (1).

Dans cet ordre d'idées, il sied à la vertu de

in II *Ethic.*, cap. VI et VII. Et hoc etiam utile est ad fugiendum mala. Sicut enim bona propter delectationem promptius quæruntur, ita mala propter tristitiam fortius fugiuntur (I-II, q. LIX, a. 3).

(1) Sic igitur dicendum est quod tristitia de his quæ conveniunt virtuti non potest simul esse cum virtute, quia virtus in propriis delectatur ; sed de his quæ quocumque modo repugnant virtuti, virtus moderate tristatur (I-II, q. LIX, a 3).

soupirer, avec quelque tristesse, vers une existence moins tourmentée où l'âme puisse jouir plus profondément et plus paisiblement de la contemplation des choses divines : et ce bonheur est, dans une certaine mesure, appréciable par la philosophie même, qui n'est pas étrangère à une connaissance naturelle de la Divinité (1).

Il n'y a donc pas antipathie nécessaire entre la passion et la vertu. Mais faut-il aller jusqu'à dire que toute vertu morale a un rapport avec la passion ?

Certes, si l'acte de vertu donne une joie profonde, et si l'âme vertueuse s'attriste du mal moral, cette joie et cette tristesse, si spirituelles qu'elles soient, ont leur rejaillissement dans la sensibilité passionnelle. Mais il n'en est pas moins vrai que la vertu morale n'a pas toujours pour objet propre d'agir sur la passion ; elle peut avoir pour matière et pour champ d'action les opérations de la volonté

---

(1) Si autem loquamur de felicitate contemplativa de qua philosophi tractaverunt, ad hujusmodi delectationem voluntas natus ali desiderio ordinatur (Q. disput. *de Virtut. in comm.*, a. 5, ad 8).

elle-même, que la raison a pour mission aussi de régler et de modérer (1).

Si l'on parle des vertus morales qui ont pour but de dompter les passions, il faut reconnaître qu'elles ne peuvent exister sans passion dans la vie ordinaire. En effet, de pareilles vertus ne sauraient exiger que la passion soit anéantie ni la considérer comme superflue : leur rôle est de calmer, de diriger, de tourner au bien les mouvements passionnels, non de les détruire ou de les annuler. Aucune force humaine n'étant inutile dans l'harmonie totale de l'action morale, la vertu est chargée d'employer avec mesure à des actes honnêtes les énergies inférieures, et non de les effacer entièrement (2).

(1) Ratio autem ordinat non solum passiones appetitus sensitivi, sed etiam ordinat operationes appetitus intellectivi, qui est voluntas, quæ non est subjectum passionis, ut supra dictum est, q. xxii, a. 3. Et ideo non omnis virtus moralis est circa passiones, sed quædam circa passiones, quædam circa operationes (I-II, q. lix, a. 4).

(2) Virtutes morales quæ sunt circa passiones sicut circa propriam materiam, sine passionibus esse non possunt. Cujus ratio est quia secundum hoc sequeretur quod virtus moralis faceret appeti-

Mais, s'il s'agit des vertus qui ont trait directement aux opérations de la volonté, comme la justice, par exemple, il est certain que ces vertus sont, par leur nature même, en dehors de la passion et peuvent exister sans elle. Toutefois, comme leurs actes engendrent la joie intellectuelle, et que celle-ci, quand elle est intense, à la suite d'une haute vertu, a son rayonnement dans la sphère sensible, plus une telle vertu est grande et forte, plus elle suscite de passion accessoire, d'épanouissement dans l'appétit sensitif (1).

tum sensitivum omnino otiosum. Non autem ad virtutem pertinet quod ea quæ sunt subjecta rationi a propriis actibus vacent, sed quod exequantur imperium actionis, proprios actus agendo (I-II, q. LIX, a. 5).

(1) Virtutes autem morales quæ non sunt circa passiones, sed circa operationes, possunt esse sine passionibus, et hujusmodi virtus est justitia, quia per eam applicatur voluntas ad proprium actum, qui non est passio. Sed tamen ad actum justitiæ sequitur gaudium, ad minus in voluntate, quod non est passio ; et si hoc gaudium multiplicetur per justitiæ perfectionem, fiet gaudii redundantia usque ad appetitum sensitivum... Et sic, per redundantiam hujusmodi, quanto magis fuerit perfecta, tanto magis passionem causat (I-II, q. LIX, a. 5).

Donc, en résumé, la vertu morale est supérieure aux passions déréglées et faite pour les dominer ; mais elle produit elle-même, par contre-coup, des passions proportionnées à son énergie, ou s'incarne même en des passions modérées, par action directe sur la sensibilité (1).

(1) Virtus passiones inordinatas superat, moderatas autem producit (I-II, q. LIX, a. 5, ad 1).

VIII

CLASSIFICATION

DES

VERTUS MORALES

CLASSIFICATION
DES VERTUS MORALES

INTRODUCTION

Les vertus morales doivent être soigneusement distinguées entre elles. Elles peuvent être classées dans un ordre logique. Elles se rangent naturellement autour de quatre vertus principales, dites vertus *cardinales*.

Il est temps d'envisager les vertus morales en elles-mêmes, de voir à fond pourquoi et comment elles se distinguent les unes des autres, et de les coordonner entre elles, d'en faire une classification rationnelle et basée sur la nature.

Pour servir de centre à cette classification, se présente le noyau traditionnel des vertus dites *cardinales*. Nous expliquerons d'où leur vient ce nom, et nous rechercherons si elles sont dignes, en effet, d'être prises comme groupe central, d'où rayonnent les autres vertus naturelles.

Enfin, les vertus cardinales prennent, ce

semble, des formes variées où l'on peut apercevoir des degrés divers, des nuances hiérarchiques : il sera intéressant de suivre ces vertus dans leurs transformations.

Le résultat de tout ce travail sera de dresser un tableau de la grande famille des vertus morales, de mettre en relief les physionomies de ses membres principaux et de signaler déjà certaines modifications qu'ils éprouvent selon divers états, de plus en plus parfaits, de l'âme.

I

DIVISION DES VERTUS MORALES

I. — La vertu morale n'est pas unique. La distinction entre vertus relatives aux opérations et vertus relatives aux passions est vraiment motivée par une différence de matière. En ce qui a trait aux opérations, il faut distinguer plusieurs vertus morales. Pour les passions, la diversité des appétits sensitifs et la différence des objets exigent aussi plusieurs vertus morales.
II. — Les treize vertus morales énumérées par Aristote. Premier essai de classement de ces vertus par saint Thomas.

I. — Nous voulons distinguer entre elles et classer les vertus morales. Mais ne pourrait-on pas dire, avec plus de vérité, qu'il n'y a qu'une seule vertu morale, disposant l'appétit humain à bien agir, comme il n'y a qu'une seule prudence, disposant l'intelligence humaine à décider et à dicter ce qu'il faut faire, pour être homme de bien ? Cette unique vertu morale semblerait, alors, pouvoir répandre son influence sur toutes nos facultés d'appétition et sur leurs actes, comme la prudence commande toutes les bonnes actions et les dirige ; mais ce ne serait, néanmoins, toujours que la même vertu.

Ce point de vue unitaire n'est pas exact.

Il n'existe qu'une seule prudence, parce que cette vertu vise l'action sous la forme du vrai, en tant qu'au regard de l'intelligence il est vrai que ceci ou cela doit être fait. Sous ce mode, l'unité est certaine et formelle entre toutes les variétés d'actes moraux, et, comme il n'y a qu'une raison, il n'y a qu'une vertu intellectuelle de direction et d'ordonnance.

Mais, sous la forme du bien, du convenable but de tendance, l'objet de la vertu morale n'est pas unique, si on le considère en lui-même, mais multiple, et, par suite, la vertu morale est multiple aussi (1).

Sans doute, vu du côté de la raison direc-

(1) Objectum rationis est verum ; est autem eadem ratio veri in omnibus moralibus, quæ sunt contingentia agibilia ; unde est una sola virtus in eis dirigens, scilicet prudentia. Objectum autem appetitivæ virtutis est bonum appetibile, cujus est diversa ra-

trice, le bien, assimilable au vrai, a unité de forme rationnelle ; mais, comme le caractère rationnel n'appartient à l'appétition et à son objet que par participation, et non par première essence, les proportions diverses de l'objet de tendance par rapport à la raison constituent des espèces diverses à l'égard de l'action et de la vertu morales. La lumière intellectuelle, dans sa source, est extérieure au champ de l'appétition ; mais elle l'illumine et y forme la convenance au point de vue de la conduite : les objets d'action se prêtent diversement à cette formation, suivant leur essence primitive, leurs propriétés que l'on pourrait appeler physiques ; de là, une diversité spécifique dans leur constitution morale, sous le rayonnement de la raison (1).

tio secundum diversam habitudinem ad rationem dirigentem (I-II, q. LX, a. 1, ad 1).

(1) Virtutes morales sunt habitus quidem appetivæ partis. Habitus autem specie differunt secundum speciales differentias objectorum, ut supra dictum est, q. LIV, a. 2. Species autem objecti appetibilis, sicut et cujuslibet rei, attenditur secundum formam specificam, quæ est ab agente... Manifestum est autem quod in moralibus ratio est sicut imperans et movens, vis autem appetitiva sicut im-

Par exemple, dans un mouvement de colère et dans la prise du bien d'autrui, est une première nature d'acte que la raison ne pourra jamais transformer au point de faire de ces deux réalités une seule espèce morale ; leur diversité intrinsèque, matérielle, répugne à une telle unification. La raison pourra leur donner l'unité générique de moralité en bien ou en mal ; elles resteront, néanmoins, spécifiquement distinctes, même sous la forme morale que leur imprimera la raison.

Et qu'on ne dise point que, le bonheur étant la fin dernière unique de toute tendance humaine, l'action vraiment humaine, c'est-à-dire l'action morale, est une dans son fond caractéristique et que, par suite, la vertu morale est une aussi. Ce n'est pas la fin dernière qui fait l'espèce des choses morales, mais les fins

perata et mota. Non autem appetitus recipit impressionem rationis quasi univoce, quia non fit rationale per essentiam, sed per participationem, ut dicitur in I *Ethic.*, cap. ult. Unde appetibilia secundum motionem rationis constituuntur in diversis speciebus, secundum quod diversimode se habent ad rationem ; et ita sequitur quod virtutes morales sint diversæ secundum speciem, et non una tantum (I-II, q. LX, a. 1).

prochaines de nos actes : or, ces fins prochaines sont d'espèces différentes comme différemment proportionnées à l'ordre naturel, déterminé par la raison (1).

Mais ne semble-t-il pas, du moins, que la distinction, déjà annoncée, entre vertus relatives aux opérations et vertus appliquées aux passions soit plus verbale que réelle?

Aristote, tout en indiquant cette distinction, semble lui-même la ramener à l'unité, par ce motif que toute passion et toute opération sont accompagnées de plaisir ou de peine, par cette observation que le charme du plaisir nous entraîne à de mauvaises actions comme la crainte de la douleur nous détourne des œuvres bonnes et belles, par cette remarque aussi que tout ce qui est honnête et utile donne un certain plaisir : si bien que la vertu qui règle raisonnablement nos plaisirs et nos peines, par là même, ordonne convenablement toutes nos actions (2).

---

(1) Moralia non habent speciem a fine ultimo, sed a finibus proximis ; qui quidem, etsi infiniti sint numero, non tamen infiniti sunt specie (I-II, q. LX, a. 1, ad 3).

(2) Ἠθ. Νικομ., II, III, F. D,

Malgré la justesse de ces constatations, il faut maintenir qu'eu égard à leur matière, à leur objet immédiat, il est des vertus pour les opérations, et d'autres pour les passions (1).

En effet, dans certains actes, le bien et le mal sont considérés, non pas directement par rapport aux affections intérieures de l'homme qui les accomplit, mais selon la convenance ou l'inconvenance à l'égard d'autrui. C'est ainsi que la justice règle ce qui est dû ou n'est pas dû à un autre : l'action juste ou injuste est bonne ou mauvaise en elle-même, indépendamment du sentiment et de la passion qui intérieurement s'y ajoutent. Toute vertu morale qui a trait à de pareils actes est une vertu qui a pour objet l'opération même.

D'autres actes prennent le caractère de bien ou de mal précisément de l'ordre ou du désordre qu'ils apportent dans les affections intérieures de l'agent ; c'est la marque propre de leur moralité ou de leur immoralité. Les ver-

(1) Alio modo potest comparari operatio ad virtutem moralem sicut materia circa quam est : et secundum hoc oportet alias esse virtutes morales circa operationes et alias circa passiones (I-II, q. LX, a. 2).

tus qui disposent à les faire avec ordre sont, à juste titre, classées comme concernant spécialement les passions, puisque nos affections internes ont naturellement la forme passionnelle : par exemple, la tempérance et la force sont de telles vertus ; car elles ordonnent les mouvements des appétits sensitifs.

Nous pouvons dire que, par concomitance, les sentiments de la volonté, amour, haine de l'âme spirituelle, sont réglés en même temps que les passions sensibles qui leur correspondent, en ce qui touche à la vie interne de nos facultés : en effet, ces sentiments, que l'on peut appeler, au sens large, passions de la volonté, sont étroitement associés aux passions proprement dites des appétits inférieurs et sont portés à se mouvoir de concert avec celles-ci.

Au surplus, il faut remarquer que souvent une passion sensible dont nous sommes responsables nous induit à faire une action juste ou injuste à l'égard d'autrui. Dans ce cas, notre conduite est complexe : l'ordre ou le désordre existe, à la fois, dans la région de nos affections internes, de nos passions, et dans le domaine des opérations extérieures. Donc, il peut y avoir vertu ou vice, en même temps, dans ces deux sphères (1) ; et il importe de soumettre à la raison nos amours et nos haines précisément pour être habituellement justes et bienveillants.

Mais, si nous envisageons à part les dispositions morales qui préparent immédiatement aux actions envers autrui, faudra-t-il les concentrer toutes en une seule vertu, que nous appellerons la *justice* ? Ou bien convient-il de distinguer plusieurs vertus de ce genre ?

Certainement, toute vertu qui a pour objet ce qui est dû à un autre, peut, à un point de vue d'ensemble, être nommée *justice*. Mais, sous cette appellation générale, se présentent vraiment plusieurs espèces de justice, c'est-à-dire plusieurs vertus spéciales qui ont pour but de rendre à quelqu'un ce qui lui est dû.

---

(1) Contingit autem quod in operationibus quæ sunt ad alterum prætermittatur bonum virtutis propter inordinatam animi passionem; et tunc, inquantum corrumpitur commensuratio exterioris operationis, est corruptio justitiæ; inquantum autem corrumpitur commensuratio interiorum passionum, est corruptio alicujus alterius virtutis (I-II, q. LX, a. 2).

En effet, ce genre de vertu est proprement destiné à ordonner, non pas l'intérieur de l'homme, mais plutôt ses actes extérieurs dans leurs rapports avec les autres êtres. Or, ce qui est dû n'a pas la même ordonnance rationnelle dans toutes les relations avec autrui. Par exemple, la dette est foncièrement autre à l'égard d'un égal qu'à l'égard d'un supérieur ou d'un inférieur ; différente aussi, si elle est née d'un contrat, d'une promesse ou d'un bienfait reçu. De là découle une multiplicité réelle de vertus : la vertu de *religion* rend à Dieu ce qui lui est dû ; la *piété filiale* accomplit le devoir de justice à l'égard des parents ; le *patriotisme*, envers la patrie ; le *dévouement paternel et maternel*, vis-à-vis des enfants ; la *reconnaissance* est le paiement d'une dette aux bienfaiteurs ; la *justice commutative* observe la probité dans l'exécution des contrats (1).

(1) Ad *justitiam* enim pertinere videtur ut quis debitum reddat. Unde omnes hujusmodi virtutes quæ sunt circa operationes, habent aliquo modo rationem justitiæ. Sed debitum non est unius rationis in omnibus: aliter enim debetur aliquid æquali, aliter superiori, aliter minori ; et aliter ex

La vertu morale qui a pour matière directe les passions, est, de son côté, véritablement multiple.

D'abord, l'appétit sensitif embrasse au moins deux vertus morales, parce qu'il se divise en deux puissances formellement distinctes, l'appétit de concupiscence et celui d'irascibilité (1).

Mais les vertus relatives aux passions ne sont-elles que deux ? Pour répondre à cette question, examinons les passions en elles-mêmes comme mouvements d'appétition, puis leurs divers objets.

Dans la concupiscence considérée au point

---

pacto, vel ex promisso, vel ex beneficio suscepto. Et secundum has diversas rationes debiti sumuntur diversæ rationes : puta *religio* est per quam redditur debitum Deo; *pietas* per quam redditur debitum parentibus vel patriæ; *gratia* est per quam redditur debitum benefactoribus ; et sic de aliis (I-II, q. LX, a. 3).

(1) Non potest dici quod circa omnes passiones sit una sola virtus moralis. Sunt enim quædam passiones ad diversas potentias pertinentes : aliæ namque pertinent ad irascibilem, aliæ ad concupiscibilem, ut supra dictum est, q. XXIII, a. 1 (I-II, q. LX, a. 4).

de vue du mouvement passionnel, on pourrait se contenter d'une seule vertu, qui serait la *tempérance*; car toutes les passions de cet ordre se suivent les unes les autres, à partir de l'amour, comme dérivant d'un même principe prochain et tendant à la même fin propre, simplement envisagée (1): l'amour engendre par lui-même le désir, que suit tout directement le plaisir, quand le bien aimé et désiré est enfin possédé. Il est vrai que, parallèlement, naît la haine pour le mal, et de la haine l'aversion et la douleur. Mais aller au bien et s'éloigner du mal ont la même raison d'être, et le mouvement qui détourne du mal est la conséquence inévitable de la tendance première vers le bien, le bien et le mal étant absolument contraires.

D'ailleurs, la vertu étant chargée, comme nous le verrons encore, d'établir l'âme dans le milieu entre les extrêmes, deux passions con-

(1) Diversae passiones concupiscibilis non pertinent ad diversas virtutes morales, quia earum motus secundum quemdam ordinem se invicem consequuntur, utpote ad idem ordinati, scilicet ad consequendum bonum vel ad fugiendum malum (I-II, q. LX, a. 4).

traires donnent lieu à une seule vertu, puisqu'il n'y a qu'un milieu entre deux contraires (1). Ainsi, amour et haine, désir et aversion, plaisir et douleur pourront être ramenés par une seule vertu morale au milieu raisonnable entre leurs mouvements opposés, et ce sera par la *tempérance*, vertu appelée à mettre la mesure dans les mouvements simples d'appétition sensible.

Mais, pour modérer l'irascibilité, la *tempérance* ne suffira plus ; comme l'inclination irascible, par son rôle contre la difficulté ardue dans la poursuite du bien ou la guerre au mal, est assez différente de la simple concupiscence pour exiger une puissance réellement distincte qui la possède, il lui faut aussi de la vertu à part.

Ce qui est plus délicat, c'est de savoir si une seule vertu ne pourrait pas suffire pour toute l'irascibilité, comme une seule peut être regar-

---

(1) Quum enim virtus moralis in quadam medietate consistat, medium in contrariis passionibus secundum eamdem rationem instituitur; sicut et in naturalibus idem est medium inter contraria, ut inter album et nigrum (I-II, q. LX, a. 4).

dée comme suffisante pour toute la concupiscence.

Sans doute, ici encore, une seule vertu s'appliquera à deux passions contraires, espérance et désespoir, audace et crainte, par le même motif qui n'impose qu'une vertu aux passions contraires de concupiscence, c'est-à dire parce que c'est une seule habitude vertueuse qui réduit les deux extrêmes au milieu convenable. Mais, les mouvements de l'appétit irascible ne se suivant pas l'un l'autre avec cette liaison que présentent ceux du simple amour (1), il y aura, dans l'irascibilité, une vertu distincte pour chaque groupe de passions : une pour l'espérance et le désespoir, ce sera la *magnanimité*; une autre pour la crainte et l'audace, ce sera la *force d'âme* ou le courage ; une autre, enfin, pour la colère, ce sera la *mansuétude* (2). Il est clair, en effet, que les passions

---

(1) Passiones irascibilis non sunt unius ordinis, sed ad diversa ordinantur : nam audacia et timor ordinantur ad aliquod magnum periculum, spes et desperatio ad aliquod bonum arduum, ira autem ad superandum aliquod contrarium quod nocumentum intulit (I-II, q. LX, a. 4).

(2) Et ideo circa has passiones diversæ virtutes

qui ont trait à un bien ardu, difficile à atteindre, l'espérance et le désespoir, sont d'un autre ordre que celles qui ont en vue un grand péril, l'audace et la crainte, et que celle qu'enflamme une offense à venger, la colère : quelque rapport qu'elles puissent avoir ensemble, elles ne forment pas une série continue comme amour, désir, plaisir, pour le bien ; haine, aversion, douleur, pour le mal.

En somme, plusieurs passions, prises comme mouvements d'appétit, peuvent se ranger sous une vertu unique. Inversement, une passion, selon la diversité des objets qui l'éveillent, peut être considérée comme matière à plusieurs vertus. C'est que les passions appartiennent à l'appétit sensitif, tandis que les vertus dépendent de la raison. Or, la raison peut voir, entre les objets d'une même passion, une différence réelle, capable de donner naissance à plusieurs vertus, qui seront destinées à régler par des principes différents un même mouvement passionnel excité par ces objets di-

ordinantur, utpote *temperantia* circa passiones concupiscibilis, *fortitudo* circa timores et audacias, *magnanimitas* circa spem et desperationem, *mansuetudo* circa iras (I-II, q. LX, a. 4).

vers (1). Par exemple, la **modération** raisonnable, dans certains plaisirs sensibles, viendra de la *chasteté* ; dans d'autres, de la *sobriété*, parce que le principe rationnel qui ordonne cette modération de jouissance n'est pas le même dans les deux cas : d'un côté, c'est la reproduction de la nature spécifique ; de l'autre, la conservation de la nature individuelle, que la raison se propose.

II. — Il restera, il faut l'avouer, du variable, sinon de l'arbitraire, dans le classement et le dénombrement des vertus, suivant qu'elles seront regardées sous un aspect plus général ou plus particulier.

Ainsi, dans le corps de l'article cinquième de la soixantième question, dans la première

---

(1) Non est autem idem motus rationis et appetitus sensitivi. Unde nihil prohibet aliquam differentiam objectorum causare diversitatem passionum, quæ non causat diversitatem virtutum, sicut quando una virtus est circa multas passiones, ut dictum est art. præced. ; et aliquam etiam differentiam objectorum causare diversitatem virtutum, quæ non causat diversitatem passionum, quum circa unam passionem, puta delectationem, diversæ virtutes ordinentur (I-II, q. LX, a. 5).

section de la deuxième partie de la *Somme théologique*, saint Thomas énumère, d'après Aristote, dix vertus seulement relatives aux passions, et dans ce nombre compte la *tempérance* pour une seule vertu. Dans la seconde section de la deuxième partie du même ouvrage, il subdivise cette vertu de *tempérance* en plusieurs autres : la *chasteté*, pour les passions qui se rapportent à la conservation de l'espèce ; l'*abstinence*, pour la modération dans la nourriture ; la *sobriété*, pour la retenue dans la boisson (1). Il semble que, dans la question soixantième de la première section, saint Thomas ait été surtout préoccupé d'expliquer la liste des vertus morales présentée par Aristote.

L'énumération que fait l'auteur de l'*Éthique à Nicomaque*, au chapitre septième du deu-

(1) Oportet autem diversificare species virtutum secundum diversitatem materiæ vel objecti. Est autem *temperantia* circa delectationes tactus, quæ dividuntur in duo genera. Nam quædam ordinantur ad nutrimentum : et in his quantum ad cibum est *abstinentia*, quantum ad potum proprie *sobrietas*. Quædam vero ordinantur ad vim generativam : et in his quantum ad delectationem principalem... est *castitas* (II-II, q. CXLIII, a. un.).

xième livre, est peut-être un peu décousue et assez incomplète. La voici, dans l'ordre même qu'il lui donne : 1° *courage civil*, ἀνδρεία ; 2° *tempérance*, σωφροσύνη ; 3° *libéralité*, ἐλευθεριότης ; 4° *magnificence*, μεγαλοπρέπεια ; 5° *magnanimité*, μεγαλοψυχία ; 6° *amour de l'honneur*, φιλοτιμία, à condition que cet amour soit raisonnable et fasse quelquefois dédaigner l'honneur humain dans de plus hautes aspirations ; si bien que l'homme qui a cette vertu est tantôt amoureux de l'honneur, φιλότιμος, tantôt sans amour de l'honneur, ἀφιλότιμος ; 7° *mansuétude*, πραότης ; 8° *vérité* ou *sincérité*, ἀλήθεια ; 9° *enjouement*, εὐτραπελία ; 10° *amitié* ou *amabilité*, φιλία ; 11° *honte*, αἰδώς, qu'Aristote reconnaît être moins une vertu qu'une passion louable ; 12° *indignation*, νέμεσις, en face de la prospérité imméritée des méchants, sentiment que saint Thomas ne consent pas à compter parmi les vertus approuvées par la morale chrétienne. 13° Aristote complète cette liste en y ajoutant la *justice*, δικαιοσύνη, qui se rapporte aux opérations plutôt qu'aux passions (1).

Saint Thomas, aimant à faire un classement

(1) Ἠθικ. Νικ., II, vii, F. D.

rationnel, s'est attaché à arranger dans un ordre fondé sur la nature même cette collection aristotélicienne de vertus morales.

Disons de suite que, dans l'article cinquième de la soixantième question, à la première section de la deuxième partie de la *Somme théologique*, il passe sous silence la *honte* et l'*indignation*, sans doute parce que la première est une passion plutôt qu'une vertu (1), et la seconde une disposition que le respect pour la Providence divine ne permet pas de louer (2).

(1) *Verecundia* proprie loquendo non est virtus: deficit enim a perfectione virtutis. Communiter autem dicitur virtus omne quod est bonum et laudabile in humanis actibus vel passionibus: et secundum hoc quandoque *verecundia* dicitur virtus, quum sit quaedam laudabilis passio (II-II. q. CXLIV, a. 1).

(2) Tertio modo aliquis tristatur de bono alterius inquantum ille cui accidit bonum est eo indignus: quae quidem tristitia..., sicut Philosophus dicit, in II *Rhetor.*, c. IX, est de divitiis et de talibus quae possunt provenire dignis et indignis; et haec tristitia secundum ipsum vocatur *nemesis* et pertinet ad bonos mores. Sed hoc ideo dicit quia considerabat ipsa bona temporalia secundum se, prout possunt magna videri non respicientibus ad æterna. Sed, secundum doctrinam fidei, temporalia bona quae in-

Il reste donc onze vertus, dont dix s'appliquent aux passions, et une, la *justice*, aux opérations.

Saint Thomas essaie de classer les vertus qui régissent les passions, en les distinguant, et selon les divers modes de connaissance, extérieurs ou internes, par lesquels l'homme saisit le bien pour lequel il se passionne ; et d'après la diversité des objets de passion, qui se rapportent ou bien à l'homme en lui-même, soit dans son corps, soit dans son âme, ou bien aux autres hommes avec qui il est en relation (1) : et suivant la différence entre les

dignis proveniunt, ex justa Dei ordinatione disponuntur, vel ad eorum correctionem, vel ad eorum damnationem, et hujusmodi bona quasi nihil sunt in comparatione ab bona futura quæ servantur bonis : et ideo hujusmodi tristitia prohibetur in Scriptura sacra (II-II, q. XXXVI, a. 2).

(1) Bonum igitur hominis quod est objectum amoris, concupiscentiæ et delectationis, potest accipi vel ad sensum corporis pertinens, vel ad interiorem animæ apprehensionem ; et hoc, sive ordinetur ad bonum hominis in seipso, vel quantum ad corpus, vel quantum ad animam, sive ordinetur ad bonum hominis in ordine ad alios : et omnis talis diversitas propter diversum ordinem ad rationem diversificat virtutem (I-II, q. LX, a. 5).

deux appétits de concupiscence et d'irascibilité, c'est-à-dire en tant que le bien se présente simplement comme bien aimable et désirable, ou avec un caractère de difficulté qui peut surexciter ou abattre (1).

Ces principes conduisent saint Thomas à la classification suivante.

Pour le bien saisi par le tact et naturellement approprié à la conservation de la vie humaine, soit dans l'individu, soit dans l'espèce, est la *tempérance*, qui n'est pas subdivisée, ici, en plusieurs vertus particulières.

Notons que les biens saisis par les autres sens externes n'ont pas paru demander assez d'effort à la volonté régulatrice pour qu'il fût nécessaire de leur attribuer quelque vertu spéciale. Saint Thomas motive cette omission par cette maxime d'Aristote : « C'est sur ce qui est plus difficile que toujours se trouvent l'art et la vertu ; car le bien est meilleur en cela » (2).

(1) Diversitas objectorum quæ respicit diversitatem potentiarum, semper diversificat species virtutum, puta quod aliquid sit bonum absolute et aliquid sit bonum cum aliqua arduitate (I-II, q. LX, a. 5).

(2) Delectationes autem aliorum sensuum, quum non sint vehementes, non præstant aliquam diffi-

Nous pourrions, toutefois, regretter que les plaisirs de la vue n'aient pas semblé assez intenses et assez attrayants pour avoir besoin d'une vertu qui les modère : la jouissance par les yeux n'occupe-t-elle pas une grande place dans les causes sensibles qui captivent les passions ?

Les facultés intérieures de connaissance, imagination notamment et intelligence, envisagent le bien soit par rapport à l'homme en lui-même, soit au point de vue de ses relations avec ses semblables.

L'homme, en se considérant lui-même, résume dans la richesse les biens de sa vie corporelle et dans l'honneur ceux de son âme. Le simple amour de la richesse est tempéré par la vertu de *libéralité* ; s'il s'agit d'une opulence difficile à conquérir et à administrer, c'est la vertu de *magnificence* qui en soumet la recherche et la possession à la raison. La pas-

cultatem rationi ; et ideo circa eas non ponitur aliqua virtus, quæ est circa difficile, sicut et ars, ut dicitur in II *Ethic.*, cap. III ad fin. (I-II, q. LX, a. 5). — Περὶ δὲ τὸ χαλεπώτερον ἀεὶ τέχνη γίνεται καὶ ἀρετή· καὶ γὰρ τὸ εὖ βέλτιον ἐν τούτῳ ('Ηθ. Νικ., II, III (10), F. D.).

sion de l'honneur, comme simple concupiscence, est ramenée à la juste mesure par le raisonnable *amour de l'honneur* et de la vraie gloire ; si c'est un honneur extraordinaire et difficile à obtenir qui est objet de passion, la *magnanimité* ou grandeur d'âme est la vertu qui en règle l'amour.

Viennent enfin les relations de société, soit sous une forme sérieuse et d'un ton plus rationnel, soit en manière de divertissement. Dans les choses sérieuses, la vertu d'*amitié* ou d'*amabilité*, ou encore d'*affabilité*, nous rend agréables aux autres ; la vertu de *vérité* ou de *sincérité*, tout particulièrement rationnelle, nous révèle tels que nous sommes intérieurement. Dans les divertissements, la vertu d'*enjouement* sait répandre autour de nous une honnête gaieté.

Si nous comptons les vertus que nous venons de passer en revue, *tempérance, libéralité, magnificence, amour de l'honneur, magnanimité, amabilité, sincérité, enjouement*, nous n'en trouverons que huit ; pour avoir le nombre de dix annoncé pour les vertus qui règnent sur les passions, il faudrait en prendre encore deux parmi celles que nous avions distinguées d'après les mouvements mêmes des appétits plutôt que d'après les objets, à savoir : le *courage*, qui domine la crainte et règle l'audace : et la *mansuétude*, qui apaise la colère (1).

Il est à observer que le bien corporel qui est du ressort de la *tempérance* n'est pas divisé en bien simple, objet de concupiscence, et bien difficile, ardu. Saint Thomas en donne pour motif que ce bien, saisi par le tact, est trop inférieur, trop animal, pour comporter, à l'égard de la raison, une difficulté spéciale exigeant une vertu morale autre que la *tempérance* (2). Il semble, cependant, que la victoire sur la sensualité soit souvent pénible et ardue. Mais

---

(1) Sic igitur patet quod secundum Aristotelem sunt decem virtutes morales circa passiones, scilicet *fortitudo, temperantia, liberalitas, magnificentia, magnanimitas, philotimia, mansuetudo, amicitia, veritas* et *eutrapelia*, et distinguuntur secundum diversas materias, vel secundum diversas passiones, vel secundum diversa objecta. Si igitur addatur *justitia*, quæ est circa operationes, erunt omnes undecim (I-II, q. LX, a. 5).

(2) Quæ quidem distinctio non habet locum in bonis quæ delectant tactum, quia hujusmodi sunt quædam infima et competunt homini secundum quod convenit cum brutis (I-II, q. LX, a, 5).

elle l'est alors, peut-on dire, plutôt à cause de la violence des passions que dans l'ordre même des choses considéré par une raison humaine digne de sa haute nature.

Si l'on juge un peu factice ce catalogue de vertus empruntées à Aristote, il est juste de reconnaître, du moins, qu'en introduisant ainsi dans sa *Somme théologique* une collection de vertus morales découverte ou adoptée par un philosophe païen, saint Thomas fait preuve d'un respect remarquable pour les forces naturelles sur le terrain même de la morale.

II

LES VERTUS CARDINALES

I. — La division en quatre vertus cardinales a été indiquée par Platon : Cicéron et les docteurs chrétiens l'ont adoptée. — Les vertus cardinales ou principales doivent être parmi les vertus morales plutôt que parmi les vertus intellectuelles. — Justification du nombre quatre des vertus cardinales, soit par les principes formels des vertus, soit par leurs sujets. La prééminence de ces quatre vertus est fondée, soit sur leur généralité formelle, soit sur un point principal de chacune de leurs matières. — Les vertus cardinales se subdivisent en vertus particulières et se complètent par des vertus annexées.

II. — Trois degrés de plus en plus parfaits des vertus cardinales : vertus sociales, vertus de purification, vertus de l'âme purifiée, imitant graduellement l'exemplaire de ces vertus qui est en Dieu. — Explication d'après Platon, Aristote, Plotin, saint Thomas.

I. — La classification des vertus morales ne peut-elle se faire d'une façon plus simple et plus abrégée que suivant l'énumération, précitée, d'Aristote? N'y a-t-il pas quelques vertus principales autour desquelles on puisse ranger toutes les autres?

La tradition philosophique a conservé avec un soin persévérant ce qu'on pourrait appeler les quatre points cardinaux du monde moral, déjà positivement fixés par Platon, à sa manière, dans son dialogue sur *les Lois* et même auparavant dans sa *République*.

« Il y a, dit l'Athénien dans le dialogue sur *les Lois*, des biens de deux espèces, les uns humains, les autres divins. Les premiers sont attachés aux seconds, de sorte qu'un État qui reçoit les plus grands, acquiert en même temps les moindres, et que, ne les recevant pas, il est privé des uns et des autres. A la tête des biens de moindre valeur, est la santé ; après elle, marche la beauté ; ensuite, la vigueur, soit à la course, soit dans tous les autres mouvements du corps. La richesse vient en quatrième lieu ; non pas Plutus aveugle, mais Plutus clairvoyant et marchant à la suite de la prudence. Dans l'ordre des biens divins, le premier est la *prudence* ; après, vient la *tempérance* ; et du mélange de ces deux vertus et de la *force*, naît la *justice*, qui occupe la troisième place ; la *force* est à la quatrième. Ces derniers biens méritent par leur nature la préférence sur les premiers ; et il est du devoir du législateur de la leur conserver. Il faut enfin qu'il enseigne que toutes les dispositions des lois se rapportent à ces deux sortes de biens, parmi lesquels les biens humains se rapportent aux divins, et ceux-ci à la prudence, qui tient le premier rang » (1).

« Si les lois que nous avons établies sont bonnes, dit Socrate dans le dialogue sur *la République*, notre République doit être parfaite. — Il est donc évident qu'elle est *prudente, forte, tempérante, juste* » (2).

Cicéron a adopté cette division des quatre vertus principales dans son *Traité des Devoirs* et s'y réfère aussi dans sa *Rhétorique*.

« Tu vois, mon fils Marcus, dit-il dans le *Traité des Devoirs*, la forme même et comme la face de l'honnête ; son visage, si nos yeux le regardaient, exciterait en nous, comme dit Platon, d'admirables amours pour la sagesse.

---

(1) *Les Lois*, liv. I, traduction Grou.
(2) *La République*, liv. IV, traduct. Grou.

Mais tout ce qui est honnête prend son origine dans quelqu'une des quatre parties suivantes : l'honnête, en effet, réside ou dans le discernement du vrai et dans la perspicacité de l'esprit (*prudence*), ou dans la conservation de la société humaine, dans l'attribution à chacun de ce qui lui est dû et dans la fidélité aux contrats (*justice*); ou dans la grandeur et la *force* d'une âme élevée. et invincible ; ou dans cet ordre et cette mesure de tous les actes et de toutes les paroles, où sont la modération et la *tempérance* » (1).

Les docteurs chrétiens se sont approprié cette division. Saint Thomas cite saint Ambroise, saint Augustin, saint Grégoire, en même temps que Cicéron ; il ne cite pas Platon,

---

(1) Formam quidem ipsam, Marce fili, et tanquam faciem honesti vides: quæ, si oculis cerneretur, mirabiles amores, ut ait Plato, excitaret sapientiæ. Sed omne quod est honestum, id quatuor partium oritur ex aliqua. Aut enim in perspicientia veri sollertiaque versatur; aut in hominum societate tuenda, tribuendoque suum cuique, et rerum contractarum fide ; aut in animi excelsi atque invicti magnitudine ac robore ; aut in omnium quæ fiunt quæque dicuntur ordine et modo, in quo inest modestia et temperantia (*de Officiis*, I, v).

qu'il ne paraît guère avoir directement connu, mais plutôt indirectement, surtout par Aristote et par saint Augustin.

Aristote nomme, il est vrai, trois des quatre vertus principales, *justice*, *force*, *tempérance*, dans son tableau des treize vertus, et enseigne que la *prudence* est nécessaire à toutes les vertus morales. Mais il ne paraît avoir nulle part formellement séparé ces quatre vertus de toutes les autres, pour les signaler comme la quadruple source de l'honnête. Au chapitre treizième du sixième livre de l'*Ethique à Nicomaque*, il indique bien à part la *justice*, la *tempérance* et la *force*, mais à titre d'exemples, en disant que, d'une certaine manière, la nature peut nous donner, dès notre naissance, ces trois vertus ainsi que toutes les autres, dans la mesure imparfaite où les animaux même en ont quelque apparence (1).

L'origine de la division en quatre vertus principales étant connue, voyons si cette division même est bien fondée.

(1) Πᾶσι γὰρ δοκεῖ ἕκαστα τῶν ἠθῶν ὑπάρχειν φύσει πως· καὶ γὰρ δίκαιοι καὶ σωφρονικοὶ καὶ ἀνδρεῖοι καὶ τἄλλα ἔχομεν εὐθὺς ἐκ γενετῆς ('ΗΘ. Νικ., VI, XIII (1), F. D.).

D'abord, s'il y a des vertus principales, elles doivent être au nombre des vertus morales plutôt que parmi les vertus intellectuelles, en tant qu'intellectuelles exclusivement. En effet, puisqu'il s'agit de vertus humaines, le plus important, le plus capital, pour l'acquisition personnelle de notre bien propre, pour l'accomplissement de notre destinée, est d'avoir des vertus qui, non seulement nous donnent des aptitudes préliminaires à l'action, mais encore nous fassent user en fait de nos bonnes dispositions. Or, nous le savons, les vertus intellectuelles ne nous confèrent qu'une faculté d'agir préparatoire à l'action ; seules les vertus morales nous font bien agir positivement comme il convient à notre nature intégrale, parce que seules elles perfectionnent notre volonté et nos inclinations passionnelles.

Certainement, la prudence est une vertu intellectuelle, mais, à un certain point de vue, elle est aussi vertu morale, parce qu'elle commande l'action pratique : c'est par là qu'elle est vertu principale.

Sans doute, les vertus intellectuelles sont plus près de la raison, qu'elles possèdent essentiellement, tandis que les vertus morales n'en ont qu'une participation. Mais, comme la vertu vise directement l'action, c'est la vertu morale qui est principale, si l'on prend la vertu humaine en tant que vertu, simplement et absolument (1).

C'est donc parmi les vertus qui supposent la rectitude de l'inclination humaine, c'est-à-dire parmi les vertus morales, que se trouvent les vertus qui ont un rôle principal dans l'économie de la vie humainement parfaite (2).

Cette primauté a été et est encore désignée par le titre de vertus *cardinales*, du nom latin *cardo*, gond sur lequel s'appuie une porte et sur lequel elle tourne pour donner, en s'ou-

---

(1) Aliæ virtutes intellectuales a prudentia, etsi sint principaliores quam morales quantum ad subjectum, non tamen sunt principaliores quantum ad rationem virtutis, quæ respicit bonum, quod est objectum appetitus (I-II, q. LXI, a. 1, ad 3).

(2) Virtutes quæ continent rectitudinem appetitus, dicuntur principales. Hujusmodi autem sunt virtutes morales, et inter intellectuales sola prudentia, quæ etiam quodammodo moralis est secundum materiam, ut ex supra dictis patet, q. LVII, a. 4, et q. LVIII, a. 3, ad 1. Unde convenienter inter virtutes morales ponuntur illæ quæ dicuntur principales seu *cardinales* (I-II, q. LXI, a. 1).

vrant, accès dans l'intérieur. Cette expression métaphorique signifie que les vertus principales sont le fondement de la vie bien ordonnée, qui ouvre l'entrée de la demeure finale où l'homme jouira du repos et du bonheur (1).

Mais y a-t-il vraiment quatre vertus cardinales, et n'y en a-t-il que quatre ?

En considérant, soit les caractères essentiels, les principes formels, des vertus morales, soit leurs sujets, il est aisé de voir que les vertus cardinales sont bien au nombre de quatre (2).

En effet, le bien moral, auquel tend la vertu humaine, est essentiellement le bien dicté par la raison. Il faut donc que l'ordre rationnel soit d'abord connu et prescrit intelligiblement ; il faut, en outre, que la règle ration-

(1) Cardinalis a *cardine* dicitur in quo ostium vertitur, secundum illud *Proverb.*, xxvi, 14 ; *Sicut ostium vertitur in cardine suo, ita piger in lectulo suo*. Unde virtutes *cardinales* dicuntur in quibus fundatur vita humana, per quam ostium introitur (Q. disp. *de Virtutibus cardinalibus*, a. 1).

(2) Numerus aliquorum accipi potest aut secundum principia formalia aut secundum subjecta : et utroque modo inveniuntur quatuor cardinales virtutes (I-II, q. LXI, a. 2).

nelle soit imposée aux actes humains, qui sont de deux sortes principales, les opérations volontaires et les passions.

La première vertu principale sera la *prudence*, par laquelle est connu et commandé ce que la raison juge convenable.

La seconde, celle qui régit les opérations humaines, la *justice*.

Quant aux passions, elles ont deux mouvements principaux par rapport aux prescriptions rationnelles : ou elles tendent à entraîner l'âme vers quelque objet contraire à la raison ; ou bien elles la font manquer à la loi morale en affaiblissant son amour du bien rationnel.

Pour réprimer l'entraînement passionnel et nous retenir dans le droit chemin, une troisième vertu principale sera nécessaire, la *tempérance*.

Pour affermir et fortifier nos bonnes inclinations, une quatrième vertu principale interviendra, ce sera la *force* (1).

---

(1) Principium enim formale virtutis de qua nunc loquimur est rationis bonum. Quod quidem dupliciter potest considerari. Uno modo, secundum quod in ipsa consideratione rationis consistit, et sic erit una virtus principalis, quæ dicitur *prudentia*. Alio

Les deux dernières formes de vertus semblent quelquefois se confondre. Cependant, il est certain qu'il ne suffit pas d'avoir des passions d'amour ordinairement calmes et tempérées, pour être entièrement vertueux ; mais qu'il faut encore être fort et courageux en face du danger et du travail difficile. Combien de modérés sont lâches ! Souvent néanmoins, ils sont irritables et impatients. La force d'âme unit la patience à l'énergie active.

Dans les conditions générales de la vertu règnent donc quatre distinctions formelles, essentielles, qui marquent quatre vertus d'un caractère principal.

La même division se fonde sur les sujets des vertus (1).

modo, secundum quod circa aliquid ponitur rationis ordo : et hoc, vel circa operationes, et sic est *justitia* ; vel circa passiones, et sic necesse est esse duas virtutes... Necesse est quod passio reprimatur, et ab hoc denominatur *temperantia* ; .... necesse est quod homo firmetur in eo quod est rationis, ne recedat ; et ab hoc denominatur *fortitudo* (I-II, q. LXI, a. 2).

(1) Secundum subjecta idem numerus invenitur. Quadruplex enim invenitur subjectum hujus virtutis de qua nunc loquimur : scilicet rationale per

D'abord, un sujet raisonnable par essence, tourné cependant vers la conduite de la vie, la raison pratique, aura la vertu directrice de *prudence*.

Puis, l'influence rationnelle rayonnera dans l'inclination humaine, qui deviendra raisonnable par participation ; et, comme cette inclination se subdivise en trois branches, la volonté et les deux appétits sensibles, ces trois sujets demanderont trois vertus principales.

Dans la volonté, sera la *justice*, pour la disposer à rendre à chacun ce qui lui est dû.

Dans l'appétit de concupiscence, la *tempérance*, qui en modérera le simple amour.

Enfin, dans l'appétit d'irascibilité, pour en régler les faiblesses ou les excitations désordonnées, qui sont encore des faiblesses, la *force* d'âme.

Si l'on voulait nommer la première de toutes les vertus, celle qui est supérieure à toutes,

---

essentiam, quod *prudentia* perficit ; et rationale per participationem, quod dividitur in tria, id est, in voluntatem, quæ est subjectum *justitiæ*, et in concupiscibilem, quæ est subjectum *temperantiæ*, et in irascibilem, quæ est subjectum *fortitudinis* (I-II, q. LXI, a. 2).

parce qu'elle les dirige toutes, évidemment il faudrait dire que c'est la *prudence*. Mais, au-dessous d'elle, les trois autres vertus cardinales sont principales, chacune en son genre (1).

La prééminence de quatre vertus cardinales peut être regardée à un double point de vue, soit par rapport aux principes généraux et formels des vertus morales, soit relativement à l'importance de certaines matières où s'exerce la vertu.

Constituées selon les quatre principes formels de la vie vertueuse, les vertus cardinales embrassent manifestement, dans leur généralité à quatre faces, toutes les vertus morales (2). Ainsi, toute vertu qui fait apprécier le

(1) *Prudentia* est simpliciter principalior omnibus : sed aliæ ponuntur principales, unaquæque in suo genere (I-II, q. LXI, a. 2).

(2) Prædictæ quatuor virtutes dupliciter considerare possumus. Uno modo, secundum communes rationes formales ; et secundum hoc dicuntur principales quasi generales ad omnes virtutes : ut puta, quod omnis virtus quæ facit bonum in consideratione rationis, dicatur *prudentia* ; et quod omnis virtus quæ facit bonum debiti et recti in operationibus, dicatur *justitia* ; et omnis virtus quæ cohibet passiones et reprimit, dicatur *temperantia* ; et omnis

bien par la raison, est une espèce de *prudence* ; toute vertu qui établit l'équité dans quelque opération volontaire, conformément au droit d'autrui, est une sorte de *justice* ; toute disposition vertueuse qui met un frein à l'entraînement de quelque amour passionné, est une *tempérance* ; et toute vertu qui affermit l'âme contre les émotions énervantes ou les emportements de sa sensibilité, est une *force*.

C'est sous cet aspect, remarque saint Thomas, qu'un grand nombre de docteurs chrétiens et de philosophes ont envisagé les vertus cardinales.

C'est ainsi, notamment, que paraît les avoir entendues Platon. Voici, par exemple, comment il les définit au quatrième livre du dialogue sur *la République* : « L'homme mérite le nom de *courageux* lorsque cette partie de son âme où réside la colère suit constamment, à travers les plaisirs et les peines, les ordres de la raison sur ce qui est ou n'est pas à

---

virtus quæ facit firmitatem animi contra quascumque passiones, dicatur *fortitudo* ; et sic multi loquuntur de istis virtutibus tam sacri doctores quam etiam philosophi ; et sic aliæ virtutes sub ipsis continentur (I-II, q. LXI, a. 3).

craindre, — Il est *prudent* par cette partie de son âme qui commande et donne des ordres, qui seule sait ce qui est utile à chacune des trois parties et à toutes ensemble. — N'est-il pas *tempérant* par l'amitié et l'harmonie qui règnent entre la partie qui commande et celles qui obéissent, lorsque ces deux dernières demeurent d'accord que c'est à la raison de commander et ne lui disputent point l'autorité? — La *tempérance* ne peut avoir d'autre principe, soit dans l'État, soit dans le particulier. — Mais c'est aussi pour tout cela qu'il est *juste*, comme nous avons dit souvent... Par exemple, s'il s'agissait, à l'égard de notre République et du particulier formé sur son modèle par la nature et par l'éducation, d'examiner entre nous si cet homme pourrait détourner à son profit un dépôt d'or ou d'argent, penses-tu que personne le crût plus capable d'une telle action que ceux qui ne lui ressemblent pas? — Ne sera-t-il pas également incapable de piller les temples, de dérober, de trahir l'État ou ses amis? — De manquer en aucune façon à ses serments et à ses promesses? — L'adultère, le manque de respect envers ses parents et de piété envers les dieux sont encore des fautes dont il se rendra coupable moins que personne. — La cause de tout cela n'est-ce pas la subordination établie entre les parties de son âme et l'application de chacune d'elles à remplir ses devoirs ? — Mais connais-tu quelque autre vertu que la *justice* qui puisse former des hommes de ce caractère ? — Non, assurément » (1).

Certes, il y a quelques nuances entre ces explications de Platon et celles de saint Thomas. Ainsi, la *tempérance* semble, d'après Platon, comprendre le courage ou la *force* d'âme : mais cela veut dire que ces deux vertus se tiennent et se prêtent un mutuel concours ; et saint Thomas n'y contredirait point. La *justice* est présentée par Platon comme l'harmonie totale entre les facultés de l'âme et le dévouement de chacune à son devoir ; mais il montre aussi que le résultat de ce concert est l'accomplissement, au dehors, des opérations qui rendent à chacun ce qui lui est dû. Du reste, Platon distinguait dans l'âme trois parties : la première, caractérisée par la raison ; les deux autres, par l'appétit, qu'il divisait déjà

(1) *La République*, IV, trad. Grou.

en *appétit concupiscible* et *appétit irascible*.

Sur l'alliance entre la *force* et la *tempérance*, le passage suivant, au premier livre des *Lois*, exprime clairement la pensée de Platon : « Ferons-nous consister la *force* uniquement dans la résistance qu'on oppose aux objets terribles et douloureux ? Ne s'exerce-t-elle pas aussi en luttant contre les désirs, les voluptés et ces séductions qui, amollissant même le cœur de ceux qui se croient les plus fermes, les rendent souples comme la cire à toutes les impressions ? — Je crois que la force s'exerce aussi sur tout cela. — Si nous nous rappelons ce qui a été dit tout à l'heure, Clusias prétendait qu'il y a des États et des particuliers inférieurs à eux-mêmes. N'est-ce pas, étranger de Cnosse ? — Oui. — Lequel des deux, à ton avis, mérite plutôt le nom de lâche, celui qui succombe à la douleur, ou celui qui se laisse vaincre par le plaisir ? — Il me paraît que c'est ce dernier ; et tout le monde s'accorde à dire que l'homme qui cède au plaisir est inférieur à lui-même d'une manière plus honteuse que celui qui cède à la douleur » (1).

(1) *Les Lois*, I, trad. Grou.

Prises ainsi dans leur généralité et rapportées aux raisons formelles ou principes caractéristiques de la vertu humaine, les vertus cardinales sont quelquefois considérées plutôt comme conditions générales de toute vertu morale que comme dispositions habituelles spécifiquement différentes (1). C'est peut-être cette manière de voir qui jette un peu de confusion dans la classification de Platon.

La *prudence*, cependant, est toujours une habitude vertueuse à part, parce qu'elle dispose la partie essentiellement rationnelle de l'âme à juger et à prescrire ce qui est moralement bon.

Mais la *justice*, la *force* et la *tempérance*, dans l'opinion de plusieurs moralistes, s'appliquent toutes trois aux opérations et aux passions humaines et sont des formes conjointes de toute vertu morale, en tant que chacune des vertus qui perfectionnent l'inclination de l'homme est, à la fois, une disposition ferme et constante de l'âme, par conséquent une *force*; une exactitude au devoir et une soumission à

---

(1) Quidam enim accipiunt eas prout significant quasdam generales conditiones humani animi, quæ inveniuntur in omnibus virtutibus (I-II, q. LXI, a. 4).

la règle fixée par la raison, partant une *justice*; un amour de la mesure et de l'harmonie dans la vie morale, par suite une *tempérance* (1).

C'est à peu près dans ce sens qu'Aristote, comparant la vertu morale à l'art, dit que les choses de l'art ont leur perfection en elles-mêmes, tandis que, pour les œuvres des vertus, il ne suffit pas qu'elles soient faites dans de bonnes proportions extérieures, mais il faut encore que celui qui les fait ait les bonnes dispositions personnelles de science, d'aptitude à choisir ce qui est convenable et de fermeté constante. Voici ce texte où l'on paraît, dans l'École, avoir vu la trace de la division des vertus en quatre principales (2) : « Les choses

---

(1) Hæc autem quatuor sic distincta non important diversitatem habituum virtuosorum quantum ad *justitiam*, *temperantiam* et *fortitudinem*... Solum autem hoc quod est discretionem habere, quod attribuebatur *prudentiæ*, videtur distingui ab aliis tribus, inquantum hoc est ipsius rationis per essentiam; alia vero tria important quamdam participationem rationis per modum applicationis cujusdam ad passiones vel operationes (I-II, q. LXI, a. 4).

(2) Τὰ δὲ κατὰ τὰς ἀρετὰς γινόμενα οὐκ ἐὰν αὐτά πως ἔχῃ, δικαίως ἢ σωφρόνως πράττεται, ἀλλὰ καὶ ἐὰν ὁ πράττων πως ἔχων πράττῃ, πρῶτον μὲν ἐὰν εἰδώς,

faites selon les vertus, ce n'est pas seulement si elles sont disposées elles-mêmes d'une certaine manière, qu'elles sont accomplies justement et avec tempérance, mais encore si celui qui agit est disposé d'une certaine manière en agissant : d'abord, s'il a une certaine science; puis, s'il est capable de choisir et de choisir selon la valeur des actes; troisièmement, s'il agit dans une disposition ferme et constante ».

Peut-être dans ce passage, la science et le choix signifient-ils la *prudence* ; or, la fermeté et la constance marquent la *force* ; et, puisqu'Aristote nomme la *justice* et la *tempérance* comme formes des actions vertueuses, il semble que l'on entende un écho de la division platonicienne en quatre vertus cardinales. Toutefois, l'on pourrait dire que justice et tempérance ne sont mentionnées là qu'à titre d'exemples.

Dans la troisième objection posée à l'article quatrième de la soixante-et-unième question, dans la première section de la seconde partie de la *Somme théologique*, saint Thomas relate une interprétation un peu différente de ce

ἔπειτ'ἐὰν προαιρούμενος, καὶ προαιρούμενος δι'αὐτά, τὸ δὲ τρίτον καὶ ἐὰν βεβαίως καὶ ἀμετακινήτως ἔχων πράττῃ (Eth. Nic., II, iv (3), F. D.).

texte : la science caractériserait la vertu de *prudence* ; l'aptitude à bien choisir, celle de *tempérance*, qui fait agir, non point par passion, mais par choix, en mettant un frein aux passions; la *justice* serait indiquée implicitement dans le verbe final « agit » ou « opère » ; et la fermeté, l'immobilité ou constance désigneraient naturellement la *force*. Les quatre vertus cardinales se retrouveraient donc dans les conditions intérieures exigées par Aristote pour l'action vertueuse, par exemple pour qu'une action soit faite justement et avec tempérance ou modération (1).

(1) Præterea, Philosophus dicit, in II *Ethic.*, cap. IV, quod ad virtutem hæc requiruntur : *primum quidem, si sciens; deinde, si eligens et eligens propter hoc; tertium autem, si firme et immobiliter habeat se, et operetur.* Sed horum primum videtur ad prudentiam pertinere, quæ est recta ratio agibilium ; secundum, scilicet eligere, ad temperantiam, ut aliquis non ex passione, sed ex electione agat, passionibus refrenatis ; tertium, scilicet ut aliquis propter debitum finem operetur, rectitudinem quamdam continet, quæ videtur ad justitiam pertinere ; aliud, scilicet firmitas et immobilitas, pertinet ad fortitudinem. Ergo quælibet harum virtutum est generalis ad omnes virtutes (I-II, q. LXI, a. 4,

Saint Thomas ne repousse pas cette interprétation, dans sa réponse à l'objection ; il admet, lui aussi, qu'à cet endroit Aristote pose les quatre vertus principales comme conditions générales de tout acte de vertu, plutôt que comme vertus spécifiquement distinctes ; mais il ajoute que ces conditions peuvent être attribuées chacune à une vertu spéciale, si on les applique à quatre objets principaux, distincts par leur espèce (1).

Et, en effet, on peut envisager les vertus cardinales, non plus comme conditions universelles des actes vertueux, mais d'une manière plus précise, comme ordonnant quatre matières dont chacune a un côté particulièrement important. On obtient ainsi la division suivante.

obj. 3). — Dans cette objection, est une variante sur un point de la citation d'Aristote : les mots δι'αὐτά, après προαιρούμενος, sont remplacés sans doute par δι'αὐτό ; car ils sont traduits par *propter hoc*, et non par *propter ea*.

(1) Illæ quatuor generales virtutum conditiones quas ponit Philosophus, loco citato in arg., non sunt propriæ prædictis virtutibus, sed possunt eis appropriari secundum modum jam dictum in corp. (I-II, q. LXI, a. 4, ad 3).

La *prudence* a pour objet de commander le bien rationnel : c'est son occupation principale.

La *justice* travaille surtout à rendre aux autres hommes ce qui leur est dû dans les relations sociales entre égaux, que règle l'équité et qui font la trame ordinaire des rapports de société.

La *tempérance* réprime les passions de concupiscence qui se rapportent aux plaisirs du sens du toucher : c'est son domaine plus spécial, où la modération est le plus difficile pour la majorité des hommes.

La *force* ou le courage affermit l'âme contre les dangers de mort : c'est là qu'elle s'exerce éminemment, parce que c'est là qu'elle est le plus nécessaire (1).

Sous cet aspect, chacune de ces quatre ver-

---

(1) Alio vero modo possunt accipi secundum quod istæ virtutes denominantur ab eo quod est præcipuum in unaquaque materia; et sic sunt speciales virtutes contra alios divisæ, dicuntur tamen principales respectu aliarum propter principalitatem materiæ : puta, quod *prudentia* dicatur quæ præceptiva est; *justitia*, quæ est circa actiones debitas inter æquales; *temperantia*, quæ reprimit concupiscentias delectationum tactus; *fortitudo*, quæ firmat contra pericula mortis (I-II, q. LXI, a. 3).

tus est spécifiquement distincte des trois autres par une différence d'objet, et distincte aussi de toutes les vertus morales : celles-ci peuvent avoir des caractères importants ; mais les quatre vertus cardinales sont les plus remarquables par un point capital dans chacun de leurs champs d'action.

Au-dessous de cette prééminence objectivement déterminée des vertus cardinales se rangent, soit des vertus plus particulières qui sont des applications plus restreintes de *prudence* ou de *justice* ou de *tempérance* ou de *force*, soit des vertus annexées qui complètent l'action des vertus principales.

Ainsi, la *prudence* comprend le gouvernement de soi-même, le gouvernement de l'État, les devoirs de citoyen, les devoirs de famille, ceux de la vie militaire. Elle s'annexe les vertus de *conseil*, de *jugement*, de *discernement* (1).

La *justice* se subdivise en *justice commutative*, dans les actes mutuels de personne à personne, et *justice distributive*, dans la répartition des biens sociaux entre les membres de

(1) II-II, q. XLVIII, a. un.

la communauté (1). A la justice s'adjoignent les vertus de *religion*, de *piété filiale*, de *respect*, de *sincérité*, de *reconnaissance*, de *défense du droit*, de *libéralité* et *d'amabilité* (2).

La *tempérance* embrasse les vertus d'*abstinence*, de *sobriété*, de *chasteté*. Elle a autour d'elle la *continence*, la *mansuétude* et la *clémence*, la *modestie* (3), à laquelle on peut rattacher la vertu d'*enjouement* ou de distraction modérée (4).

Quant à la *force*, selon saint Thomas, en tant que vertu spéciale de courage appliqué aux périls de mort, elle ne se divise pas en plusieurs vertus d'espèces différentes, sa matière étant déjà très spécialisée (5). Mais, sur des matières moins difficiles, sont des vertus annexées qui enveloppent de la force d'âme (6) :

(1) II-II, q. LXI, a. 1.
(2) II-II, q. LXXX, a. un.
(3) II-II, q. CXLIII, a. un.
(4) II-II, q. CLX, a. 2.
(5) Fortitudini autem, secundum quod est specialis virtus, non possunt assignari partes subjectivæ, eo quod non dividitur in multas virtutes specie differentes, quia est circa materiam valde specialem (II-II, q. CXXVIII, a. un.).
(6) Ea quæ fortitudo observat circa difficillima,

la *magnanimité* et la *magnificence*, pour l'action entreprenante ; la *patience* et la *persévérance*, pour la résistance aux difficultés.

Telle est, dans son ensemble, l'armée des vertus morales, organisée pour la lutte de la vie, sous la conduite de ses quatre chefs, les vertus cardinales de *prudence*, de *justice*, de *tempérance* et de *force* courageuse.

II. — Pour terminer cette classification des vertus, contemplons, dès à présent, un splendide développement que peut prendre le groupe des quatre vertus cardinales, depuis la simple forme sociale de ces excellentes dispositions jusqu'à la ressemblance la plus étroite avec Dieu à laquelle l'âme humaine puisse parvenir, par sa purification graduelle et le dégagement progressif du type divin qu'elle porte dans sa nature.

Cette étonnante ascension de l'âme vers la perfection suprême avait été esquissée par Platon.

scilicet circa pericula mortis, aliquæ aliæ virtutes observant circa quasdam alias materias minus difficiles : quæ quidem virtutes adjunguntur fortitudini, sicut secundariæ principali (II-II, q. cxxviii, a. un.)

Le chef de l'École d'Alexandrie recueillit l'héritage de cette sublime doctrine, dont il acheva avec amour le tableau :. Plotin fut, en effet, l'interprète reconnu par l'intermédiaire duquel les docteurs chrétiens reçurent la tradition de la philosophie platonicienne, assez mûrie déjà pour être aisément combinée avec les dogmes du Christianisme.

Saint Thomas ne dissimule nullement qu'il emprunte à Plotin la théorie des divers degrés des vertus cardinales, et il cite aussi saint Augustin à ce sujet. Au surplus, il semble n'avoir pas eu sous les yeux le texte même de Plotin; car il s'en réfère à l'analyse et au commentaire donnés par un littérateur latin du cinquième siècle, Macrobe, dans son ouvrage intitulé : *Commentaire sur le songe de Scipion* ; il suit même de très près Macrobe, dont il reproduit presque littéralement plusieurs expressions, soit par réminiscence, soit par simple transcription.

Cette théorie place au sommet de tout, en Dieu même, quatre *exemplaires* de *prudence, tempérance, force, justice* ; et dans l'homme trois degrés de ces vertus imitées de l'idéal éternel : les quatre vertus *sociales*, les quatre vertus *de purification* et les quatre vertus *de l'âme purifiée* (1).

Saint Thomas devait admettre en Dieu des exemplaires de nos vertus, puisque, fidèle à l'esprit de la philosophie de Platon, il présente, dans toute sa propre doctrine, l'Être divin comme l'idéal et le modèle à l'imitation duquel toutes choses créées sont faites.

Mais notons bien que l'imitation de l'idéal divin par les vertus humaines ne peut exister que par analogie.

En Dieu, la *prudence* est l'intelligence divine elle-même ; la *tempérance* est la direction de son intention sur lui-même, comme par analogie notre passion d'amour est conformée à notre raison par la tempérance ; la *force* est l'immutabilité de Dieu ; la *justice* est l'ob-

---

(1) Plotinus, inter philosophiæ professores cum Platone princeps, libro *de Virtutibus*, gradus earum, vera et naturali divisionis ratione compositos, per ordinem digerit : « Quatuor sunt, inquit, quaternarum genera virtutum. Ex his primæ *politicæ* vocantur ; secundæ, *purgatoriæ* ; tertiæ, *animi jam purgati* ; quartæ, *exemplares* (Macrobius, *Super somnium Scipionis*, I, VIII). — Cf. I-II, q. LXI, a. 5, sed contra.

servation de la loi éternelle dans ses œuvres (1).

Au degré ordinaire de la vertu humaine, les quatre vertus cardinales sont dites *sociales*, parce que l'homme est, d'abord, tout naturellement un animal sociable (2). A ce degré, ce serait une illusion dangereuse de croire que la vertu exclut toute passion : au contraire, elle admet les passions de tous genres et les laisse vivre, se contentant de les régler, de les modérer et de s'en servir pour le bien.

Mais, comme saint Thomas se plaît à le rap-

(1) Sic igitur virtus potest considerari vel prout est exemplariter in Deo ; et sic dicuntur virtutes *exemplares* ; ita scilicet quod ipsa divina mens in Deo dicatur *prudentia* ; *temperantia* vero, conversio divinæ intentionis ad seipsum, sicut in nobis temperantia dicitur per hoc quod concupiscibilis conformatur rationi ; *fortitudo* autem Dei est ejus immutabilitas ; *justitia* vero Dei est observatio legis æternæ in suis operibus, sicut Plotinus dixit, cit. a Macrobio, ut supra (I-II, q. LXI, a. 5).

(2) Et quia homo secundum suam naturam est animal politicum, virtutes hujusmodi, prout in homine existunt secundum conditionem suæ naturæ, *politicæ* vocantur : prout scilicet homo secundum has virtutes recte se habet in rebus humanis gerendis (I-II, q. LXI, a. 5).

peler, Aristote enseigne admirablement que l'homme doit s'affranchir, autant qu'il le peut, de la condition mortelle, s'immortaliser et perfectionner ce qui est divin en lui (1).

Platon, avec encore plus de précision, avait montré dans la ressemblance à Dieu même la loi de la vertu. Il avait fait dire à Socrate, dans le *Théétète* : « Il n'est pas possible, Théodore, que le mal soit tout à fait détruit...; c'est une nécessité qu'il circule sur cette terre et autour de notre nature mortelle. C'est pourquoi nous devons tâcher de fuir au plus vite de ce séjour dans l'autre. Cette fuite consiste dans la ressemblance avec Dieu, autant qu'il dépend de nous ; et on lui ressemble par la sagesse, la justice et la sainteté. Mais, mon cher ami, ce n'est pas une chose aisée à persuader, qu'on ne doit point s'attacher à la vertu et fuir le vice par le motif que le commun des hommes

---

(1) Sed quia ad hominem pertinet ut etiam ad divina se trahat, quantum potest, ut etiam Philosophus dicit, in X *Ethic.*, cap. vii non longe a fine,... necesse est ponere quasdam virtutes medias inter *politicas*, quæ sunt virtutes humanæ, et *exemplares*, quæ sunt virtutes divinæ (I-II, q. LXI, a. 5). — *Les Passions et la Volonté*, p. 481, 482.

donne pour pratiquer l'une et s'abstenir de l'autre : ce motif est d'éviter la réputation de méchant et de passer pour vertueux. Tout cela n'est, selon moi, que propos de vieilles femmes, comme on dit. La vraie raison, la voici. Dieu n'est injuste en aucune circonstance ni en aucune manière : au contraire, il est parfaitement juste, et rien ne lui ressemble plus que celui d'entre nous qui est parvenu au plus haut degré de justice. De ce point dépend le vrai mérite de l'homme, ou sa bassesse et son néant. Qui connaît Dieu est véritablement sage et vertueux ; qui ne le connaît pas est évidemment ignorant et méchant » (1).

Or, on ne parvient pas au suprême degré de justice d'un seul coup ; il y faut du travail, un effort à se dégager des entraves de la vie sensible, qui tend à nous corrompre ou, tout au moins, à détourner notre attention et notre attachement vers ce qui est périssable, tandis que nous devons, pour nous assimiler à Dieu, nous convertir, c'est-à-dire nous tourner vers l'immuable, vers la vérité éternelle.

(1) *Théétète*, traduction Schwalbé.

Pour s'acheminer vers sa perfection définitive, condition de sa béatitude finale, notre âme a donc besoin d'un degré de vertu qui la purifie, c'est-à-dire qui la dépouille autant que possible du sensible et la rende semblable, dans une certaine mesure, aux esprits purs.

Préoccupé de cette pensée, Platon mettait sur les lèvres de Socrate, dans sa dernière conversation avec ses amis avant de mourir, ces belles paroles: « Durant notre existence, nous n'approcherons de la vérité qu'autant que nous nous éloignerons du corps, que nous renoncerons à tout commerce avec lui, à moins de nécessité, que nous ne lui permettrons point de nous infecter de sa corruption naturelle, et que nous nous conserverons purs jusqu'à ce que Dieu lui-même vienne nous délivrer. Alors, libres et affranchis des passions du corps, nous converserons, comme cela est vraisemblable, avec des hommes qui jouiront de la même indépendance, et nous connaîtrons par nous-mêmes l'essence pure des choses, laquelle n'est probablement que la vérité; car à quiconque n'est pas pur, il n'est pas permis de toucher ce qui est la pureté même » (1).

(1) *Phédon*, trad. Thurot.

Dans la vie de purification, par laquelle l'âme s'efforce de s'élever jusqu'au divin, les vertus cardinales prennent une forme particulière (1).

La *prudence* dirige, alors, la pensée uniquement, ou du moins par dessus tout, vers les choses divines, auprès desquelles pâlissent toutes les beautés sensibles.

La *tempérance* délaisse le corps, autant que la nature le permet, et ne s'occupe de ce qu'il demande que dans la stricte mesure où la conservation obligatoire de la vie et les devoirs sociaux l'exigent.

La *force* est l'apaisement de toute crainte, pendant que l'âme s'enfuit, loin des choses corporelles, vers les régions supérieures.

La *justice* habitue la volonté à se porter avec

(1) Quædam sunt virtutes transcendentium et in divinam similitudinem tendentium; et hoc vocantur virtutes *purgatoriæ*: ita scilicet quod *prudentia* omnia mundana divinorum contemplatione despiciat omnemque animæ cogitationem in divina sola dirigat; *temperantia* vero relinquat, inquantum natura patitur, quæ corporis usus requirit; *fortitudinis* autem est ut anima non terreatur propter recessum a corpore et accessum ad superna; *justitiæ* vero est ut tota anima consentiat ad hujusmodi ropositi viam (I-II, q. LXI, a. 5).

amour et de toutes ses forces dans cette voie de perfection spirituelle.

Enfin, si l'âme arrive au terme de sa purification, elle acquiert le degré le plus transcendant des quatre vertus capitales (1).

En cet état définitif, la *prudence* est tout entière appliquée à la contemplation exclusive de ce qui est divin.

La *tempérance* ne sait plus rien désirer de ce qui est mortel.

La *force* est une tranquillité devenue inaccessible à toute émotion qui ébranle.

La *justice* unit l'âme à Dieu d'une amitié perpétuelle, par une perpétuelle imitation.

Ce dernier degré de vertus est, dit saint Thomas, l'apanage des bienheureux après la mort et, ajoute-t-il, de quelques hommes extrêmement parfaits dans la vie présente (2).

---

(1) Quædam vero sunt virtutes jam assequentium divinam similitudinem, quæ vocantur virtutes *jam purgati animi* : ita scilicet quod *prudentia* sola divina intueatur ; *temperantia* terrenas cupiditates nesciat ; *fortitudo* passiones ignoret ; *justitia* cum divina mente perpetuo fœdere societur, eam scilicet imitando (I-II, q. LXI, a. 5).

(2) Quæ quidem virtutes dicimus esse beatorum

N'oublions pas, toutefois, qu'aucune purification de l'âme ne doit faire négliger les devoirs de la vie sociale, puisque Dieu veut que nous vivions en société (1). La forme élémentaire des vertus cardinales est donc nécessaire à l'humanité en général, et il faut bien prendre garde de ne pas sacrifier ce premier degré à une perfection illusoire qui ne serait ni selon la science ni selon l'intention providentielle de Dieu.

vel aliquorum in hac vita perfectissimorum (I-II, q. LXI, a. 5).

(1) Deserere res humanas, ubi necessitas imponitur, vitiosum est; alias virtuosum (I-II, q. LXI, a. 5, ad 3).

IX

PROPRIÉTÉS ET ÉVOLUTION

DES VERTUS

PROPRIÉTÉS ET ÉVOLUTION
˙DES VERTUS

Introduction

Les vertus ont des propriétés caractéristiques : notamment, elle se tiennent dans un milieu raisonnable ; elles sont liées entre elles, tout en se groupant dans un ordre hiérarchique. — Elles évoluent progressivement depuis leur formation initiale jusqu'après la mort.

Nous voudrions clore ce traité sommaire des vertus en examinant, d'un regard à la fois rétrospectif et curieux, leurs propriétés principales et l'évolution de ces dispositions habituelles au bien, depuis leur génération par les causes qui les produisent jusqu'à leur grandeur définitive dans la vie future.

La première propriété à remarquer dans les vertus est qu'elles se tiennent dans un milieu raisonnable entre deux extrêmes, celui de l'excès et celui du défaut.

Un autre caractère fort important est la connexion qui lie les vertus morales entre elles et en fait un tout complexe et vivant, si bien harmonisé que l'une d'elles, si elle est parfaite, est accompagnée de toutes les autres.

Il y a, cependant, une hiérarchie dans l'ordonnance des habitudes vertueuses, et nous devrons déterminer le rang de telles vertus maîtresses et la supériorité ou la subordination relatives de tel groupe par rapport au groupe voisin.

L'économie générale des vertus ainsi fixée, il nous plaira de parcourir leur évolution : nous nous rappellerons les causes qui les préparent ou leur donnent naissance et accroissement, nous les verrons grandir isolément ou plusieurs ensemble, et nous les suivrons même après la mort, dans cette vie d'outre-tombe dont la raison a de la peine à tracer même les lignes principales.

I

PROPRIÉTÉS DES VERTUS

I. — Explication de la propriété qu'ont les vertus d'être fixées au milieu entre deux vices, l'un par excès, l'autre par défaut, bien qu'en un sens la vertu soit un sommet. Le milieu quant à la chose, et le milieu par rapport à nous. Le milieu pour les vertus morales, et le milieu pour les vertus intellectuelles.

II. — Les vertus morales parfaites sont liées par une connexion naturelle : l'une d'elles ne va pas sans les autres. Rôle de la prudence dans cette connexion.

III. — Hiérarchie des vertus. Supériorité des vertus intellectuelles. Excellence des vertus morales par rapport à l'action. Ordre de valeur des vertus cardinales entre elles. La sagesse est la reine de toutes les vertus.

I. — Aristote, au sixième chapitre du deuxième livre de l'*Éthique à Nicomaque*, avait marqué avec insistance, comme une propriété capitale de la vertu morale, la position raisonnable entre deux extrêmes. Pour lui, « la vertu est un milieu ; elle recherche le milieu même ; elle se fixe entre deux vices, celui de l'excès et celui du défaut » (1).

Les explications de saint Thomas sur cette propriété sont inspirées de ce chapitre de l'*Éthique*, qu'il cite plusieurs fois. Sa démonstration, dans la *Somme théologique*, de cette proposition : « La vertu morale consiste dans le milieu », est un exemple remarquable de déduction logique et condensée (2).

(1) Μεσότης τις ἄρα ἐστὶν ἡ ἀρετή, στοχαστικὴ γε οὖσα τοῦ μέσου.... μεσότης δὲ δύο κακιῶν, τῆς μὲν καθ'ὑπερβολὴν τῆς δὲ κατ'ἔλλειψιν ('110. Nic., II, vi (13) (15), F. D.).

(2) Sicut ex supra dictis patet, q. LV, a. 3, virtus de sui ratione ordinat hominem ad bonum. Moralis autem virtus proprie est perfectiva appetitivæ partis animæ circa aliquam determinatam materiam. Mensura autem et regula appetitivi motus circa appetibilia est ipsa ratio. Bonum autem cujuslibet mensurati et regulati consistit in hoc quod conformetur suæ regulæ, sicut bonum in artificialis est ut sequatur regulam artis. Malum autem per consequens in hujusmodi est per hoc quod aliquid discordat a sua regula vel mensura ; quod quidem contingit, vel per hoc quod superexcedit mensuram,

PROPRIÉTÉS DES VERTUS

« Comme il est manifeste d'après ce qui a été dit plus haut, la vertu, de sa nature, ordonne l'homme au bien ; et le propre de la vertu morale est de perfectionner la partie appétitive de l'âme sur quelque matière déterminée, et la mesure, la règle, du mouvement d'appétit vers les objets d'appétition est la raison elle-même. Or, le bien de toute chose mesurée et réglée consiste en ce qu'elle est conforme à sa règle, comme le bien des œuvres d'art est de suivre la règle de l'art. Par conséquent, le mal d'une chose semblable est dans la discordance à l'égard de sa règle ou de sa mesure ; ce qui arrive, soit parce qu'elle excède sa mesure, soit parce qu'elle est en défaut par rapport à elle, comme on le voit en toutes choses réglées et mesurées. Ainsi, il est visible que le bien de la vertu morale consiste dans une adéquation à la mesure de la raison. Or, il est évident

vel per hoc quod deficit ab ea, sicut manifeste apparet in omnibus regulatis et mensuratis. Et ideo patet quod bonum virtutis moralis consistit in adæquatione ad mensuram rationis. Manifestum est autem quod inter excessum et defectum medium est æqualitas sive conformitas. Unde manifeste apparet quod virtus moralis in medio consistit (I-II, q. LXIV, a. 1).

qu'entre l'excès et le défaut le milieu est l'égalité ou la conformité. D'où il apparaît clairement que la vertu morale consiste dans le milieu ».

On le voit, cette démonstration s'appuie sur ce principe fondamental, qui résume la philosophie morale d'Aristote : la vertu morale est une qualité qui perfectionne l'inclination humaine d'après la règle et la mesure de la raison. Or, toute règle, toute mesure, demande une conformité au point exact qu'elle indique, entre un excès et un défaut. Donc, la vertu morale établit l'inclination dans un milieu rationnel entre le trop et le trop peu.

Cette théorie a été quelquefois accusée d'être un peu arbitraire, ou, du moins, de n'être guère applicable dans certains cas. Saint Thomas s'attache à la justifier et à en montrer l'extension.

« La vertu, pourrait-on objecter, est plutôt un extrême qu'un moyen terme, puisque, par sa nature même, elle dispose une puissance au maximum d'activité ».

Aristote semble avoir prévu lui-même cette objection, qu'il réfute implicitement par cette distinction : « Par son essence et parce qu'elle est en elle-même, la vertu est un milieu; mais par rapport au meilleur et au bien, elle est un sommet » (1).

Saint Thomas répond, à son tour, en développant, à sa manière, la solution d'Aristote : « La vertu morale tient sa bonté de la règle de la raison ; mais elle a pour matière les passions et les opérations. Comparée à la raison, elle est un extrême par sa conformité à la règle rationnelle, et l'écart en dehors de cette règle est l'autre extrême, que ce soit par excès ou par défaut. Mais, considérée au point de vue de sa matière, la vertu morale est un moyen terme, en ce sens qu'elle réduit les passions et les opérations à la règle rationnelle, qui pose un milieu entre un défaut et un excès » (2).

---

(1) Κατὰ μὲν τὴν οὐσίαν καὶ τὸν λόγον τὸν τί ἦν εἶναι λέγοντα μεσότης ἐστὶν ἡ ἀρετή, κατὰ δὲ τὸ ἄριστον καὶ τὸ εὖ ἀκρότης ('Ηθικ. Νικ., II, vi (17), F. D.).

(2) Virtus moralis bonitatem habet ex regula rationis ; pro materia autem habet passiones vel operationes. Si ergo comparetur virtus moralis ad rationem, sic, secundum id quod rationis est, habet rationem extremi unius, quod est conformitas ; excessus vero et defectus habet rationem alterius extremi, quod est deformitas. Si vero consideretur

La vertu est un maximum, parce qu'elle tend le plus possible, avec la plus grande intensité, à la perfection actuelle que demande la raison. Mais cette perfection consiste toujours dans un certain mode d'agir qui ne dépasse pas la règle et qui ne reste pas en deçà.

Dans le même ordre d'idées, Aristote disait avec une concision expressive : « Le magnanime est extrême par la grandeur, mais moyen par la mesure comme il convient : car c'est de ce dont il est digne qu'il se juge digne lui-même ; d'autres dépassent la mesure, et d'autres ne l'atteignent pas » (1). La *magnanimité*, en effet, est un extrême par la grandeur de ses opérations ; mais, cependant, c'est un moyen terme, parce que l'homme magnanime ne se juge capable de grandes choses et digne de grands honneurs que tout autant qu'il est capable et digne, ni plus ni moins.

virtus moralis secundum suam materiam, sic habet rationem medii inquantum passionem reducit ad regulam rationis (I-II, q. LXIV, a. 1, ad 1).

(1) Ἔστι δὴ ὁ μεγαλόψυχος τῷ μὲν μεγέθει ἄκρος, τῷ δὲ ὡς δεῖ μέσος· τοῦ γὰρ κατ' ἀξίαν αὑτὸν ἀξιοῖ· οἱ δ'ὑπερβάλλουσι καὶ ἐλλείπουσιν (Ἠθικ. Νικ., IV, III (8), F. D.).

Saint Thomas indique avec précision le milieu et les deux extrêmes qui se présentent aux deux vertus de *magnificence* et de *magnanimité* (1) : le milieu est dans l'amour de la grandeur « où il faut, quand il faut, pour ce qu'il faut », soit dans les dépenses, soit dans les actes et les honneurs ; l'excès, dans la tendance à la grandeur « où il ne faut pas, quand il ne faut pas, pour ce qu'il ne faut pas » ; le défaut, lorsque l'on ne tend pas à la grandeur « où il faut, quand il faut, pour ce qu'il faut ». La mesure est donc bien dans « ce comme il faut » τῷ ὡς δεῖ, dont parle Aristote. Quelle que soit la hauteur ou la largeur de nos vues, cette me-

(1) Si consideretur quantitas absoluta ejus in quod tendit magnificus et magnanimus, dicetur extremum et maximum. Sed si consideretur hoc ipsum per comparationem ad alias circumstantias, sic habet rationem medii, quia in hoc maximum tendunt hujusmodi virtutes secundum regulam rationis, id est, ubi oportet, et quando oportet, et propter quod oportet ; excessus autem, si in hoc maximum tendatur quando non oportet, vel ubi non oportet, vel propter quod non oportet ; defectus autem est, si non tendatur in hoc maximum ubi oportet, et quando oportet (I-II, q. LXIV, a. 1, ad 2).

sure convenable doit toujours être la règle de notre conduite.

Les vertus qui ont un caractère d'abstinence, de privation, ont un milieu et des extrêmes analogues à ceux des vertus qui aspirent à la grandeur. La virginité et la pauvreté, par exemple, sont au point louable si elles sont pratiquées comme il faut, quand il faut, pour ce qu'il faut ; elles sont des excès répréhensibles, si on les pratique comme il ne faut pas, dans les circonstances où l'usage des richesses et du mariage sont des devoirs ou dans une intention déraisonnable, par exemple par superstition ou pour une vaine gloire; elles sont, au contraire, en défaut, si l'on y renonce lorsqu'il faudrait y être fidèle, par exemple, dit saint Thomas, si l'on viole un vœu de virginité ou de pauvreté fait à Dieu (1).

(1) Eadem ratio est de virginitate et paupertate quae est de magnanimitate. Abstinet enim virginitas ab omnibus venereis et paupertas ad omnibus divitiis propter quod oportet, et secundum quod oportet, id est, secundum mandatum Dei et propter vitam æternam. Si autem hoc fiat secundum quod non oportet, id est, secundum aliquam superstitionem illicitam, vel etiam propter inanem gloriam

Aristote distingue finement deux sortes de milieux, l'un qu'il appelle le milieu quant à la chose même, et l'autre le milieu par rapport à nous. Le premier est également distant des deux extrêmes, et il est le même pour tous ; le second n'est pas identique pour tous les hommes, c'est-à-dire que tous ne sont pas obligés exactement à la même quantité précise : il suffit que chacun observe la mesure proportionnée à sa capacité, à ses moyens. « Par exemple, si dix est beaucoup et deux peu de chose, six est pris comme le milieu pour la chose même : car il dépasse et il est dépassé de la même quantité. Ce milieu est selon une proportion arithmétique. Mais le milieu par rapport à nous ne doit pas être pris de la même manière. En effet, si pour la nourriture dix livres est beaucoup et deux livres peu, ce n'est pas à dire, pour cela, que le maître de gymnase ordonnera six livres ; cette quantité peut être beaucoup ou peu pour celui qui la prendra ; pour Milon, c'est peu ; pour celui

erit superfluum ; si autem non fiat quando oportet, vel secundum quod oportet, est vitium per defectum, ut patet in transgredientibus votum virginitatis vel paupertatis (I-II, q. LXIV, a. 1, ad 3).

qui débute au gymnase, c'est beaucoup. Il en est de même pour la course et la lutte. C'est ainsi que tout homme qui sait fuit l'excès et le défaut, recherche et choisit le milieu, non pas le milieu de la chose, mais celui par rapport à nous » (1). Il semble donc que, pour Aristote, le milieu de toute vertu morale soit un milieu de proportion à la capacité de l'agent, et non pas un milieu exact de chose faite. Nous avons déjà cité sa définition générale de la vertu morale : « La vertu est une habitude élective, existant dans un milieu, dans celui qui se rapporte à nous, selon la détermination de la raison et aussi selon la détermination que fixerait l'homme prudent; ce milieu est entre deux vices, celui par excès et celui par défaut » (2). Et, comme s'il tenait à étendre expressément ce genre de milieu, proportionné selon la raison, aux vertus qui règlent les opérations aussi bien qu'à celles qui modèrent les passions, il ajoute immédiatement : « Au surplus, tandis que certains vices sont en défaut, et d'autres en excès, à l'égard du devoir, soit dans les pas-

(1) Ἠθ Νιϰ, II, vi (4) (5) (6) (7) (8), F. D.
(2) Voir ci-dessus, p. 351 et p. 364.

sions, soit dans les opérations, la vertu trouve et choisit le milieu » (1).

Et cependant, quand il traite de la justice et du droit, surtout quand il caractérise la justice et le droit dans les contrats synallagmatiques, Aristote enseigne avec insistance que le milieu de la vertu, dans les actes de justice commutative, est un milieu de chose selon une proportion arithmétique (2).

Saint Thomas apporte sa clarté habituelle dans cette question. « Le milieu de la vertu morale, dit-il, est toujours un milieu de raison, puisque cette vertu consiste, on l'a dit, à se tenir entre deux extrêmes en conformité avec la droite raison. Mais, quelquefois, le milieu de raison est aussi un milieu de chose; et alors, il faut que le milieu de la vertu morale soit un milieu de chose ; il en est ainsi dans la *justice*. D'autres fois, le milieu de raison n'est pas un milieu de chose, mais est pris par rapport à

---

(1) Καὶ ἔτι τῷ τὰς μὲν ἐλλείπειν τὰς δ' ὑπερβάλλειν τοῦ δέοντος ἔν τε τοῖς πάθεσι καὶ ἐν ταῖς πράξεσι, τὴν δ'ἀρετὴν τὸ μέσον καὶ εὑρίσκειν καὶ αἱρεῖσθαι ('ΙΙΘ. Νικ., II, vi (16), F. D.).

(2) 'ΙΙΘ. Νικ., V, iv, F. D.

nous ; c'est ce qui arrive dans toutes les autres vertus morales » (1).

Le motif de cette distinction, c'est que la *justice* est chargée d'ordonner les opérations de l'homme appliquées aux choses extérieures, tandis que les autres vertus morales ont pour domaine propre et direct les passions intérieures.

Nous savons, en effet, que, dans les actions relatives aux choses du dehors, le droit naturel est indépendant, en soi, des affections intérieures du sujet ; il doit être fixé par la considération simple des êtres, des situations et des objets, et consiste à rendre à chacun ce qui lui est dû, ni plus ni moins, de façon absolue, qu'on le fasse de bon gré ou avec peine ; et c'est là la *justice* ; elle n'a pas directement

(1) Omne medium virtutis moralis est medium rationis ; quia, sicut dictum est art. præced., virtus moralis dicitur consistere in medio per conformitatem ad rationem rectam. Sed quandoque contingit quod medium rationis est etiam medium rei ; et tunc oportet quod virtutis moralis medium sit medium rei, sicut est in justitia. Quandoque autem medium rationis non est medium rei, sed accipitur per comparationem ad nos ; et sic est medium in omnibus aliis virtutibus moralibus (I-II, q. LXIV, a. 2).

à se préoccuper des passions ou affections. La vertu de *justice* se pose donc dans un milieu de chose.

Mais les autres vertus morales, ayant pour but de modérer les affections et passions internes, ne sont proprement que dans un milieu de raison, qui s'apprécie par rapport à nous, avec la variabilité que demande la diversité des caractères où la vertu doit mettre l'ordre et la mesure rationnelle. Ici, l'excès et le défaut ne se précisent pas absolument, sans tenir compte des capacités de tel ou tel sujet appelé à la vie morale. Celui-ci peut plus, celui-là moins ; l'un est plus ardent, l'autre plus froid ; la vertu s'établira en un point moyen dont la valeur ne sera pas la même pour tous. Par exemple, la *tempérance* ne saurait avoir la même austérité chez tous les hommes ; le *courage* et la *force* ne peuvent atteindre en tous jusqu'à l'héroïsme habituel. Faire ce que l'on peut et tout ce que l'on peut, c'est faire ce que l'on doit ; et telle est la règle propre des vertus morales de ce genre. C'est la raison qui marque où sont l'excès et le défaut, où est le milieu ; et elle juge d'après la constitution de chaque homme, et non pas d'après les choses extérieures.

La *justice*, au contraire, juge d'abord d'après les choses, et ce n'est que subsidiairement qu'elle accepte que le sujet ne fasse que ce qu'il peut : c'est une tolérance accidentelle, qui n'enlève pas au précepte, pris en lui-même, son empire absolu et régulateur des choses mêmes.

Si l'on entendait par milieu de raison la perfection de l'acte intellectuel, la justesse d'une pensée qui reste dans la vérité sans l'outrepasser ni rester en deçà, il faudrait, alors, reconnaître que les vertus morales qui ne résident pas dans l'intelligence, mais dans l'appétit, volontaire ou sensible, ne sont pas, à proprement parler, dans le milieu de la raison, c'est-à-dire dans la modération de la raison elle-même : elles sont plutôt dans la modération de l'appétit (1). Mais le milieu qu'elles imposent à nos tendances est toujours fixé par un jugement raisonnable.

---

(1) Medium rationis... potest intelligi... secundum quod medium in ipso actu rationis existit, quasi ipse actus rationis ad medium reducatur ; et sic, quia virtus moralis non perficit actum rationis, sed actum virtutis appetitivæ, medium virtutis moralis non est medium rationis (I-II, q. LXIV, a. 2).

Il est intéressant, du reste, d'examiner les vertus intellectuelles en elles-mêmes, soit spéculatives, soit pratiques. Sont-elles aussi dans un milieu ? Y sont-elles toutes ? Et comment y sont-elles ?

L'intelligence n'a pas un objet arbitraire : son bien, c'est-à-dire ce qui convient à sa nature, est soumis à une règle, à une mesure. Si donc elle prend un objet déterminé comme il faut, elle est dans un juste milieu, entre l'excès qui va trop loin et le défaut qui n'atteint pas le but. Toute vertu intellectuelle qui disposera l'esprit à un acte aussi bien réglé, occupera un milieu entre deux extrêmes. Ce milieu, on le voit, est dans l'objet interne de l'opération intellectuelle, dans ce qui est pensé : il consiste dans la conformité avec la réalité des choses ; car la pensée est faite pour connaître ce qui est ; quand elle le connaît, elle a la vérité, et c'est là son bien, sa perfection.

La chose même que l'intelligence doit connaître, est donc la mesure des actes de l'esprit et de toute vertu intellectuelle. Une vertu de l'entendement, soit spéculatif, soit pratique, devra toujours s'attacher à modeler, autant que possible la pensée sur la réalité même qu'il s'agit de savoir et de juger, soit à titre de science pure, soit au point de vue de la convenance. Si l'intelligence est disposée à affirmer ce qui est et à nier ce qui n'est pas, elle est dans le milieu de la vérité ; si elle est portée à dire : « cela est », lorsque cela n'est pas, elle excède la mesure du vrai ; si elle tend à dire : « cela n'est pas », lorsque cela est, elle est en défaut (2).

Observons que, dans l'ordre purement spécu-

(2) Bonum autem virtutis intellectualis est verum... Verum autem intellectus nostri absolute consideratum est sicut mensuratum a re... Sic igitur bonum virtutis intellectualis speculativæ consistit in quodam medio per conformitatem ad ipsam rem, secundum quod dicit esse quod est, vel non esse quod non est ; in quo ratio veri consistit. Excessus autem est secundum affirmationem falsam, per quam dicitur esse quod non est. Defectus autem accipitur secundum negationem falsam, per quam dicitur non esse quod est. Verum autem virtutis intellectualis praticæ, comparatum quidem ad rem, habet rationem mensurati ; et sic eodem modo accipitur medium per conformitatem ad rem in virbutibus intellectualibus practicis, sicut in speculativis ; sed respectu appetitus habet rationem regulæ et mensuræ (I-II, q. LXIV, a. 3).

latif, le milieu n'est pas, à proprement parler, dans la chose extérieure que nous connaissons. Cette chose, prise absolument, est ou n'est pas ; et n'être pas est contradictoire à être, mais non pas contraire : la non-existence n'est point une réalité opposée à la réalité de l'existence, mais simplement une absence totale d'existence. Aussi, n'y-a-il pas de milieu entre être et n'être pas.

Mais les actes internes de l'intelligence ont un milieu : car penser qu'une chose n'est pas et penser qu'une chose est sont deux pensées réelles dont l'une est le contraire de l'autre. Suivant que chacune de ces réalités intérieures se comporte par comparaison avec l'existence ou l'inexistence, avec la convenance ou l'inconvenance, de la réalité extérieure, il peut y avoir un milieu pour l'opération et la vertu de l'esprit (1).

(1) Quamvis enim esse et non esse non sint contraria, sed contradictorie opposita, si considerentur ipsa significata prout sunt in rebus, quia alterum est ens et alterum est pure non ens, tamen si referantur ad actum animæ, utrumque ponit aliquid esse. Unde esse et non esse sunt contradictoria ; sed opinio qua opinamur quod bonum est

Les vertus de la raison pratique, l'*art* et la *prudence*, ont leur milieu, et elles s'y tiennent, quand elles demeurent conformes à la loi qui régit la chose du dehors à laquelle cette raison s'applique. L'*art*, en effet, malgré sa liberté subjective, doit se soumettre à la loi de la nature, et cette soumission acceptée fait la vérité de l'art, dans la fantaisie tempérée de ses créations. Et la *prudence* dispose à chercher, à trouver, à adopter un chemin qui, dans l'ordre positif des êtres, conduise l'homme au terme de sa destinée naturelle, à travers les circonstances particulières de sa vie.

Mais la *prudence*, tout en se pliant aux exigences de la réalité, a néammoins, a par cela même, le droit d'imposer, à son tour, sa loi aux inclinations de l'homme et de gouverner les vertus dont elles sont le siège. Le milieu de la vertu morale est donc précisé par l'indication et le commandement de la *prudence* dirigeante, et possédé par la vertu de l'appétit volontaire ou passionnel, obéissante à la règle

bonum, est contraria opinioni qua opinamur quod bonum non est bonum; et inter hujusmodi contraria medium est virtus intellectualis (I-II, q. LXIV, a. 3, ad 3).

dictée par la *prudence*, vertu de la raison pratique (1).

II. — Si la *prudence*, vertu morale elle-même, en un sens, tient sous son empire toutes les autres vertus morales, l'obligation d'accepter ainsi une règle commune ne forme-t-elle pas un lien, une connexion, attachant les vertus morales ensemble ?

Si l'on considère ces vertus à l'état de commencement imparfait, de première ébauche, d'inclination initiale et incomplète, créée soit par une sorte d'impulsion héréditaire, soit par une certaine répétition de quelques actes particuliers et restreints, sans doute, sous cette forme, les vertus morales ne sont pas enchaînées entre elles par une connexion nécessaire (2). Par exemple, on peut naître avec un

(1) Idem medium, quod est virtutis moralis, etiam est ipsius prudentiæ, scilicet rectitudo rationis ; sed prudentiæ quidem est istud medium ut regulantis et mensurantis, virtutis autem moralis ut mensuratæ et regulatæ (I-II, q. LXIV, a. 3).

(2) Imperfecta quidem moralis virtus, ut temperantia vel fortitudo, nihil aliud est quam aliqua inclinatio in nobis existens ad opus aliquod de

penchant à la *libéralité*, sans aucun penchant à la *tempérance* ; on peut avoir acquis quelque habitude relative de *justice* sociale, sans être modéré dans l'irascibilité.

Mais, s'il s'agit de vertus en perfection, une connexion certaine et constante unit toutes les vertus morales (1) : l'existence de l'une d'elles dans l'âme entraîne la présence des autres.

Il en est ainsi, tout d'abord, pour les vertus cardinales, *prudence*, *justice*, *force* et *tempérance*, si on les entend au sens de conditions générales des dispositions vertueuses, comme l'ont fait plusieurs moralistes. Toute vertu comprend un certain discernement de prudence, une certaine rectitude de justice, une force d'âme, une tempérance ou modération entre les extrêmes ; et, si l'une de ces qualités existe sans les autres, ou si l'une d'elles est

genere bonorum faciendum, sive talis inclinatio sit in nobis a natura, sive ex assuetudine. Et hoc modo accipiendo virtutes morales, non sunt connexu (I-II, q. LXV, a. 1).

(1) Perfecta autem virtus moralis est habitus inclinans in bonum opus bene agendum. Et sic accipiendo virtutes morales, dicendum est eas connexas esse (I-II, q. LXV, a. 1).

absente, l'habitude ne mérite pas vraiment le titre de vertu morale (1). Par là, donc, toutes les vertus de l'homme de bien sont liées ensemble ; car chacune d'elles tient particulièrement à l'une de ces qualités de discernement, de rectitude, de force ou de modération, et, par suite, aux autres de ces perfections, ainsi qu'aux autres vertus qui en dépendent particulièrement. On ne peut, par exemple, être vertueusement disposé à rendre à chacun ce qui lui est dû dans la vie sociale, sans être prêt à le faire, non seulement avec droiture de volonté, mais avec discrétion, avec fermeté, avec mesure. Or, la discrétion est la marque particulière de la *prudence*, la fermeté

(1) Cujus ratio duplex assignatur, secundum quod diversimode aliqui virtutes cardinales distinguunt. Ut enim dictum est, q. LXI, a. 3 et 4, quidam distinguunt eas secundum quasdam generales conditiones virtutum, utpote quod discretio pertineat ad prudentiam rectitudo ad justitiam, moderantia ad temperantiam, firmitas animi ad fortitudinem, in quacumque materia ista considerentur. Et secundum hoc manifeste apparet ratio connexionis : non enim firmitas habet laudem virtutis, si sit sine moderatione, vel rectitudine, aut discretione ; et eadem ratio est de aliis (I-II, q. LXV, a. 1).

celle de la *force*, la mesure celle de la *tempérance*. On n'est donc vraiment juste que si l'on est, en même temps, prudent, fort et tempérant.

Nous savons, d'autre part, que l'on peut envisager les vertus sous un autre aspect qui en détermine mieux les caractères spécifiques : c'est de les distinguer par leurs matières, par leurs domaines propres. A ce point de vue, c'est par la *prudence* que s'établit la connexion naturelle entre toutes les vertus qui font les bonnes mœurs (1).

Aucune vertu morale, dans sa perfection, ne peut être isolée de la *prudence*, et la *prudence* elle-même, pour être parfaite, ne peut être séparée d'aucune vertu morale. C'est ce qu'enseigne expressément Aristote, en ces termes : « Il est évident, d'après ce que nous avons dit, que l'on ne peut être proprement

---

(1) Alii vero distinguunt prædictas virtutes secundum materias. Et secundum hoc assignatur ratio connexionis ab Aristotele, in VI *Ethic.*, cap. ult., quia, sicut supra dictum est, q. LVIII, a. 4, nulla virtus moralis potest sine prudentia haberi, eo quod proprium virtutis moralis est facere electionem rectam, quum sit habitus electivus (I-II, q. LXV, a. 1).

homme de bien sans *prudence*, ni prudent sans la vertu morale. Mais il faut encore donner la même solution à l'objection qui dirait : « Les vertus sont séparées les unes des autres : en effet, la même personne n'est pas naturellement disposée pour toutes, et il est possible que, si elle en a déjà une, elle n'ait pas encore acquis telle autre ». Cela peut arriver pour les vertus données par la nature; mais, quant à celles par lesquelles on mérite simplement le nom d'homme de bien, cela n'est pas possible : car avec la *prudence*, qui est une, toutes les vertus seront dans l'âme. D'ailleurs, il est évident que, même si la *prudence* n'était pas propre à l'action pratique, il serait encore besoin d'elle, parce qu'elle est vertu de telle partie de l'âme : et l'élection ne saurait être droite sans la *prudence* ni sans la vertu : celle-ci, en effet, va à la fin, et celle-là fait prendre les moyens d'atteindre la fin » (1).

Ainsi, et cela ressort de nos explications précédentes, si la *prudence* n'est pas là pour faire délibérer, juger, commander raisonnablement, en ce qui concerne les moyens, au-

(1) 'HΘ. Nιx., VI, xiii (6) (7), F.D.

cune vertu n'aura ce qu'il faut pour atteindre promptement, facilement, sûrement la fin qu'elle aime ; et, si toutes les vertus ne sont pas présentes pour incliner l'âme vers les fins raisonnables de la vie humaine, la *prudence* manquera de quelque impulsion vers le bien. Comme la science spéculative ne saurait se passer de l'intelligence des principes, qui donne l'élan à la démonstration scientifique, communique au raisonnement, dans tout son cours, la force didactique, et forme ainsi l'habitude de la science ; de même la *prudence* a besoin de toutes les vertus morales, pour que la délibération sur les moyens se mette convenablement en mouvement, jusqu'au jugement qui décide comme il faut, et jusqu'au commandement qui ordonne bien, et pour que, par la répétition de ces actes, l'âme devienne habituellement prudente, sur toutes les voies où l'homme doit mener sa vie (1).

(1) Similiter etiam prudentia non potest haberi nisi habeantur virtutes morales, quum prudentia sit recta ratio agibilium, quæ sicut ex principiis procedit ex finibus agibilium, ad quos aliquis recte se habet per virtutes morales. Unde, sicut scientia speculativa non potest haberi sine intellectu princi-

Qu'une vertu morale quelconque soit parfaite : certainement elle aura avec elle une parfaite prudence. Comment, en effet, appeler parfaite une vertu morale qui admettrait en sa compagnie une prudence mal ordonnée sur certains points de la conduite, même en dehors de la sphère propre de la vertu spéciale dont il s'agit ? Une telle vertu ne serait pas dans une âme vraiment droite et raisonnable.

D'autre part, dès que la *prudence* est parfaite, elle a avec elle toutes les vertus morales, puisque toutes sont nécessaires à sa perfection et qu'elle les conduit toutes.

Donc, dans l'honnête homme achevé, la *prudence*, vertu de raison, a pour cortège toutes les vertus morales, liées à la fois entre elles et à la *prudence*.

On peut, sans doute, accorder qu'un homme est encore honnête si, par quelque ignorance involontaire, il est imprudent sur quelque point ; mais au moins faut-il que sa raison, par laquelle il est homme, soit habituellement dis-

piorum, ita nec prudentia sine virtutibus moralibus. Ex quo manifeste sequitur virtutes morales esse connexas (I-II, q. LXV, a. 1).

posée à délibérer, juger et prescrire, sur sa conduite personnelle, aussi bien que le permet son intelligence native.

En somme, cette théorie signifie que, si l'âme a une vertu morale vraiment digne de ce nom, c'est qu'elle a un amour du bien suffisant pour qu'elle se forme une *prudence* rationnelle qui éclaire tous les chemins des vertus spéciales et, par là même, développe toutes ces vertus en dirigeant la répétition des actes qui les nourrissent. Donc, le premier principe de connexion entre les vertus morales est l'amour fondamental de l'âme pour le bien, qui contient implicitement le germe de toutes les habitudes vertueuses ; la *prudence* est, en quelque sorte, une seconde cause d'enchaînement qui favorise leur formation associée et les fait grandir ensemble en les faisant agir de concert.

La *prudence* accomplit cette œuvre maîtresse, non seulement en montrant et en prescrivant les moyens pratiques d'atteindre le bien, mais aussi, et tout d'abord, en précisant le milieu rationnel où ce bien doit être fixé : c'est elle qui détermine avec exactitude les fins mêmes à poursuivre, puisqu'elle marque, en chaque matière, le point moyen à viser entre l'excès et le défaut (1).

III. — Toutes les vertus, intellectuelles et morales, se ressemblent par la mesure et la règle auxquelles se soumettent leurs actes. S'ensuit-il, cependant, qu'elles aient toutes la même valeur, qu'elles soient égales en dignité ? Non, certes.

D'abord, en soi, l'intelligence est la plus noble des facultés de l'âme, parce qu'elle va primitivement, sous la plus noble forme, au plus noble objet. Nous avons eu maintes fois occasion de mettre en évidence la prédilection de saint Thomas pour cette supériorité de l'intelligence, et nous l'avons fait volontiers. Pour lui, l'universel vaut mieux que le singulier, parce que l'universel est plus absolu, plus pur au point de vue de l'être, plus large par son

---

(1) Prudentia non solum dirigit virtutes morales in eligendo ea quæ sunt ad finem, sed etiam in præstituendo finem. Est autem finis uniuscujusque virtutis moralis attingere medium in propria materia ; quod quidem medium determinatur secundum rectam rationem prudentiæ, ut dicitur in II *Ethic.*, cap. VI, et in VI, cap. ult. (I-II, q. LXVI, a. 3, ad 3).

extension, plus permanent à cause de sa nécessité. Aussi, l'entendement, fait le premier pour l'universel, a-t-il en lui-même des vertus plus éminentes, plus dignes d'honneur, que l'appétit sensible et même que l'appétit rationnel, c'est-à-dire la volonté. Car, toute supérieure qu'elle est, par son amour du bien universel, à l'inclination sensitive, qui ne tend qu'au singulier, la volonté n'est cependant rationnelle que par participation : c'est la lumière intellectuelle qui l'éclaire par rayonnement ; elle n'est pas, dans l'homme, le foyer de cette lumière (1). La volonté aspire au bien, mais c'est l'entendement qui sait ce qu'est le bien, objet de nos aspirations.

(1) Objectum enim intellectus est simplicius et magis absolutum quam objectum voluntatis : nam objectum intellectus est ipsa ratio boni appetibilis ; bonum autem appetibile, cujus ratio est in intellectu, est objectum voluntatis. Quanto autem aliquid est simplicius et abstractius, tanto secundum se est nobilius et altius. Et ideo objectum intellectus est altius quam objectum voluntatis. Quum ergo propria ratio potentiæ sit secundum ordinem ab objectum, sequitur quod secundum se et simpliciter intellectus sit altior et nobilior voluntate (1, q. LXXXII, a. 3).

Il semble même que, pour saint Thomas, la volonté soit au second plan dans la hiérarchie intellectuelle en ce qu'elle aime l'universel comme existant personnellement ou particulièrement, tandis que l'intelligence conçoit et contemple l'universel dans son universalité même, comme idéal indéfiniment réalisable (1).

Il ne faut, cependant, pas perdre de vue que, malgré ses attaches à la philosophie de Platon, où l'idéal conçu par l'intelligence a la première place, saint Thomas enseigne très positivement ceci : la connaissance que nous pouvons avoir de Dieu, et même de tout être supérieur à nous, est moins noble que l'amour par lequel nous nous portons vers eux. C'est que l'amour tend à la réalité qu'il affectionne

---

(1) Simpliciter loquendo, illa virtus nobilior est quæ habet nobilius objectum. Manifestum est autem quod objectum rationis est nobilius quam objectum appetitus ; ratio enim apprehendit aliquid in universali, sed appetitus tendit in res quæ habent esse particulare. Unde, simpliciter loquendo, virtutes intellectuales, quæ perficiunt rationem, sunt nobiliores quam morales, quæ perficiunt appetitum (I-II, q. LXVI, a. 3).

telle qu'elle est en elle-même, au lieu que la connaissance atteint son objet tel qu'il est dans le connaissant : or, ce qui nous est supérieur est en soi de façon plus noble qu'en nous (1).

Peut-être faut-il donc, tout en affirmant que les vertus morales, en général, sont, par leur objet, inférieures aux vertus intellectuelles, excepter la vertu de religion, qui dispose la volonté à rendre à Dieu le culte qui lui est dû. Toutefois, il convient d'observer que Dieu est plutôt le but final que l'objet même de la vertu morale de religion : l'objet en est plutôt tels ou tels actes du culte divin (2). La religion

(1) In his autem, quæ sunt supra hominem, nobilior est dilectio quam cognitio : perficitur enim cognitio secundum quod cognita sunt in cognoscente ; dilectio vero, secundum quod diligens trahitur ad rem dilectam. Id autem quod est supra hominem, nobilius est in seipso quam sit in homine, quia unumquodque est in altero per modum ejus in quo est ; e converso autem est in his quæ sunt infra hominem (I-II, q. LXVI, a. 6, ad 1). — Unde melior est amor Dei quam cognitio ; e contrario autem melior est cognitio rerum corporalium quam amor (I, q. LXXXII, a. 3).

(2) Duo ergo in religione considerantur : unum quidem quod religio Deo affert, scilicet cultus, et

naturelle ne s'élève donc guère au-dessus de la connaissance de Dieu, naturellement très imparfaite, à moins de comprendre parmi les actes de religion l'amour de Dieu qui se porte, naturellement, vers la Divinité même.

Si les vertus intellectuelles sont supérieures aux vertus morales, c'est à titre d'états habituels considérés en soi. Mais, que l'on regarde la vertu comme principe de mouvement à l'action, de mise en œuvre d'une capacité d'agir, et l'on verra que les vertus morales contiennent plus de cette nature de vertu que les vertus de l'intelligence ; car celles-là sont vertus de l'appétit, qui met en mouvement les autres puissances et les pousse à agir : la volonté fait cela directement, et les appétits sensibles par impulsion indirecte. Or, il est

hoc se habet per modum materiæ et objecti ad religionem ; aliud autem est id cui affertur, scilicet Deus, cui cultus exhibetur, non quod actus quibus Deus colitur ipsum Deum attingant... Affertur autem Deo debitus cultus inquantum actus quidam, quibus Deus colitur, in Dei reverentiam fiunt, puta sacrificiorum oblationes et alia hujusmodi. Unde manifestum est quod Deus non comparatur ad virtutem religionis sicut materia vel objectum, sed sicut finis (II-II, q. LXXXI, a. 5).

de l'essence même de la vertu d'être principe d'action ; les vertus morales sont donc, à un point de vue essentiel, plus vertus que les vertus intellectuelles, l'intelligence ayant besoin que la volonté la fasse penser actuellement (1).

Aussi, ne craignons pas de le redire, les vertus morales sont-elles encore plus nécessaires à la vie humaine que les vertus de l'entendement : peu de science avec beaucoup de bonne volonté et des passions bien réglées vaut mieux pour la pratique, que beaucoup de science avec peu de vertus morales. Au surplus, dans la vie ordinaire, la mémoire scientifique se perd assez facilement parce que l'on a peu d'occasions de faire acte de savant ; tandis que la vertu morale, étant d'une applica-

---

(1) Sed si consideretur virtus in ordine ad actum, sic virtus moralis, quæ perficit appetitum, cujus est movere alias potentias ad actum, ut supra dictum est, q. IX, a. 1, nobilior est. Et quia virtus dicitur ex eo quod est principium alicujus actus, quam sit perfectio potentiæ, sequitur quod ratio virtutis magis competat virtutibus moralibus quam virtutibus intellectualibus ; quamvis virtutes intellectuales sint nobiliores habitus simpliciter (I-II, q. LXVI, a. 3).

tion continuelle, se conserve et se développe davantage (1).

Néanmoins, ces avantages, précieux pour la vie de la plupart des hommes, ne doivent pas faire oublier que la science est plus noble précisément parce qu'elle a pour objet plutôt le vrai que l'utile ; le vrai est en soi plus durable, puisqu'il est éternel, et la connaissance de la vérité en cette vie est une préparation à la contemplation de la vérité divine, acte fondamental qui sera le principal élément de notre béatitude finale (2).

La supériorité des vertus intellectuelles est

---

(1) Virtutes morales sunt magis permanentes quam intellectuales, propter exercitium earum in his quæ pertinent ad vitam communem (I-II, q. LXVI, a. 3, ad 1).

(2) Quod autem virtutes morales sunt magis necessariæ ad vitam humanam, non ostendit eas esse nobiliores simpliciter, sed quoad hoc. Quinimo virtutes intellectuales speculativæ, ex hoc ipso quod non ordinantur ad aliud, sicut utile ordinatur ad finem, sunt digniores : hoc enim contingit quia secundum eas quodammodo inchoatur in nobis beatitudo, quæ consistit in cognitione veritatis, sicut supra dictum est, q. III, a. 6 (I-II, q. LXVI, a. 3, ad 1).

donc plus absolue; celle des vertus morales plus relative à l'action.

La *prudence*, malgré son caractère moral, étant une vertu de la raison, a de ce chef, sur les trois autres vertus cardinales, la même supériorité qu'ont, en général, les vertus de l'intelligence sur les vertus morales (1).

Parmi les autres vertus cardinales, *justice, force, tempérance*, quelle est la meilleure, la plus excellente ? Saint Thomas n'hésite pas à répondre, avec Aristote : c'est la *justice*.

« La *justice*, dit l'auteur de l'*Ethique à Nicomaque*, est vertu parfaite, non pas prise absolument, mais à l'égard d'autrui. Et pour cela souvent la *justice* paraît être la meilleure des vertus, et ni l'étoile du soir ni celle du matin ne sont aussi admirables ; de là cette maxime : « Dans une seule *justice* est comprise toute vertu ». Elle est éminemment vertu parfaite, parce qu'elle est l'usage de la parfaite vertu. Et elle est parfaite, parce que celui qui la possède a le pouvoir de se servir de la vertu

---

(1) Prudentia, quæ perfecit rationem, præfertur in bonitate aliis virtutibus moralibus perficientibus vim appetitivam, inquantum participat rationem (I-II, q. LXVI, a. 1).

même à l'égard d'autrui, et non pas seulement envers lui-même : car beaucoup d'hommes ont la capacité de se servir de la vertu en ce qui les concerne personnellement, mais ne l'ont point à l'égard d'autrui » (1).

Saint Thomas, s'inspirant de ce passage d'Aristote, enseigne que la *justice* est la plus excellente des vertus morales, parce qu'elle est plus près de la raison, plus rationnelle, que les autres, et par son sujet et par son objet : en effet, elle réside dans la volonté même, dont la nature est rationnelle, puisque la volonté est l'appétit qui suit immédiatement l'intelligence ; et en outre, ainsi que le remarquait Aristote, la *justice* ne se contente pas de faire régner l'ordre de la raison dans la personne du juste, mais surtout et directement elle veut soumettre à une règle raisonnable les rapports de l'homme avec ses semblables, les relations sociales (2).

(1) 'Eth. Nic., V, 1 (15), F. D.

(2) Justitia inter omnes virtutes morales præcellit, tanquam propinquior rationi. Quod patet et ex subjecto et ex objecto. Ex subjecto quidem, quia est in voluntate sicut in subjecto ; voluntas autem est appetitus rationalis, ut ex dictis patet, q. LV, a. 3, et I, q. LXXX. Secundum autem objectum sive ma-

Sans doute, comme l'observe saint Thomas dans son commentaire sur l'*Ethique à Nicomaque*, Aristote, dans son éloge enthousiaste de la *justice*, avait en vue la justice légale, la vertu qui fait obéir aux prescriptions de la loi civile, des lois positives de la République; et c'est pour cela qu'il voit contenues dans la justice toutes les vertus : car les lois positives ordonnent l'accomplissement de tous les devoirs, en tant du moins que l'exige le bien commun du corps social.

Mais, en ne considérant même que la loi morale, on peut dire que la *justice* embrasse, non seulement la bonne volonté de rendre à chacun ce qui lui est dû, mais encore indirectement les vertus qui régissent les passions ; car les passions déréglées portent souvent à manquer aux devoirs de société: ainsi, l'intempérance entraîne à violer les droits d'autrui, par exemple par l'adultère; la peur rend lâche en face des ennemis de la patrie; la colère fait frapper à tort ou diffamer un adversaire. Aris-

teriam, quia est circa operationes quibus homo ordinatur non solum in seipso, sed etiam ad alterum. Unde *justitia est præclarissima virtutum*, ut dicitur in V *Ethic.*, cap. 1 (I-II, q. LXVI, a. 4).

tote indique ces exemples comme matières soumises aux prescriptions de la loi de l'État, parce que cette loi a mission d'assurer l'obéissance à la loi morale pour le bien commun (1).

Il reste à marquer le rang des deux autres vertus morales, la *force* et la *tempérance*.

Or, celle-là sera plus noble, qui aura en elle un plus vif rayonnement de lumière rationnelle, et ce sera celle qui possédera une sphère d'action plus importante pour la personne humaine.

Ces deux vertus, il est vrai, ont un point commun, c'est que l'une et l'autre s'appliquent aux passions. Mais la *force* a pour principale matière les questions de vie ou de mort : le courage est prêt à exposer la vie de l'homme fort pour une grande cause, à braver la mort pour accomplir un grand devoir. C'est là évidemment la plus grave matière, et la vertu qui a un pareil domaine est la plus éminente de celles qui gouvernent les passions.

La *force* est, néanmoins, au dessous de la *justice*, qui domine toutes les vertus et leur impose sa loi d'équité (2).

(1) 'II0. Nix., V, 1 (14), F. D.
(2) Inter alias autem virtutes morales, quæ sunt

On peut dire aussi que l'appétit d'irascibilité, où réside la *force*, est plus près de la raison, et plus naturellement inspiré par elle ; car la colère, qui a donné son nom à cet appétit, est mise en mouvement par un certain amour de la justice. La *force* participe au caractère rationnel de cette passion, qu'elle modère : elle est donc, même du côté de son sujet, la meilleure des deux vertus cardinales qui règlent les passions (1).

Enfin vient la *tempérance*, qui ordonne les passions d'amour pour la conservation de l'homme individuel et la propagation de l'espèce humaine. Elle se rapporte, elle aussi, à la

---

circa passiones, tanto in unaquaque magis relucet rationis bonum, quanto circa majora motus appetitivus subditur rationi. Maximum autem in his quæ ad hominem pertinent, est vita, a qua omnia alia dependent. Et ideo fortitudo, quæ appetitivum motum subdit rationi in his quæ ad mortem et vitam pertinent, primum locum tenet inter virtutes morales quæ sunt circa passiones ; tamen ordinatur infra justitiam (I-II, q. LXVI, a. 4).

(1) Fortitudo, quæ est in irascibili, præfertur temperantiæ, quæ est in concupiscibili, quæ minus participat rationem, ut patet in VII *Ethic.*, cap. VI (I-II, q. LXVI, a. 4).

vie, mais pour le maintien constant et tranquille de l'existence humaine plutôt que pour le sacrifice de la vie aux heures critiques. L'objet étant plus modeste, l'éclat de la raison y brille avec moins de splendeur ; voilà pourquoi la *tempérance* est placée après la *force* (1).

On voit comment se justifie l'ordre dans lequel sont rangées par la tradition les quatre vertus cardinales : *prudence*, d'abord, et à sa suite, *justice, force, tempérance*.

Quant aux vertus qui se groupent respectivement autour de chacune de ces quatre principales, on peut les considérer comme participant au rang de dignité de chacune d'elles, à moins de les poser toutes comme à un arrière-plan, en avant duquel font saillie les quatre cardinales : c'est ce dernier point de vue que paraît adopter saint Thomas (2).

Ajoutons qu'il y a, dans certaines vertus,

(1) Post fortitudinem autem ordinatur temperantia, quæ subjicit rationi appetitum circa ea quæ immediate ordinantur ad vitam, vel in eodem secundum numerum, vel in eodem secundum speciem, scilicet in cibis et venereis (I-II, q. LXVI, a. 4).

(2) Et sic istæ tres virtutes simul cum prudentia dicuntur esse principales etiam dignitate (I-II, q. LXVI, a. 4).

une beauté, une noblesse, toute relative, qui permet de leur attribuer une prédominance particulière, en dehors de la hiérarchie que nous venons de décrire. C'est ainsi que quelquefois un ornement accessoire donne à une forme artistique un éclat suprême qu'elle ne saurait avoir à elle seule (1). On peut, avec saint Thomas, prendre pour exemple la *libéralité*, qui ajoute à la *justice* un caractère de grandeur, bien que sans la *justice*, qui respecte la propriété de chacun, la *libéralité* ne puisse être vertu (2). Citons encore la *magnanimité* ou grandeur d'âme, qui suppose la préexistence de toutes les autres vertus, mais leur confère à toutes un supplément d'éclat, dont la gloire lui appartient (3).

(1) Secundum quid autem dicitur aliqua virtus esse major, secundum quod adminiculum vel ornamentum praebet principali virtuti (I-II, q. LXVI, a. 4).

(2) Liberalitas sine justitia esse non potest, quae secernit suum a non suo; justitia autem potest esse sine liberalitate. Unde justitia simpliciter est major liberalitate, tanquam communior et fundamentum ipsius. Liberalitas autem est secundum quid major, quum sit quidam ornatus justitiae et supplementum ejus (I-II, q. LXVI, a. 4, ad 1).

(3) Magnanimitas non potest esse nisi aliis virtu-

Pour achever le tableau bien ordonné des vertus, ne convient-il pas de placer une vertu suréminente à la tête de toutes les vertus intellectuelles, les vertus de l'intelligence étant d'ailleurs, par la supériorité de leurs objets, élevées toutes ensemble au-dessus des vertus morales? Oui, et cette vertu hors ligne est la *sagesse*, dont nous avons vu l'excellence en traitant spécialement des vertus intellectuelles. Il suffit de rappeler que la *sagesse* a pour objet les causes les plus hautes, et par-dessus tout, la cause des causes, Dieu même, autant que notre esprit peut naturellement le concevoir. Par là, elle domine toutes les vertus intellectuelles et a juridiction sur toutes les connaissances humaines (1). La *sagesse* est

tibus præexistentibus, ut dicitur in IV *Ethic.*, cap. ɪɪɪ a princ. Unde comparatur ad alias sicut ornamentum earum ; et sic secundum quid est major omnibus aliis, non tamen simpliciter (I-II, q. ʟxvɪ, a. 4, ad 3).

(1) Sicut dictum est art. I hujus quæst., magnitudo virtutis secundum suam speciem consideratur ex objecto. Objectum autem sapientiæ præcellit inter objecta omnium virtutum intellectualium ; considerat enim causam altissimam, quæ Deus est, ut dicitur in princ. *Metaph.*, cap. ɪ et ɪɪ. Et quia per

même au-dessus de l'*intelligence des principes*; car elle cherche à connaître l'Être absolu et premier, d'où dérive immédiatement l'être commun à tous les êtres contingents, cet être commun qui est l'élément fondamental sur lequel porte l'affirmation des principes (1).

Et qu'on ne dise pas que la sagesse est inférieure aux autres connaissances de l'homme parce qu'elle est plus obscure et moins certaine. Cela serait vrai, si son objet était au même niveau que celui des autres connaissances ; mais, quelle que soit l'ombre qui diminue l'éclat de sa lumière, cette science est plus éminente par

causam judicatur de effectu et per causam superiorem de causis inferioribus, inde est quod sapientia habet judicium de omnibus aliis virtutibus intellectualibus, et ejus est ordinare omnes, et ipsa est quasi architectonica respectu omnium (I-II, q. LXVI, a. 5).

(1) Cognoscere autem rationem entis et non entis, et totius et partis, et aliorum quæ consequuntur ad ens, ex quibus sicut ex terminis constituuntur principia indemonstrabilia, pertinet ad sapientiam, quia ens commune est proprius effectus causæ altissimæ, scilicet Dei... Unde sequitur quod sapientia sit major virtus quam intellectus (I-II, q. LXVI, a. 5, ad 4).

son objet; or, il vaut mieux connaître avec moins de clarté et de certitude des réalités plus hautes et plus grandes que savoir plus nettement et plus sûrement des choses inférieures.

Saint Thomas, avec autant de modestie que d'amour du divin, se plaît à appuyer cette conclusion sur trois textes d'Aristote (1). Le premier sert de principe ; c'est le début du *Traité de l'Ame* : « Nous plaçons la science parmi les choses belles et aimables, et une science au-dessus d'une autre, soit à cause de sa certitude, soit à cause de son objet meilleur et plus admirable » (2). Puis vient cette belle sentence que saint Thomas donne comme tirée du *Traité du*

---

(1) Sicut Philosophus dicit, in I *de Anima*, *una notitia præfertur alteri, aut ex eo quod est nobiliorum, aut propter certitudinem*.... Unde Philosophus dicit, in II *de Cœlo*, quod *magnum est de rebus cœlestibus aliquid posse cognoscere etiam debili et topica ratione* ; et in I *de Partibus animalium*, cap. v, circa princ., dicit quod *amabile est magis parvum cognoscere de rebus nobilioribus quam multa cognoscere de rebus ignobilioribus* (I-II, q. LXVI, a. 5, ad 3).

(2) Τῶν καλῶν καὶ τιμίων τὴν εἴδησιν ὑπολαμβάνοντες, μᾶλλον δ'ἑτέραν ἑτέρας, ἢ κατ'ἀκρίβειαν, ἢ τῷ βελτιόνων τε καὶ θαυμασιωτέρων εἶναι (Περὶ ψυχῆς, I, 1 (1) F. D.).

Ciel : « Il est grand de pouvoir acquérir quelque connaissance des choses célestes, même par des raisons faibles et générales » (1). Enfin, la conclusion même dont il s'agit est énoncée par Aristote dans le *Traité des Parties des animaux*, mais au point de vue du plaisir de savoir : « Lors même, dit-il, que nous atteignons fort peu ces choses supérieures, cependant, à cause de l'excellence de ce savoir, nous y prenons plus de plaisir qu'à connaître tout ce qui est près de nous » (2).

Que la *prudence* ne s'arroge donc point sur la *sagesse* une supériorité absolue : sans doute, elle a pour mission de conduire l'homme à la *sagesse*, de lui faire prendre les moyens qui le mèneront, par la meilleure voie, et autant que le permet sa faiblesse naturelle, à la connais-

---

(1) Nous n'avons pas trouvé cette sentence dans Aristote ; nous supposons que saint Thomas a traduit approximativement l'idée qui est exprimée dans le passage suivant du *Traité du Ciel* : « Εἴ τις διὰ τὸ φιλοσοφίας διψῆν καὶ μικρὰς εὐπορίας ἀγαπᾷ περὶ ὧν τὰς μεγίστας ἔχομεν ἀπορίας » (Περὶ οὐρανοῦ, II, xii (1), F. D.).

(2) Τῶν μὲν γὰρ εἰ κατὰ μικρὸν ἐφαπτόμεθα, ὅμως διὰ τὴν τιμιότητα τοῦ γνωρίζειν ἥδιον ἢ τὰ παρ' ἡμῖν ἅπαντα (Περὶ ζῴων μορίων, I, v, F. D.).

sance et à la contemplation des vérités éternelles et du premier Être; mais c'est là un rôle de ministre et d'introducteur ; la sagesse est la reine, et la prudence lui rend le service de faire entrer jusqu'à elle (1).

En somme, la *prudence* est indispensable à l'homme pour qu'il atteigne sa fin ; mais la *sagesse*, par son objet, est plus près de la béatitude finale, puisque cette béatitude consiste essentiellement dans la contemplation de Dieu (2).

(1) Non enim prudentia habet se intromittere de altissimis quæ considerat sapientia; sed imperat de his quæ ordinantur ad sapientiam, scilicet quomodo homines debeant ad sapientiam pervenire : unde in hoc est prudentia, seu politica, ministra sapientiæ ; introducit enim ad eam, præparans ei viam, sicut ostiarius ad regem (I-II, q. LXVI, a. 5, ad 1).

(2) Quia actus sapientiæ in hac vita est imperfectus respectu principalis objecti, quod est Deus, ideo actus sapientiæ est quædam inchoatio seu participatio futuræ felicitatis; et sic propinquius se habet ad felicitatem quam prudentia (I-II, q. LXVI, a. 5, ad 2).

II

ÉVOLUTION DES VERTUS

I. — Les prédispositions naturelles aux vertus se développent et se complètent par la répétition d'actes convenables. — Inégalité de l'éducation morale dans les divers sujets ; variabilité de cette éducation dans le même homme.
II. — Conservation des vertus de l'intelligence et de la volonté dans l'âme séparée du corps. — Les vertus des puissances sensitives renaîtront, avec les sens et les passions, à la résurrection du corps humain.

Terminons toute cette étude sur les vertus par une vue générale sur l'évolution de ces bonnes habitudes, depuis leur origine par prédisposition native jusqu'à leur dernier épanouissement dans notre seconde vie, après la mort.

I. — Aristote a bien indiqué le rôle de notre nature primitive dans la génération des vertus : « Ce n'est, dit-il, ni par nature ni en dehors de la nature que naissent les vertus ; mais nous sommes naturellement prédisposés à les acquérir, et nous nous complétons par l'exercice qui fait l'habitude » (1).

Nous avons expliqué les ressources qu'apportent et notre nature spécifique et notre nature individuelle pour la constitution de notre premier fonds de vertus intellectuelles et de vertus morales ; nous avons montré et analysé les éléments de ce capital primitif, en traitant des dispositions habituelles.

C'est de la complexion individuelle et première de notre corps que vient en chacun de nous l'aptitude particulière aux vertus de l'intelligence et aux vertus morales, à tel genre et à tel degré de ces vertus : l'on peut être ainsi plus particulièrement porté, de naissance, aux mathématiques ou à la philosophie, au courage ou à la tempérance ; et l'un y peut être mieux disposé qu'un autre (2).

(1) Οὔτ'ἄρα φύσει οὔτε παρὰ φύσιν ἐγγίνονται αἱ ἀρεταί, ἀλλὰ πεφυκόσι μὲν ἡμῖν δέξασθαι αὐτάς, τελειουμένοις δὲ διὰ τοῦ ἔθους ('Ηθικ. Νικομ., II, 1 (3), F. D.).

(2) Ex corporis dispositione aliqui sunt dispositi vel melius vel pejus ad quasdam virtutes, prout sci-

Ces premiers commencements, où nous n'avons aucun mérite, sont destinés à être développés par notre coopération volontaire, qui, par un exercice réitéré, doit augmenter ces énergies initiales et y ajouter même d'autres habitudes vertueuses dont la nature ne nous avait pas particulièrement donné le germe.

Nous pouvons faire ainsi l'éducation de notre âme, parce que notre raison a le pouvoir d'ordonner toutes nos forces d'esprit et de cœur à notre perfectionnement (1).

Dans ce travail de toute notre vie, nos fautes sont des causes de corruption pour nos bonnes

licet vires quædam sensitivæ actus sunt quarumdam partium corporis, ex quarum dispositione adjuvantur vel impediuntur hujusmodi vires in suis actibus, et per consequens vires rationales, quibus hujusmodi sensitivæ vires deserviunt; et secundum hoc unus homo habet naturalem aptitudinem ad scientiam, alius ad fortitudinem, alius ad temperantiam (I-II, q. LXIII, a. 1).

(1) Virtus igitur hominis ordinata ad bonum quod modificatur secundum regulam rationis humanæ, potest ex actibus humanis causari, inquantum hujusmodi actus procedunt a ratione, sub cujus potestate et regula tale bonum consistit (I-II, q. LXIII, a. 2).

habitudes, pour nos vertus ; mais une vertu peut subsister encore malgré une faute même grave : car nous savons que la succession d'un certain nombre d'actes est généralement nécessaire pour contracter une habitude contraire qui se substitue à une habitude précédente.

Nous parlons ici, que l'on ne l'oublie pas, de l'ordre simplement naturel; or, dans cet ordre, la vie morale n'est pas ordinairement éteinte, sous forme de vertu, par un acte gravement répréhensible : l'habitude vertueuse persistant, dans une certaine proportion, nous pouvons nous en servir par une bonne application de notre libre arbitre et réparer ainsi peu à peu les brèches faites à notre vertu par nos fautes antérieures.

Une vertu morale vraiment parfaite est accompagnée d'une *prudence* aussi parfaite que le comporte l'intelligence du sujet, et de toutes les autres vertus morales. Mais cet idéal est très rarement atteint. Le plus souvent, de même que nous apportons en naissant des prédispositions à tels actes vertueux et non à tels autres, de même nous acquérons par l'exercice, dans une certaine mesure, telles ou telles vertus, mais non pas toutes à la fois.

C'est qu'en accomplissant des actes de douceur, de *mansuétude*, par exemple, nous apaisons peu à peu en nous l'irascibilité et conformons graduellement notre caractère au calme et à la patience ; mais, si nous ne pratiquons pas en même temps la modération des passions d'amour, de désir et de plaisir, notre *prudence* ne croîtra guère que du côté de l'irascibilité et pourra être constamment déviée du juste milieu dans les occasions où le simple amour sensible est en jeu. Nous resterons donc comme un enfant né avec une grande douceur de caractère, mais aussi avec un goût prononcé pour le plaisir des sens (1).

(1) Unde oportet quod homo simul exercitetur circa materias omnium virtutum moralium. Et si quidem circa omnes exercitetur bene operando, acquiret habitus omnium virtutum moralium ; si autem exercitetur bene operando circa unam materiam, non autem circa aliam, puta bene se habendo circa iras, non autem circa concupiscentias, acquiret quidem habitum aliquem ad refrenandum iras, qui tamen non habebit rationem virtutis propter defectum prudentiæ, quæ circa concupiscentias corrumpitur ; sicut etiam naturales inclinationes non habent perfectam rationem virtutis, si prudentia desit (I-II, q. LXV, a. 1, ad 1).

La *prudence* que nous développons en nous par un genre de vertu, n'est qu'un germe de prudence par rapport aux autres genres : ce germe a besoin d'être alimenté par une suite d'actes des autres vertus, pour grandir et faire grandir en même temps les autres habitudes de bien moral, ou même les faire naître, si elles n'existaient pas encore dans notre inclination.

Il est, cependant, des vertus auxquelles la plupart des hommes ont peu d'occasions de s'exercer, par exemple la *magnificence*, disposition à bien proportionner les grandes dépenses, et la *magnanimité*, habitude de bien faire les grandes choses. Faudra-t-il donc dénier à la majorité des hommes la possibilité d'acquérir ces vertus, si la nature ne les leur a pas données, dès leur naissance, à l'état d'inclination instinctive ?

A ces vertus extraordinaires on peut se préparer de loin dans toutes les conditions, par l'exercice des vertus analogues, dans la mesure où le permet la situation que l'on occupe dans la société. Ainsi, savoir dépenser à la fois prudemment et généreusement, dans les petites choses, prépare à savoir dépenser avec convenance et largesse, dans la grande fortune à laquelle on peut être appelé un jour (1). De même, élever en dignité nos moindres actions, par la plus noble fin à laquelle on puisse les ordonner, crée en nous une habitude initiale de grandeur d'âme qui nous établit par avance à la hauteur des plus éminentes positions : si nous y parvenons plus tard, nous prendrons vite l'attitude habituelle qu'un rang supérieur demande.

Pour mesurer les vertus morales, il faut distinguer avec soin leur extension objective et leur développemant subjectif.

Une science peut être plus ou moins grande, selon qu'elle s'étend, par sa matière, à plus ou moins de choses connues : on peut donc prendre une certaine quantité de telle science, de la géométrie, par exemple, et posséder un certain nombre de théorèmes démontrés, qui formeront une portion déterminée de connaissances scientifiques, sans que l'ignorance des

(1) Quum enim aliquis per exercitum adeptus est liberalitatem circa mediocres donationes et sumptus, si superveniat ei abundantia pecuniarum, modico exercitio acquiret magnificentiæ habitum ; sicut geometer modico studio acquirit scientiam alicujus conclusionis quam nunquam consideravit (I-II, q. LXV, a. 1, ad 1).

démonstrations plus avancées diminue la valeur de celles que l'on connaît. Mais on ne peut morceler ainsi le domaine d'une vertu morale : quiconque possède véritablement telle vertu, l'a pour tous les objets auxquels elle peut s'appliquer (1). Si l'on aime habituellement à rendre à autrui ce qui lui est dû, on sera porté à remplir ses devoirs de *justice* tant à l'égard de ses supérieurs que de ses égaux et de ses inférieurs ; si l'on a une vraie *tempérance*, on sera modéré dans tous ses amours sensibles, parce que la *tempérance* est l'habitude même de la modération en ce genre d'amours. La vertu morale est, en effet, une adaptation interne et constante de l'appétit de l'âme à une forme rationnelle de bien humain.

Considérée, d'autre part, au point de vue du développement dans le sujet vertueux, la

(1) Virtus potest dupliciter dici major et minor... Si igitur secundum seipsam consideretur, magnitudo vel parvitas ejus attenditur secundum ea ad quæ se extendit ; quicumque autem habet aliquam virtutem, puta temperantiam, habet ipsam quantum ad omnia ad quæ se temperantia extendit ; quod de scientia et arte non contingit : non enim quicumque est grammaticus, scit omnia quæ ad grammaticam pertinent (I-II, q. LXVI, a. 1).

grandeur d'une vertu morale prend une autre physionomie : elle apparaît comme variable et mobile. Par prédisposition native, soit de l'inclination, soit du jugement, tel homme est mieux fait que tel autre pour la même vertu ; et par l'exercice, l'un se forme mieux, l'autre moins bien, à la même habitude vertueuse ; enfin, le même homme est à tel moment plus vertueux qu'à tel autre moment dans le même ordre de bien moral (1).

C'est que le milieu de la vertu morale comporte une certaine latitude ; une précision rigoureuse n'est pas exigée pour avoir droit au titre de vertueux : on peut aimer positivement le bien, la règle du juste, par exemple, sans être, pour cela, capable d'accomplir la *justice* avec une exactitude mathématique. Un à peu près est ici suffisant pour que la vertu soit

(1) Si vero consideretur virtus ex parte subjecti participantis, sic contingit virtutem esse majorem vel minorem, sive secundum diversa tempora in eodem, sive in diversis hominibus : quia, ad attingendum medium virtutis, quod est secundum rationem rectam, unus est melius dispositus quam alius, vel propter majorem assuetudinem, vel propter meliorem dispositionem naturæ, vel propter perspicacius judicium rationis (I-II, q. LXVI, a. 1).

vivante; mais sa vitalité est plus ou moins intense, plus ou moins développée, selon que l'homme s'approche plus ou moins du point précis qui est le milieu parfait (1).

A ce point de vue, tel acte peut être plus difficile à tel sujet que tel autre acte de la même vertu, malgré l'unité que possède chaque vertu dans son extension objective ; et même la difficulté peut être plus grande dans une matière de peu d'importance que dans les grandes occasions : ainsi il n'est pas rare de voir un homme de guerre affronter la mort avec un courage héroïque sur le champ de bataille, puis être plus faible qu'une femme devant une douleur médiocre dans la vie civile. C'est que le plus vaillant a besoin de s'habituer à diverses formes de courage, s'il ne veut pas être surpris par quelque circonstance à laquelle sa vertu n'est pas suffisam-

(1) Non enim exigitur ad rationem virtutis quod attingat rectæ rationis medium in indivisibili, sicut Stoici putabant ; sed sufficit prope medium esse, ut in II *Ethic.*, cap. vi ante med., dicitur; idem etiam indivisibile signum unus propinquius et promptius attingit quam alius, sicut etiam patet in sagittatoribus trahentibus ad certum signum (I-II, q. LXVI, a. 1).

ment adaptée. Faut-il penser, pour cela, que celui qui manque à une vertu en certaines occasions auxquelles il n'est pas accoutumé, n'a pas vraiment cette vertu ? Ce serait souvent une exagération. Il l'a peut-être, mais incomplètement formée ; elle est en enfance ou en adolescence chez lui, elle n'a pas atteint la virilité parfaite, malgré peut-être sa vigueur partielle sur tel ou tel point.

La connexion que les vertus morales ont entre elles, n'empêche pas que le même homme de bien ne puisse avoir plus de facilité à produire les actes de telle vertu que ceux de telle autre, s'il est ainsi disposé par nature ou par habitude acquise. Dans ce cas, la raison pratique, par elle-même, est prête à voir avec une égale justesse ce qu'il faut faire, le milieu qu'il faut prendre et garder dans chaque vertu ; mais l'inclination, inégalement habituée aux différentes actions vertueuses, a plus de peine à se porter à un genre de moralité qu'à une autre ; par exemple, à être tempérant qu'à être juste (1).

(1) Ratio æqualitatis virtutum potest accipi ex parte prudentiæ, quantum ad id quod est formale in omnibus virtutibus moralibus. Existente enim ra-

Il y a donc ainsi une sorte d'inégalité dans les vertus d'une même âme, Mais, cependant, par la liaison que les habitudes vertueuses ont entre elles, toutes sont appelées à bénéficier proportionnellement d'une pareille intensité de prudence, lorsque l'une d'elles grandit : la vie morale, par là, tend à se communiquer à toutes ensemble, dans une semblable proportion, à mesure qu'elle s'accroît d'un côté par un exercice déterminé (1); mais cette distribution de vie peut ne pas se traduire en actes positifs également meilleurs, si la pratique des vertus ne vient pas développer l'inclination au même degré dans tous les ordres d'actions.

tione æqualiter perfecta in uno et eodem, oportet quod proportionaliter secundum rationem rectam medium constituatur in qualibet materia virtutum. Quantum vero ad id quod est materiale in virtutibus moralibus, scilicet inclinationem ipsam ad actum virtutis, potest esse unus homo magis promptus ad actum unius virtutis quam ad actum alterius, vel ex natura, vel ex consuetudine (I-II, q. LXVI, a. 2).

(1) Omnes virtutes unius hominis sunt æquales quadam æqualitate proportionis, inquantum æqualiter crescunt in homine; sicut digiti manus sunt inæquales secundum quantitatem, sed sunt æquales secundum proportionem, quum proportionabiliter augeantur (I-II, q. LXVI, a. 2).

Sans doute, l'amour du bien, en grandissant sur un point, donne à toutes les tendances de l'âme une impulsion intime plus active dans toutes les directions morales ; mais ce n'est qu'un germe d'énergie nouvelle que l'exercice doit nourrir pour le rendre effectivement utile.

II. — Après un travail d'éducation personnelle plus ou moins constant, plus ou moins multiplié, pendant notre vie entière, nous arrivons au seuil d'une autre existence avec un caractère moral d'une certaine trempe, d'une certaine perfection.

Que conserverons-nous de ce capital de vertus naturelles dans notre âme séparée du corps par la mort ?

Sans doute, tout ce qui est inhérent aux passions sensibles aura disparu, puisque ces passions résidaient dans le corps même et que l'organisme en est le sujet nécessaire. Mais les dispositions propres de la volonté, comme celles de l'intelligence, demeureront et se tourneront aux actions que demandera notre vie nouvelle (1).

(1) In statu ante resurrectionem partes irrationales non erunt actu in anima, sed solum radicaliter

« Parmi nos connaissances habituelles, toutes celles qui sont attachées à nos facultés organiques, à nos puissances cérébrales, auront péri ; les habitudes de représentations imaginatives, les souvenirs sensibles, les appréciations de l'individuel auxquelles nous nous étions accoutumés, tout cela sera mort en tant que dispositions liées à l'organisme.

Mais les vertus intellectuelles, *intelligence des principes, sciences, arts* et, par-dessus tout, *sagesse*, subsisteront dans leur fond spirituel, dans leur essence absolument incorporelle, puisque notre entendement, leur sujet, survivra tout entier après la ruine du corps (1).

in essentia ipsius, ut in I dictum est, q. LXXVII, a. 8 ; unde nec hujusmodi virtutes erunt in actu, nisi in radice, scilicet in ratione et voluntate, in quibus sunt seminaria quædam harum virtutum. Sed justitia, quæ est in voluntate, etiam actu remanebit (I-II, q. LXVII, a. 1, ad 3).

(1) Quantum ad ipsa phantasmata, quæ sunt quasi materialia in virtutibus intellectualibus, virtutes intellectuales destruuntur destructo corpore ; sed quantum ad species intelligibiles, quæ sunt in intellectu possibili, virtutes intellectuales manent. Species autem se habent in virtutibus intellectualibus sicut formales : unde intellectuales virtutes

Sans doute, il convient de supposer que Dieu nous donnera, en cet état où la personne humaine est réduite à sa moitié la plus noble, mais n'en est pas moins réduite de moitié, un secours providentiel qui suppléera au défaut de précision matérielle dont serait marqué, sans cet auxiliaire, l'exercice de notre pouvoir de penser.

Mais la conformation intérieure de nos habitudes d'esprit, dans l'ordre naturel, n'aura pas été détruite, et, par là, nous aurons encore la même physionomie d'intelligence, reconnaissable pour nos amis (1).

La *prudence*, aussi, sera encore vivante, puisqu'elle est vertu essentiellement de la raison, et elle aura emporté dans l'autre vie toutes ses richesses acquises, bon esprit de délibération, de jugement, de précepte. Elle n'aura plus à les appliquer à la modération de l'amour sen-

manent post hanc vitam quantum ad id quod est formale in eis, non autem quantum ad id quod est materiale (I-II, q. LXVII, a. 2).

(1) Anima separata post mortem habet alium modum intelligendi quam per conversionem ad phantasmata, ut in I dictum est, q. LXXXIX, a.); et sic scientia manet, non tamen secundum eumdem modum operandi (I-II, q. LXVII, a. 2, ad 3).

sible et de l'irascibilité passionnelle. Mais elle sera encore la directrice de la volonté dans les actions de justice (1).

Car la *justice* ennoblira encore notre volonté spirituelle. Elle n'aura plus, il est vrai, à régler la vie active de la même façon que dans la société terrestre. Mais il lui restera l'immense domaine de la vertu de *religion*, qui aime à rendre à Dieu ce qui est à Dieu (2). Nous pouvons augurer, d'ailleurs, que la *piété filiale*, l'*amour paternel*, l'*amitié*, la *reconnaissance*, toutes les vertus, en un mot, qui nous attachent à d'autres hommes par les liens dont l'origine et la nature ne dépendent pas de la

---

(1) Hujusmodi virtutes morales in futura vita non manent quantum ad id quod est materiale in eis... Sed quantum ad id quod est formale, remanebunt in beatis perfectissimæ post hanc vitam, inquantum ratio uniuscujusque rectissima erit circa ea quæ ad ipsum pertinent secundum statum illum, et vis appetitiva omnino movebitur secundum ordinem rationis in his quæ ad statum illum pertinent (I-II, q. LXVII, a. 1).

(2) De justitia vero manifestius est quem actum ibi habebit, scilicet esse subditum Deo ; quia etiam in hac vita ad justitiam pertinet esse subditum superiori (I-II, q. LXVII, a. 1).

société civile et politique, auront, dans cette existence dernière, un champ d'action renouvelé, mais imprégné encore de nos sentiments d'aujourd'hui.

En somme, notre intelligence gardera ses habitudes de vérité théorique et pratique, notre volonté conservera ses inclinations à obéir à la raison et les mettra en œuvre dans des actes de cette vie toute spirituelle.

Ce n'est pas tout : puisque, même par des motifs d'ordre naturel, on peut espérer qu'un jour notre personne complète, corps et âme, se reformera et que nous revivrons tout entiers (1), il est légitime de prévoir que nos vertus de *tempérance* et de *force*, dont la racine sera demeurée dans nos facultés supérieures, reprendront, à la fin, leur siège dans la région restaurée de notre sensibilité amoureuse et irascible. Nos passions renaîtront, mais avec elles aussi les vertus qui les moulaient dans l'ordre rationnel, et dont la *prudence* et la droiture de volonté seront restées les principes profonds dans notre âme (2):

(1) *Les Passions et la Volonté*, p. 486, 487. — *La Nature humaine*, p. 372.

(2) Post resurrectionem, quando animæ iterato

dociles à suivre le mouvement d'attraction de tout notre être vers Dieu et vers le bien, les passions apporteront leur concours dévoué à nos contemplations et à nos amours spirituels, comme elles participeront, par rejaillissement, à nos joies incorporelles, à notre bonheur intellectuel.

corporibus suis unientur : .. erunt vires irrationales in organis corporis, sicut et nunc ; unde et poterit in irascibili esse fortitudo et in concupiscibili temperantia, inquantum utraque vis perfecte erit disposita ad obediendum rationi (I-II, q. LXVII, a. 1, ad 3).

TABLE DES MATIÈRES

I

L'ACTE VOLONTAIRE

INTRODUCTION

Pour entrer dans l'étude de la vie morale, il faut étudier les vertus naturelles, dispositions habituelles d'où découlent les actes humains que l'on peut dire bons. Ce travail doit commencer par la détermination de ce qui est volontaire et de ce qui est involontaire 3

I

DU VOLONTAIRE ET DE L'INVOLONTAIRE

I. — Définition du volontaire et de l'involontaire. Les natures raisonnables ont seules le volontaire parfait. — Dans quelles mesures la raison et la volonté doivent intervenir pour que l'acte de l'homme soit vraiment volontaire. — Les fautes d'omission.. 6

II. — La violence est contraire au volontaire. Elle n'a pas de prise sur la volonté elle-même ; mais elle est cause d'actes involontaires ou d'inaction involontaire, par domination sur le corps. — Dans les actions faites par crainte, est un mélange de volontaire et d'involontaire ; mais c'est le volontaire qui l'emporte. — L'amour passionné tend à entraîner la volonté vers ce qu'il désire, et cause ainsi le volontaire 22

III. — L'ignorance est quelquefois cause d'involontaire : distinction entre l'ignorance qui précède, celle qui accompagne, et celle qui suit l'acte de volonté. 38

II

LA VOLONTÉ DU MAL

Contrairement à l'opinion de Socrate et de Platon, Aristote et saint Thomas pensent avec raison que l'homme peut vouloir ce qu'il sait être mal ; mais c'est toujours sous l'apparence de quelque bien. Influence de la passion pour corrompre le jugement et la volonté. — Explication de la malice certaine 44

II

BONTÉ ET MALICE

DES ACTES DE LA VOLONTÉ

INTRODUCTION

Parmi les actes bons ou mauvais dont la volonté humaine est responsable, ceux qui émanent immédiatement de la volonté sont au premier rang 61

I

BONTÉ ET MALICE DES ACTES HUMAINS

I. — L'action est bonne proportionnellement à la perfection qu'elle possède selon son espèce. Elle est mauvaise à proportion de ce qui lui manque dans l'espèce de perfection qu'exige sa nature. — Quatre éléments concourent à la plénitude de l'action humaine : activité, objet, circonstances, fin 63

II. — Au point de vue moral, une bonne action et une action mauvaise sont de deux espèces différentes. Cette différence d'espèce vient de l'objet, de la fin et même de certaines circonstances 76

III. — Y a-t-il des actes indifférents au point de vue moral ? Oui, si l'on considère l'acte en lui-même. Non, si on l'envisage dans l'homme individuel agissant actuellement de propos délibéré 90

II

BONTÉ ET MALICE DES ACTES INTÉRIEURS DE LA VOLONTÉ

I. — L'acte intérieur de la volonté n'est bon que par son objet. Pour la volonté, objet et fin sont identiques. Les circonstances ne changent pas l'espèce, bonne ou mauvaise, du vouloir qui a un bon ou un mauvais objet 98

II. — Le bon vouloir dépend de la raison : la raison divine est la cause première de la moralité ; la raison humaine en est la cause seconde et dérivée. — L'acte de volonté en désaccord avec une raison qui se trompe, est mauvais, excepté dans le cas où un précepte divin, connu par la raison croyante, contredit une opinion erronée de la raison. L'acte de volonté, conforme à une raison qui est dans l'erreur, est bon, si l'erreur est involontaire ; mauvais, si l'erreur est volontaire 104

III. — La volonté humaine doit se conformer à la volonté divine. Néanmoins, elle n'est pas obligée de vouloir toujours, matériellement, ce que Dieu veut ; il suffit qu'elle veuille formellement le bien comme Dieu veut qu'elle le veuille 111

III

BONTÉ ET MALICE
DES
ACTES EXTÉRIEURS ET DES PASSIONS

INTRODUCTION

La bonté et la malice des actes humains s'étendent jusqu'aux actes extérieurs du corps, par l'intermédiaire des passions de la vie sensitive.................. 119

I
BONTÉ ET MALICE DES ACTES EXTÉRIEURS

I. — L'acte extérieur a sa valeur morale, en lui-même, en vertu des lois de la raison ; mais, au point de vue de l'exécution, c'est l'intention de la volonté qui le rend bon ou mauvais. Cette intention s'applique et à la bonté rationnelle de l'acte et à la fin vers laquelle la volonté le dirige 121

II. — Complément moral que l'acte extérieur donne à l'acte intérieur de la volonté 127

III. -- L'événement qui suit l'acte extérieur, a son rôle dans la constitution de la valeur morale, s'il est prévu, ou si, sans être prévu, il est une conséquence naturelle de l'acte. — Un même acte physique peut être double au point de vue moral 130

II
BONTÉ ET MALICE DES PASSIONS

I. — Les passions, par elles-mêmes, sont en dehors de la moralité ; mais elles y entrent par leur subordination à la raison et à la volonté. — Différence d'appréciation, entre l'école stoïcienne et l'école péripatéticienne, au sujet des passions.............. 135

II. — Comment les passions augmentent ou diminuent la bonté ou la malice des actes humains. Leur influence différente sur la moralité, selon qu'elles suivent ou précèdent le jugement de la raison et la détermination de la volonté. — Bonnes et mauvaises passions.................. 142

III

CONSÉQUENCES DE LA BONTÉ ET DE LA MALICE DES ACTES HUMAINS

I. — Beauté et laideur morales. La beauté du bien, comme toute beauté, réside dans un certain éclat et dans une proportion convenable.................. 151
II. — Le bien moral a un caractère de rectitude, le mal moral un caractère de déviation. Définition du péché. — L'action droite est louable, le péché est coupable......... 154
III. — Mérite et démérite : ils sont fondés sur l'équité, sur l'égalité qu'exige la justice ; le mérite est un droit à une récompense, le démérite appelle une punition. — Mérite et démérite envers Dieu................ 159

IV

LES DISPOSITIONS HABITUELLES

INTRODUCTION

Les dispositions habituelles sont des principes

internes et prochains qui préparent à l'action : celles qui font bien agir, sont appelées vertus. . . . . , 171

I

NATURE DES DISPOSITIONS HABITUELLES

I. — Définition de la disposition habituelle : elle suppose une potentialité dans le sujet. — La qualité habituelle, d'après Aristote, est une espèce dans le genre de disposition. . . 173

II. — Unité d'ordonnance de la multiplicité, dans la disposition habituelle. — Comparaison avec la théorie de Leibniz sur la coexistence de la multiplicité et de la simplicité, dans la *monade*. 180

III. — Caractère durable et constant des dispositions habituelles. — Elles sont des actes premiers qui adaptent les puissances aux actes seconds, c'est-à-dire aux opérations. . 184

II

SUJETS DES DISPOSITIONS HABITUELLES

I. — Le corps a des dispositions habituelles, comme sujet de l'âme qui le vivifie ; mais elles sont imparfaites. Comme organe de certaines opérations de l'âme, il a aussi, mais secondairement, des dispositions habituelles, dont l'âme est le sujet principal. —

Par rapport à la nature de l'être, l'âme n'a pas, dans son essence, une disposition habituelle à s'unir au corps; c'est le corps qui est disposé à se compléter par l'essence de l'âme. Par rapport à l'opération, l'âme prend, dans ses puissances, des dispositions habituelles 189

II. — Les puissances végétatives ou sensitives, par elles-mêmes, n'ont pas de dispositions habituelles, au sens strict. Dans l'homme, les puissances sensitives reçoivent des dispositions habituelles sous l'empire de la raison et de la volonté. — *L'intellect possible* ou entendement réceptif est éminemment propre à acquérir des dispositions habituelles. *L'intellect agent* n'en a pas besoin. — La volonté, dans son inclination fondamentale au bien, n'a pas non plus besoin de disposition habituelle; mais elle prend des dispositions habituelles pour se porter vers tels ou tels biens particuliers. 195

III. — Les dispositions habituelles peuvent être plusieurs dans la même puissance. Elles se distinguent spécifiquement par les principes actifs qui les forment, par les objets des opérations auxquelles elles préparent, par un rapport de convenance ou d'inconvenance à l'égard de la nature du sujet. — Unité de type et de développement de la disposition habituelle. 205

V
GÉNÉRATION ET ÉVOLUTION
DES
DISPOSITIONS HABITUELLES

INTRODUCTION

Les dispositions habituelles naissent, grandissent et décroissent comme tout ce qui est vivant. 217

I

GÉNÉRATION DES DISPOSITIONS HABITUELLES

I. — La nature spécifique et la nature individuelle concourent avec les causes accidentelles pour former les dispositions du sujet. — Rôle de cette double nature dans la formation de la disposition habituelle aux principes rationnels dans l'entendement; comparaison avec la théorie de l'innéité d'après Leibniz. Influence de l'organisme sur les dispositions de la nature individuelle dans l'intelligence même. — Dans la volonté, la nature spécifique ne donne pas de disposition habituelle : les principes directeurs de la volonté sont dans la conscience morale, qui est une disposition habituelle de la raison pratique. C'est par la nature individuelle, et sous l'influence des dispositions de l'organisme, que sont formées les premières dispositions habituelles de la volonté et des passions 220

II. — Génération des dispositions habituelles par répétition d'actes : il faut, pour cela, dans le sujet, un principe actif qui agisse sur un principe passif. Application aux diverses facultés de l'homme.............. 239

II

ÉVOLUTION DES DISPOSITIONS HABITUELLES

I. — Augmentation des dispositions habituelles : elles grandissent en s'approchant de leur perfection. Augmentation extensive en elles-mêmes, et croissance en intensité dans le sujet. — La répétition d'actes ne tend à augmenter une disposition habituelle, que si elle est faite avec une intensité proportionnellement égale ou supérieure à celle de la disposition.................. 247

II. — Les dispositions habituelles décroissent, si les actes sont répétés avec une intensité inférieure à celle des dispositions, et par cessation complète et prolongée de l'action. Elles périssent entièrement, soit par l'effet d'un principe contraire, soit par corruption du sujet : toute cause d'anéantissement, pour elles, est cause de simple dépérissement, si elle n'est pas assez accentuée ou assez répétée pour les détruire. Le non-usage les amoindrit ou même les anéantit, parce qu'il laisse agir contre elles des causes internes ou extérieures de changement. . . . 257

VI

NATURE ET SUJETS
DES VERTUS

INTRODUCTION

L'étude du volontaire, de la bonté des actes humains, des dispositions habituelles en général, a préparé l'étude des vertus : il faut maintenant envisager celles-ci d'une manière spéciale, et d'abord dans leur nature et dans leurs sujets 273

I

NATURE DES VERTUS

I. — Définition de la vertu : c'est une bonne disposition habituelle qui prépare à bien agir. La volonté reste libre d'user ou de ne pas user de cette bonne disposition. 275

II. — Distinction entre les vertus naturelles et les vertus surnaturelles : celles-ci, d'après saint Thomas, sont seules des vertus complètes, parce qu'elles préparent l'homme à atteindre le bonheur surnaturel qui est sa fin dernière. Mais les vertus naturelles ont une valeur particulière, un mode spécial de formation, et peuvent exister en dehors de la vie surnaturelle. 283

II

SUJETS DES VERTUS

I. — Le sujet de la vertu humaine est une

puissance de l'âme. — A des titres divers, la même vertu peut être dans plusieurs puissances. — Les bonnes dispositions habituelles de l'intelligence seule ne sont vertus que dans un sens restreint : les vertus proprement dites sont dans la volonté ou dans les puissances qu'elle met en mouvement... 296

II. — En tant que mue par la volonté, l'intelligence, soit spéculative, soit pratique, est le sujet de vertus proprement dites. — De même, les appétits sensitifs, sous la motion de la volonté, sont sujets de véritables vertus. — La volonté n'a pas besoin de vertu, en elle-même, pour soumettre les passions à la raison, dans la vie individuelle : il lui suffit, pour cela, de sa nature inclinée au bien rationnel. Mais elle a besoin d'acquérir la vertu de justice pour les devoirs de la vie sociale et de la religion naturelle........ 302

VII

VERTUS INTELLECTUELLES ET VERTUS MORALES

INTRODUCTION

Les sujets des vertus humaines étant connus, il convient d'examiner plus intimement et les vertus intellectuelles et les vertus morales, et de déterminer les rapports qui lient les secondes aux premières, dans l'harmonie totale de l'homme moral............ 321

I
VERTUS INTELLECTUELLES

I. — Vertus de l'entendement spéculatif : intelligence des principes, science, sagesse. La coopération de la volonté donne à ces dispositions habituelles un caractère plus complet de vertus. — Supériorité de la sagesse. . . . 323

II. — Vertus de l'entendement pratique : art, prudence. — La bonne volonté peut moraliser l'art. — La prudence suppose la rectitude de la volonté. Elle profite des vertus de conseil, de jugement, de discernement. . . 333

II
VERTUS MORALES

I. — Les vertus morales sont des perfections habituelles des puissances appétitives, volonté ou appétits sensitifs ; elles disposent à choisir le bien raisonnable. — Toute vertu est ou intellectuelle ou morale. La continence, qui lutte contre les passions, et la la persévérance, malgré l'excès de tristesse, sont des perfections relatives de la volonté, plutôt que des vertus proprement dites. . . 349

II. — Les vertus morales ne peuvent exister sans les vertus intellectuelles de prudence et d'intelligence des principes. — La prudence n'existe pas sans vertu morale. 359

III. — La vertu morale n'est pas une passion. Elle admet avec elle les passions bien réglées. 364

VIII
CLASSIFICATION DES VERTUS MORALES

INTRODUCTION

Les vertus morales doivent être soigneusement distinguées entre elles. Elles peuvent être classées dans un ordre logique. Elles se rangent naturellement autour de quatre vertus principales, dites vertus *cardinales*.. 379

I

DIVISION DES VERTUS MORALES

I. — La vertu morale n'est pas unique. La distinction entre vertus relatives aux opérations et vertus relatives aux passions est vraiment motivée par une différence de matière. En ce qui a trait aux opérations, il faut distinguer plusieurs vertus morales. Pour les passions, la diversité des appétits sensitifs et la différence des objets exigent aussi plusieurs vertus morales. 381

II. — Les treize vertus morales énumérées par Aristote. Premier essai de classement de ces vertus par saint Thomas. 393

II

LES VERTUS CARDINALES

I. — La division en quatre vertus cardinales a été indiquée par Platon: Cicéron et les docteurs chrétiens l'ont adoptée. — Les vertus cardinales ou principales doivent être parmi les vertus morales plutôt que parmi les vertus intellectuelles. — Justification du nombre quatre des vertus cardinales, soit par les principes formels des vertus, soit par leurs sujets. La prééminence de ces quatre vertus est fondée, soit sur leur généralité formelle, soit sur un point principal de chacune de leurs matières. — Les vertus cardinales se subdivisent en vertus particulières et se complètent par des vertus annexées.................................. 403

II. — Trois degrés de plus en plus parfaits des vertus cardinales : vertus sociales, vertus de purification, vertus de l'âme purifiée, imitant graduellement l'exemplaire de ces vertus qui est en Dieu. — Explication d'après Platon, Aristote, Plotin, saint Thomas 429

IX
PROPRIÉTÉS ET ÉVOLUTION
DES VERTUS

INTRODUCTION

Les vertus ont des propriétés caractéristiques : notamment, elles se tiennent dans un milieu raisonnable ; elles sont liées entre elles, tout en se groupant dans un ordre hiérarchique. — Elles évoluent progressivement depuis leur formation initiale jusqu'après la mort 441

I

PROPRIÉTÉS DES VERTUS

I. — Explication de la propriété qu'ont les vertus d'être fixées au milieu entre deux vices, l'un par excès, l'autre par défaut, bien qu'en un sens la vertu soit un sommet. Le milieu quant à la chose, et le milieu par rapport à nous. Le milieu pour les vertus morales, et le milieu pour les vertus intellectuelles.... 443

II. — Les vertus morales parfaites sont liées par une connexion naturelle : l'une d'elles ne va pas sans les autres. Rôle de la prudence dans cette connexion 461

III. — Hiérarchie des vertus. Supériorité des vertus intellectuelles. Excellence des vertus morales par rapport à l'action. Ordre de valeur des vertus cardinales entre elles. La sagesse est la reine de toutes les vertus . . 469

II

ÉVOLUTION DES VERTUS

I. — Les prédispositions naturelles aux vertus se développent et se complètent par la répétition d'actes convenables. — Inégalité de l'éducation morale dans les divers sujets ; variabilité de cette éducation dans le même homme 488

II. — Conservation des vertus de l'intelligence et de la volonté dans l'âme séparée du corps.

— Les vertus des puissances sensitives renaîtront, avec les sens et les passions, à la résurrection du corps humain. 500

www.ingramcontent.com/pod-product-compliance
Lightning Source LLC
Chambersburg PA
CBHW050606230426
43670CB00009B/1287